비즈니스 관점으로 꿰뚫은

거의 모든 인공지능

비즈니스 관점으로 꿰뚫은

거의 모든 인공지능

지은이 문용석

펴낸이 이종록 펴낸곳 스마트비즈니스

등록번호 제 313-2005-00129호 등록일 2005년 6월 18일

주소 경기도 고양시 일산동구 정발산로 24, 웨스턴돔타워 T4-414호

전화 031-907-7093 팩스 031-907-7094

이메일 smartbiz@sbpub.net

ISBN 979-11-6343-043-8 03320

초판 1쇄 발행 2022년 8월 25일

인공지능이 만들어내는
'새로운 부의 지도를 읽다!'

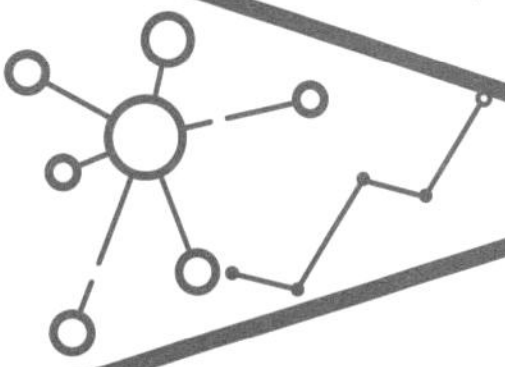

비즈니스 관점으로 꿰뚫은

거의 모든 인공지능

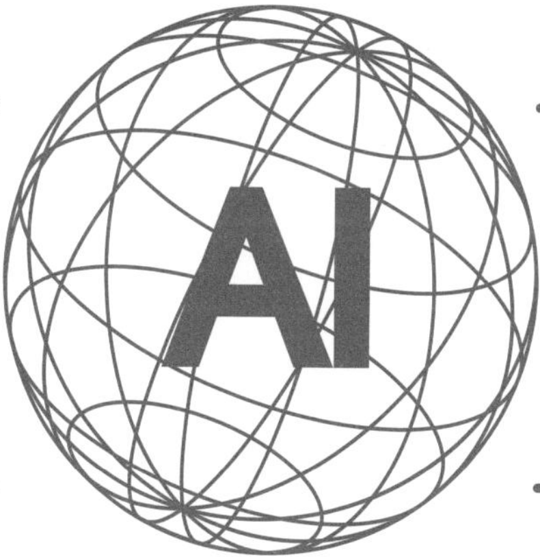

문용석 지음

Sb
smart business

머리말

인공지능의 실체와 미래의 방향성을 재해석하여, 비즈니스 전략을 재구성하라!

생명체를 포함한 우주 만물이 창조된 것인지, 아니면 진화된 것인지에 대한 논쟁은 아주 오래되었다. 동서고금의 많은 서적과 논문을 통해서 이미 제시된 수많은 답이 있지만, 결국 자신의 렌즈를 통해 자신만의 답을 가져갈 수밖에 없는 주제들 중 하나일 것이다. 그래서 이 질문은 세대를 거듭하면서 끝없이 반복될 것임에 틀림없다. 과학도이면서도 창조되었다고 믿는 필자의 아이도 언젠가 퉁명스럽게 한마디 거들었다.

“진화되도록 창조된 거겠지 뭐.”

이 한마디 말에 인공지능이 오버랩되는 것은 말 그대로 오버인지도 모른다. 지금까지의 컴퓨터 기술은 사람이 프로그래밍한 대로 그에 대한 대답을 성실히 내주는 것에 지나지 않았다. 인공지능 기술은 이와는 달리 지속적으로 자신의 모습을 변화시키면서, 궁극적으로 더 가까운 답을 찾아갈 수 있는 '자가 발전적' 기술이다.

물론 진화와는 근본적으로 다르다. 하지만 억겁의 시간이 아닌 하나의 인공지능 모델이 만들어지고 그것이 완성될 때까지의 시간만을 들여다본다면, 스스로를 변화시켜 간다는 점에서 다소 유사한 패턴이 읽혀지기도 한다. 그래서 이렇게 말할 수도 있을 것이다. **'인공지능은 진화되도록**최적화를 향해서 **창조된**만들어진 **프로그램'**이라고 말이다.

바둑 인공지능 알파고와 이세돌 9단의 바둑 대결로 촉발된 '알파고 쇼크'가 한국을 비롯한 전 세계에 충격파를 던진 지도 6년이 훌쩍 지났다. 초등학교에 갓 입학했던 아이가 중학생이 되었을 그 시간 동안, 과연 인공지능 세상은 무엇이 얼마나 달라졌을까?

아직 여운이 채 가시지도 않았지만 기술의 세계, 특히 인공지능과 같은 첨단 기술의 경우 6년의 시간은 그 가치를 판단하기에 충분히 긴 시간일 수도 있다.

이제 인공지능이 시대적 화두가 되었다는 것은 가장 큰 상징적 변화일 것이다. 인공지능의 부활을 알린 딥러닝 기술의 발전은 가히 혁명적이다. 그 기반 기술과 밸류체인도 폭발적인 성장세다. 시시각각 새로운 인공지능 솔루션과 비즈니스 모델들이 등장하면서, IT 기업뿐만 아니라 전통적 제조업을 비롯한 전 산업으로 급속하게 확장되어 가는 추세다. 가히 인공지능 시대의 도래라 불릴 만하다.

알파고 쇼크는 모든 정부와 개인을 움직이게 했다. 미국, 중국, 영국 등 인공지능의 전통적 강국들을 비롯하여, 많은 국가들은 국가 경쟁력 강화와 생존 전략의 일환으로 인공지능 국가 전략을 수립하고 추진 중이다. 또한 기술과 경영 현장에 있는 비즈니스맨뿐만 아니라 교육 현장의 교수와 교사, 학생, 학부모 그리고 국가 정책을 결정하는 정부 인사들과 일반인에 이르기까지, 저마다 비즈니스 전략과 인공지능 시대의 생존 전략을 모색하기에 바빠졌다.

알파고가 가져다 준 가장 큰 변화는 아마 인공지능의 대중화가 아닐까 싶다. 인공지능은 이미 일상 속으로 많이 들어와 있다. 많은 서적들과 다양한 미디어를 통해서도 우리는 거의 매일 인공지능을 접한다. 인공지능 기술이 가져올 혁명적인 변화와 비즈니스의 미래에 대한 장밋빛 전망들이 줄을 잇는다. 기술과 시장 선점, 그리고 투자의 중요성에 대해서도 독려가 이어지고 있다. 이처럼 사회와 개인에게는 인공지능에 대한 하나의 커다란 컨센서스가 이미 형성되었다. 이제 인공지능은 선택이 아닌 '필연'이다.

반면에 비즈니스 전선에서는 다소의 온도 차가 감지되기도 한다. 아마도 인공지능의 기술적 가능성과 비즈니스의 성공 사이에 생겨나는 괴리가 자못 크기 때문일 것이다. 기술적 리더 격인 다수의 글로벌 기업들도 비즈니스를 포기하거나 사업부 자체를 매각하는 일까지 생겨나고 있다. 딥마인드와 같이 혁명적인 기술을 선보인 기업도 최근까지 수억 달러의 누적 적자가 발생하는 등, 인공지능 비즈니스에서는 부침을 거듭하고 있는 것이 현실이다.

인공지능 기술의 중요성과 파급력을 충분히 이해하고 있는 대부분의 기업들은 기술과 시장 선점에 대한 초조함이 클 것이다. 하지만 폭발적으로 확장되고 있는 인공지능 기술의 바다에서 집중해야 할 기술적 분야를 선정하는 것도, 수익성 있는 비즈니스 모델을 확보하는 것도 어려운 결정이다. 따라서 아직까지는 관망하는 기업이 많아지는 모양새다. 자본과 의지는 충만하지만, 인공지능 비즈니스에 대한 목표도 방향도 아직 명확치가 않은 듯하다.

디지털 전환의 부상에 따라 경쟁적으로 인공지능을 도입해온 제조업과 같은 산업 현장도 마찬가지다. 기업 브랜딩에도 도움이 되었겠지만, 무엇보다 생산성 향상에 대한 기대감이 가장 컸을 것이다. 하지만 이에 대한 의문이 조금씩 늘어나고 있는 것도 사실이다. 거액의 투자비가 요구되는 분야임에도, 생산성 향상에 기여가 되었다고 보기에는 아직 미미한 것이 현실이기 때문이다. 극히 일부이긴 하지만, 이전의 일부 기술처럼 인공지능도 과대 포장된 건 아닌가 하는 극단적인 의구심도 생겨나고 있다.

이처럼 많은 긍정적인 변화에도 불구하고, **지금은 인공지능에 대한 낙관뿐만 아니라 의구심도 공존하는 시간대임이 분명하다.** 알파고 이후 6여 년이 지난 이 시점에서, 우리는 인공지능의 다양한 얼굴을 마주하고 있는 셈이다.

이 지점에서 여러 의문들이 꼬리를 물고 고개를 든다. 그동안 인공지능에 대한 우리의 이해가 제대로 된 것인지? 인공지능에 기술적 한계는 없는 것인지? 무엇이 비즈니스의 확장을 제한하고 있는지? 2016년의 충격, 그 초기부터 기업들이 이해하고 수립했던 인공지능 전략들은 지금도 유효한 것인지?

인공지능에 대한 사회적 인식과 비즈니스 현장에서의 갭을 목도하면서, 이제 위의 의문들에 대한 해답이 필요한 시점이 되었다는 생각이 들었다.

즉, '전가의 보도'로 여겨졌던 인공지능을 이제 제자리로 돌려놓고, 차분하고 냉정하게 마주봐야 하는 시점이 되었다는 생각이 든다. 인공지능은 여타 기술들과는 달리, 최고의 기술이 반드시 최상의 비즈니스를 만들어주지는 않는다는 면에서 다소 특이하기도 하다. 이는 아마도 인공지능에 내재된 기술적, 사업적 특성이 기존 기술과는 다르기 때문일 것이다. 따라서 이들 특성에 대한 제대로 된 분석이야말로 올바른 비즈니스 전략을 구축하기 위해 필수적이다.

이 책은 인공지능 기술, 비즈니스의 현장에서 생겨난 위의 의문들에 대한 답을 찾기 위해 집필한 것이다. 필자는 기업의 기술 현장에서 축적된 경험과 사실적 인식을 바탕으로 이 책을 통해 인공지능 기술, 사업의 특성을 추적하면서 그 실체를 파악하고자 노력했다. 그런 의미에서 **이 책은 알파고 이후 진행된 변화를 통해 '인공지능의 실체 및 미래**

의 방향성을 재해석하고, 이를 기반으로 비즈니스 전략을 재구성하기 위한 것'으로 축약될 수 있다.

이 책은 이를 위해 10개의 PART로 구성하였다. 인공지능의 실체를 들여다보는 '10개의 창'이 되는 셈이다. 알파고의 출현은 현 인공지능 시대의 폭발적 성장과 대중화를 이끌어낸 역사적 시발점이었다. 그런 의미에서 이 책의 PART 1~3에서는 알파고에서 촉발된 인공지능, 딥러닝 기술의 실체에 대해 추적했다.

알파고를 비롯하여 인간과 경쟁하는 게임 인공지능의 발전은 인공지능 기술의 진화 속도를 볼 수 있는 매우 중요한 가늠자가 된다. 또한 기계의 눈과 귀, 입을 열고, 자연어를 이해하고, 창조하는 딥러닝 알고리즘들과 인간의 뇌를 모방하려는 '초거대 인공지능Hyperscale AI'을 포함한 기반 기술의 발전을 추적함으로써 향후 인공지능 기술의 방향성을 가늠해보고자 했다.

또한 빅 데이터를 학습해야 하는 딥러닝 기술이 세상에 나오기 위해서는 컴퓨팅 파워의 발전이 매우 중요한 역할을 했다. PART 4에서는 인공지능 전용 반도체, 클라우드와 엣지 컴퓨팅, 슈퍼컴퓨터에 이르는 하드웨어 플랫폼과 인공지능 생태계를 확장하기 위한 소프트웨어 플랫폼 등 인공지능 밸류체인의 성장을 추적했다. 이 밸류체인을 둘러싼 글로벌 기업들의 치열한 경쟁은 기업들의 전략 형성에도 시사하는 바가 클 것이다.

기술의 실질적인 성패는 비즈니스에서 판가름이 난다. 알파고 이후 가장 두드러진 변화는 인공지능 비즈니스의 질적, 양적 성장이다.

PART 5에서는 현재 비즈니스 가능성을 가장 많이 보여주고 있는 네 가지 분야에 대해 그 현황을 가감 없이 추적해보았다. 자율주행과 대화형 인공지능, 로봇과 드론, 헬스케어 분야가 그것이다. 이 분야들은 현 시장의 성숙도가 각기 다를 뿐만 아니라, 비즈니스의 한계도 엄연히 존재하는 듯하다. 이에 대한 분석은 향후 기업들의 비즈니스 전략 수립에 참고가 될 수 있을 것이다.

하지만 모든 기술이 그렇듯 인공지능 기술도 밝은 면만 있는 것은 아닐 것이다. 더욱이 인공지능은 상대적으로 그 역기능이 가장 클 것으로 예상되는 기술에 속한다. PART 6에서는 일자리 문제, 군사 무기화의 문제, 사회적 신뢰의 문제, 그리고 (자유를 제한하는) 통제의 문제 등에서 인공지능 기술이 보여주는 어두운 면을 추적했다.

이러한 문제들은 국제적으로 많은 이슈를 양산해내고 있고, 일부에 대해서는 이에 관련한 입법을 서두르고 있다. 향후 기업들의 비즈니스에는 이에 대한 고려가 반드시 필요할 것이다.

알파고에서 그랬듯, 인공지능은 사람들에게 기술에 대한 경외심뿐만 아니라 막연한 두려움도 불러일으키는 기술이다. 기술에 대한 이런 상반된 감정과 개념은 기술적 현실성에 대한 잘못된 판단과 전략으로 연결될 수도 있다. PART 7에서는 인공지능에 대한 오해의 근원과 현 딥러닝 기반 인공지능 기술의 실체와 한계를 분석하고, 아울러 인공지능 기술의 미래에 대해 추적했다. '일반 인공지능AGI, Artificial General Intelligence'이라는 인공지능의 궁극적 목표 확인을 통해, 현 인공지능의 실체에 대한 이해와 미래 전략 형성을 위해 필요한 부분이다.

지금까지 드러난 인공지능의 명과 암을 보았을 때, 현재 인공지능을 선도하고 있는 글로벌 빅테크 기업들의 전략은 기술 혁신과 비즈니스의 두 측면에서 많은 기업들의 귀감이 될 수 있을 것이다. PART 8에서는 플랫폼, 자동차, 유통, 소프트웨어, 가전, SNS 및 반도체를 대표하는 글로벌 빅테크 기업들의 인공지능 대응 전략을 추적했다. 이들이 실행했던 전략의 실과 허를 들여다보는 것은 유사 업종을 보유한 기업들에게 좋은 지표가 될 수 있을 것이다.

지난 10년을 돌아보았을 때 '디지털 전환'은 기업의 지속 가능성을 높이기 위한 중심적 화두였다. 인공지능과 빅데이터, 클라우드, IoT, 블록체인 등 4차 산업혁명 기술들은 디지털 전환을 위한 기술적 메인 프레임이다. PART 9에서는 산업 전체로 확산되고 있는 디지털 전환에서 인공지능의 활약을 추적했다. 특히 제조업과 농업, 건설업, 금융투자, 물류 등 디지털 전환의 성숙도가 각기 상이한 5가지 산업 분야를 통해 비즈니스의 현황과 기회를 분석했다. 이는 디지털 전환을 추진하는 기업들과 스타트업의 전략 형성에 참고가 될 것이다.

앞서 언급했듯이, 인공지능 기술의 폭발적인 성장과 달리 비즈니스 현장에서 느껴지는 분위기는 적잖이 차이가 심한 것이 현실이다. 인공지능 비즈니스 확장에 아직 관망 중인 기업들도 많고, 생산성 향상에 대한 기대도 그다지 밝지만은 않은 현실이다. 마지막으로 PART 10에서는 비즈니스 현장에서 느끼는 낙관과 비관의 공존 현황을 추적하고, 비즈니스 전략과 기업군별 비즈니스 선택지를 추적했다. 이를 통해 인공지능 비즈니스를 추진하는 모든 기업들의 전략 재구성에 다소의 도움이나마 되고자 했다.

사회의 다양한 도메인에서 바쁜 일상을 살아가는 우리들 대부분은 단편적인 정보에만 의존함으로써, 특정 주제에 대한 통합적인 이해에 실패하는 경우가 더러 생기기도 한다. 대학과 연구소, 기업의 기술 개발 최진선에 있는 소수의 전문가들을 제외하면, 인공지능의 경우도 많이 다르지 않을 것이다. 이 경우 마치 장님이 코끼리를 만지듯, 인공지능이 각기 다른 모습으로 정의되고 소통되면서 오해가 확대되기도 할 것이다.

이 책은 위 '10개의 창'을 통해 인공지능의 다양한 모습을 들여다봄으로써, 인공지능에 대한 오해의 폭을 줄이는 동시에 개인의 전략 형성에도 도움을 주고자 했다.

한 가지 첨언하자면, 필자는 각 PART마다 '추적'이라는 표현을 썼다. 이는 독자들과 더불어 각 PART의 이슈들을 같이 탐색해 들어간다는 의미다. 필자는 **비즈니스 현장에서 치열하게 경쟁하고 있을 우리 경제의 주역들과 통합적인 이해가 힘들었을 수많은 개인들과 함께, 인공지능의 여러 단면들을 추적해 들어감으로써 각자의 인사이트를 완성시**

켜 가는 데 도움이 되고자 했다.

아무쪼록 이 책을 통해 인공지능에 대한 오해의 폭을 줄이고, 각자의 비즈니스 전략을 재구성하는 데 다소의 도움이 되었으면 하는 바람을 가져 본다.

끝으로 이 책의 출간을 결정해준 스마트비즈니스 출판사 이종록 대표와 원고 완성에 도움을 준 이상민 선생, 이시영 선생께도 깊은 감사의 말씀을 전한다.

차례

PART 4

인공지능 밸류체인의 성장

PART 5

인공지능, 비즈니스를 열다

PART 6
인공지능의 그림자

PART 7
인공지능에 지능은 없다

PART 8

글로벌 빅테크 기업들의 대응과 전략

PART 9

디지털 전환과 인공지능

PART 10 인공지능, 기회의 발견

PART 1

우리에게 인공지능은 무엇이었을까? 영화 <터미네이터>나 <매트릭스>에서 인공지능은 인간의 지능을 아득히 뛰어넘어, 기계가 스스로의 진화를 결정짓는 존재로 등장한다. 인간이 구축해놓은 모든 문명과 생명을 파괴하고, 기계만의 세계를 만들고자 하는 두려운 존재며, 거기에 등장하는 인간은 기계에 생체 에너지를 공급해주는 저급한 존재에 불과하다.

반면 영화 <인터스텔라>나 <아이로봇>의 인공지능은 인간에게 복종하거나 협업하는 인간의 동료다. 사람이 얻기 힘든 정보를 획득하고, 어려운 계산도 순식간에 해결하는 스마트한 비서이기도 하다. 심지어 타스TARS는 유머 레벨을 조정하여 인간과 적절한 수준의 농담을 주고받을 수도 있었다.

이처럼 인공지능은 우리에게 영화 혹은 SF소설 속에서나 등장하던 상상 속의 무엇이었을 뿐이다. '알파고'라는 바둑 인공지능이 혜성처럼 등장하여, 전 세계에 슈퍼지능이 이미 우리 가까이 와 있음을 선언하기 전까지는 말이다. 약 6년 전에 나타난 알파고는 바둑에서 최정상에 오른 인간을 굴복시킴으로써, 인공지능 기술에 대한 경외감과 슈퍼지능을 가진 기계에 대한 서늘한 공포심을 동시에 불러일으켰다.

우리는 알파고가 현재의 인공지능 혁명에 방아쇠를 당긴 역사적 사건이었다는 것을 부인할 수 없을 것이다. 그런 의미에서 PART 1에서는 그간 많이 알려지지 않았던 알파고의 탄생부터 진화에 이르는 전 과정을 추적해보고자 한다. 다른 영역에서 인간과 치열하게 경쟁했던 수많은 인공지능의 활약도 함께 다룰 것이다. 현재의 인공지능 혁명을 이해하기 위한 시작은 바로 이 지점이 될 것이다.

알파고를 찾아서

알파고 쇼크

우리는 정치적, 사회적 격변의 시대를 살아가면서 많은 충격적인 일들을 경험하고 있다. 아무리 그렇더라도 바둑 경기 하나가 전 세계를 충격에 빠뜨릴 거라고는 감히 상상도 하지 못했다. 그런데 2016년 3월, 대한민국에서 실제로 그런 일이 일어났다.

영국의 딥마인드가 개발한 바둑 인공지능 '알파고Alphago'와 '이세돌 9단'의 대국이 전 세계로 전파를 타면서 큰 파장을 일으킨 것이다. 이세돌 9단은 그저 그런 기사棋士가 아니다. 무려 18차례나 세계 정상에 오른 세계 바둑계의 초고수다.

그런 이세돌을 상대로 기계가 도전장을 내민 이 역사적 대국은 그 자체만으로도 많은 화제를 낳았다. 한국은 물론 중국에서도 약 2억

8,000만 명이 넘는 사람들이 이 대국을 지켜보았고, 알파고는 4대 1의 압승을 거두면서 새로운 시대의 막이 올랐음을 전 세계에 알렸다. 이 결과를 실시간으로 지켜본 전 세계 사람들은 커다란 충격에 빠졌다.

미국 LA에서 이 대국을 지켜본 저명한 인공지능 전문가이자 《딥러닝 레벌루션》의 저자 테런스 J. 세즈노스키도 그런 사람 중 한 명이다. 그는 알파고의 승리는 자신의 인생에서 경험한 '두 번째' 역사적 순간이었다고 소회를 밝혔다. 그의 첫 번째 역사적 순간은 50여 년 전인 1966년 3월 미국이 쏘아올린 무인 달 탐사선 서베이어 1호가 달의 표면 사진을 보내온 일로 미국 우주 항공사의 이정표이자 후일 아폴로 계획의 초석이 되었던 사건이다. 연로한 학자의 뇌리에 알파고의 승리가 갖는 의미는 이처럼 각별했다. 인류가 지구라는 '알 껍질Shell'을 뚫고 나와 우주로의 첫발을 내딛었던 것처럼 '한계'로 여겨졌던 인간의 지능을 극복한 감회와 경외감을 똑같이 느꼈던 것은 아닐까?

바둑은 전체적인 형세를 읽는 전략과 부분적인 전술 모두에 능통해야 하는 고도의 전략 게임으로 2,500여 년을 인류와 함께해왔다. 논리, 직관, 추리 등 사람의 지적 능력을 총동원해 얻은 집의 크기로 승부를 겨루는 경기이다. 19×19 크기의 정방형 판 위에서 펼쳐질 수 있는 경우의 수는 무려 10의 170승 개 정도로 알려져 있다. 현재 컴퓨터가 도달한 엄청난 연산 능력을 감안하더라도 실시간 연산으로 수를 읽어내는 것은 거의 불가능한 일로 여겨져 왔다. 그래서 많은 전문가들은 컴퓨터가 바둑에서 인간을 이기려면 족히 10년은 더 걸릴 것으로 예상했다.

딥마인드의 CEO 데미스 허사비스는 "바둑은 인간이 만들어낸 게임 중 가장 복잡한 게임이다."라고 단언하면서도 이것이야말로 딥마인드가 인간과의 경쟁 종목으로 바둑을 선택했던 이유였다고 밝혔다.

인공지능이 인간과의 경쟁에서 승리한 기록은 사실 이 사건이 처음은 아니다. 하지만 많은 전문가들은 알파고의 출현을 인공지능 역사에 뚜렷한 이정표를 세운 사건으로 인정하는 데 주저하지 않는다. 다소 과장을 섞어 얘기하자면, 인공지능의 역사를 알파고 이전과 이후로 나누는 사람이 있을 정도다.

알파고는 난공불락으로 여겨졌던 바둑에서 인간에게 승리한 기술적 성취를 거뒀을 뿐만 아니라, 인공지능의 대중화를 이끌어낸 장본인이 되었기 때문이다. 그간 일부 전문가의 영역에만 머물렀던 인공지능은 알파고를 통해 대중 앞에 그 진화된 모습을 가감 없이 드러냈다. 이는 우리에게 과학적 진보에 대한 경외감과 인류를 압도하게 된 기계에 대한 불안감을 안겨주기에 충분했다. **알파고의 출현으로 기업, 국가를 막론하고 인공지능에 대한 전 세계적인 경쟁의 서막이 올랐다고 해도 과언이 아니다.**

이제 알파고 쇼크가 세계를 강타한 지 6여 년의 시간이 훌쩍 지났다. 그때의 충격은 썰물처럼 잦아들었지만 우리는 다양한 산업 현장과 생활 곳곳에서 알파고인공지능의 후예들이 만들어가고 있는 혁명적인 변화에 점차 익숙해지고 있다. 마치 매일 들여다보는 컴퓨터나 인터넷, 혹은 스마트폰처럼 자연스럽게 다가온다.

그런 한편으로 오늘날의 인공지능을 이야기할 때 한 가지 의문이 자연스레 떠오른다. 인공지능의 시위를 당긴 알파고라는 거인은 과연 그 이후 어떻게 되었을까? 그저 역사 속으로 사라져 화석으로만 남아 있는 것일까?

오늘날의 인공지능을 이해하기에 앞서 우리들에게 많이 알려져 있지 않은 알파고의 탄생부터 진화의 전 과정을 살펴보는 것은 의미가 있을 것이다.

알파고의 진화

알파고의 시작

영국의 딥마인드는 컴퓨터 과학자이면서 생리 의학자이기도 한 데미스 허사비스가 2010년에 셰인 레그, 무스타파 슐레이만과 공동으로 창업한 R&D 중심의 회사다. 13세의 나이에 체스 마스터에 올랐을 정도로 체스 전문가이기도 한 허사비스는 영국 내에서 천재로 일컬어지는 인물로 알려져 있다. 월드와이드웹www의 창시자 팀 버너스리가 '세계에서 가장 스마트한 사람'이라고 부르기도 했다.

딥마인드는 창업 초기부터 신경과학 기반의 인공지능 기법을 통해 사람과 같은 '일반적 지능'을 구현하는 것을 목표로 했다. 일반적 지능은 그 범위에 상관없이 범용적으로 활용할 수 있는 지능을 말한다. 딥마인드는 또한 '강화학습Reinforcement Learning'으로 알려진 기계학습 방식을 중점적으로 연구하는 회사로 유명하다. 강화학습이야말로 범용적 지능에 도달할 수 있는 열쇠라고 판단한 허사비스의 개인적 확신이 많은 영향을 준 탓이다.

강화학습은 보상 메커니즘을 통해 기계 스스로 최적의 결과를 도출해내도록 유도하는 방식이다. 보상을 반복하면서 강아지가 어떤 행동을 해야 하는지 스스로 이해하게 만드는 것과 같은 이치다. 허사비스는 우리 뇌의 도파민 시스템에 의한 보상 체계와 강화학습의 유사성에 주목하고 있는 것으로 알려져 있다. 주지하듯이 도파민 시스템은 인간을 움직이게 하는 동기 부여의 근원이다.

딥마인드의 첫 작품은 2013년 개발된 'DQNDeep-Q-Network'이다. 강화학습과 '딥러닝Deep Learning'을 조합한 새로운 인공지능 기술의 탄생을 알린 작품이다. **딥러닝 혹은 심층 신경망Deep Neural Network은 사람의 뇌를 모방한 인공 신경망 기술의 일종으로, 현재의 인공지능 혁명을 가능케 한 기술이다.** 입력단과 출력단 사이에 다수의 은닉층Hidden Layer을 두었기 때문에 '딥deep'이라는 표현을 쓰고 있다. 딥러닝에 대해서는 이 책 전반에 걸쳐 더욱 상세하게 다룰 것이다.

딥마인드의 DQN이 선택한 최초의 도전 상대는 흔히 '벽돌 깨기'로 알려진 '아타리Atari 게임'이었다. 스티브 잡스와 스티브 워즈니악이 신입사원 시절에 개발한 바로 그 게임이다. 딥마인드는 2,600여 개에 달하는 아타리 게임의 비디오 영상을 반복 재생하면서 기계가 스스로 플레이하는 법을 터득하도록 학습시켰다. DQN에게 주어진 정보는 컴퓨터 스크린에 펼쳐진 픽셀 정보와 점수뿐이었다.

DQN의 강화학습은 게임 규칙에 대한 사전 지식이 전혀 없는 상태였음에도 놀라운 결과를 가져왔다. 게임을 반복할수록 사람들처럼 스스로 전략을 학습해가는 능력을 보여준 것이다. 일례로 우리는 벽돌면의 뒤쪽을 공격하면 더 많은 벽돌을 파괴할 수 있다는 걸 경험적으로 알고 있다. DQN은 600번 정도 게임이 진행된 후부터 스스로 이 전략을 구사하기 시작했다. 전체 게임의 60%에 이르렀을 때는 게임 전문가의 75% 정도에 맞먹는 실력을 보여주었다.

DQN이 달성한 결과의 의미를 놓치지 않은 구글은 2014년 4억 달러에 딥마인드를 인수했고, 구글 딥마인드로 사명을 바꿨다. '알파고 프로젝트'는 '범용적인 인공지능' 개발을 목표로 시작된 구글 딥마인드의 첫 번째 프로젝트가 되었다. 이 프로젝트의 첫 대상이 바로 인간이 만든 가장 복잡하고 어려운 게임인 바둑이었다. 바둑에서 수를 찾아내는 비범한 능력이야말로 현실의 복잡성에 대응해야 하는 범용적 지능의 필수 요소일 거라는 판단 때문이었다.

알파고, 진화를 시작하다

딥마인드에서 알파고 개발을 시작한 지 거의 1년 만에 주목할 만한 변화가 나타나기 시작했다. 당시만 해도 프로 바둑기사를 이기는 소프트웨어를 개발하는 것은 거의 불가능한 일처럼 여겨졌다. 그런데 알파고는 3차례나 유럽 바둑챔피언에 올랐던 프랑스의 판 후이 2단과의 대국에서 5전 전승을 거두면서 처음 그 존재를 알렸다. 1세대 알파고로 알려진 '알파고 판Alphago Fan'이 이룬 성과다. 이듬해 3월까지 더욱 업그레이드하며 강화하는 과정을 거친 알파고는 드디어 이세돌과의 세기적인 대국에서 승리하며 세상에 널리 알려지게 되었다. 알파고 쇼크의 주인공 '알파고 리Alphago Lee'의 등장이었다.

알파고가 짧은 시간에 이와 같은 놀라운 성과를 달성하게 된 비결은 무엇일까? 바둑 프로그램에서 승리의 관건은 최선의 수를 결정하는 방식과 그 수를 찾는 탐색 과정을 최소화하는 것에 달려 있다. 알파고는 이러한 결정 방식과 탐색에 있어 기술적으로 가장 앞선 인공지능의 정수만을 모았다고 해도 과언이 아니다.

알파고는 바둑 인공지능에 심층 신경망 기술을 도입한 최초의 사례이다. 12개의 깊은 층으로 이루어진 '정책망Policy Network'과 '가치망Value Network'을 도입해 강화학습과 지도학습을 반복하면서 최선의 수를 찾도록 만들었다. 이와 같은 딥러닝 기술로 무장한 알파고는 인류가 만들어낸 가장 난해한 게임인 바둑과의 대결에서 성공을 거두면서 딥러닝 혁명의 아이콘이 되었다.

정책망은 승률이 가장 높은 수의 선택 범위를 좁히기 위해 도입된 심층 신경망이다. 알파고는 지도학습과 강화학습을 병행 사용하면서 이 목적을 달성하고자 했다. 지도학습은 교사가 학생의 오류를 감독하고 지도하는 것과 유사한 방식으로, 단기적인 목표 달성에 매우 효과적인 학습법이다. 이를 배우기 위해 바둑 고수들의 기보만큼 확실한 교사는 없다. 알파고는 우선 KSG GO 서버에 등록된 16만 개의 기보 데이터를 학습하여 다음 수에 대한 예측 능력을 강화할 수 있었다. 하지만 기존 기보만 학습하는 것은 자칫하면 편향된 능력이나 한계를 낳을 가능성이 있다. 알파고는 자신과의 무한 셀프 대국을 통한 강화학습을 거치며 기존 기보와 다른 수많은 다양한 수에 대해서도 내공을 쌓았다. 딥마인드는 이러한 방식을 통해 알파고의 승률을 획기적으로 향상시킬 수 있었다고 밝혔다.

가치망은 현재의 수에 대한 유불리를 판정해 승률을 예측하는 심층 신경망이다. 알파고는 강화학습을 통해 가치망을 학습했다. 즉 자신과의 셀프 대국에서 만들어진 정책망의 기보를 바탕으로 승률을 분석하고, 가중치를 부여하는 방식으로 가치망의 정확도를 높인 것이다. 가치망의 성능은 가끔 인간이 보기에도 매우 '창의적'으로 판단되는 수로 나타나기도 했다. 일례로 두 번째 대국에서 이세돌을 무려 10분 동안이나 장고하게 만든 수는 많은 전문가들도 감탄한 수였다.

바둑을 두면서 가능한 모든 경우의 수를 탐색하는 것은 거의 불가능한 일이다. 알파고는 '몬테카를로 트리 탐색' 기법을 도입하여 이 문제를 해결하고자 했다. 이는 가능한 수로 이루어진 트리의 경로를 효율적으로 탐색하기 위한 방식으로, 시뮬레이션을 통해 승률이 높은 경로를 결정하게 된다. 앞 단계의 정책망과 가치망을 통해 가능성이 희박해진 수는 미리 제거하기 때문에 트리 탐색 속도는 더욱 빨라질 수 있다.

위 기술들을 종합한 전체적인 흐름을 요약하면 이렇다. **알파고는 우**

선 정책망을 통해 승리 가능성이 높은 다음 후보수를 예측하고, 가치망으로 현 국면의 형세를 판단해서 승률을 계산한다. 그런 다음 이러한 정보를 바탕으로 몬테카를로 트리 탐색을 통해 이후의 전개를 시뮬레이션하여 최종적으로 가장 유리한 수를 선택하도록 설계되었다. 알파고는 인간 고수들이 남긴 기보와 자신과의 셀프 대국을 통해 학습하고, 바둑의 수를 찾는 트리 탐색을 최소화하여, 효율적으로 최선의 수를 찾을 수 있었던 것이다.

이세돌과의 대국 이후 알파고가 연산에 사용했던 컴퓨터의 용량과 에너지가 화제가 되었다. 알파고는 클라우드에서 동작되는 소프트웨어로, 48개의 TPUTensor Processing Unit가 사용되었다. TPU는 구글이 2016년에 독자적으로 개발한 인공지능 전용 반도체로 인공지능 알고리즘 연산에 필수적인 벡터나 행렬의 병렬연산에 특화되어 있다. 특정 조건에서는 기존에 사용하던 GPUGraphic Processing Unit보다 약 10배 이상의 성능을 내는 것으로 알려져 있다. 이를 바탕으로 알파고가 대국에서 소모한 전력을 계산해보면 약 170kW로 추산된다. 한 사람의 두뇌가 20W의 전력을 사용한다는 점을 고려해보면, 이세돌은 당시 혼자서 약 8,500명의 인간과 대결한 셈이다.

더욱 강력해진 알파고

한국에 큰 충격을 안겨주었던 알파고는 인공지능 진화의 시작이었음이 명백해졌다. 알파고는 이세돌과 대결했을 때보다 더욱 강력해진 '알파고 마스터Alphago Master' 버전으로 돌아왔다. 1년 후인 2017년 5월에 알파고는 당시 세계 랭킹 1위인 중국의 커제와의 대국에서 3전 전승이라는 '완벽한' 승리를 거두며 더욱 강해진 면모를 드러냈다. 커제와의 대국을 끝낸 알파고는 인간과의 공식적인 대국을 종료했다. 딥마인드의 CEO 허사비스는 바둑 인공지능 알파고를 인류의 새로운 지식 영역을 개척하기 위한 인공지능으로 전환한다고 선언한다. 이때까지 알파고의 공식 전적은 13전 12승 1패였다. 기보를 남긴 대국 기준으로는 74전 73승 1패라는 전무후무한 기록이다. 알파고의 은퇴는 더 이상 인간과의 대국이 의미가 없음을 보여주는 것이었다.

커제의 패배는 중국에 커다란 충격을 안긴 중국판 '스푸트니크 모멘트Sputnik Moment'가 되었다. 스푸트니크 모멘트는 소련이 유리 가가린을 태운 유인 우주선 스푸트니크를 발사하면서, 미국과의 우주 경쟁에서 한 발 앞섰던 사건을 의미한다. 이때의 충격으로 미국은 아폴로 계획을 추진했고, 미국의 과학 교육을 일신하는 계기가 되었다. 중국도 알파고의 승리를 그런 정도의 충격으로 받아들인 것이다. 커제의 패배 2달 후, 중국 정부는 인공지능 5개년 계획을 발표하고 2030년까지 인공지능 분야의 글로벌 선두에 서겠다는 목표를 세운다.

알파고 마스터는 이전 버전에 비하여 하드웨어적인 변화도 많았다. 클라우드 버전으로만 개발되었던 이전 알파고와 달리 단일 머신에서도 동작할 수 있게 했으며, 단 4개의 TPU만을 사용했다. 구글에 따르면 이러한 TPU 연산 성능은 당시의 최신 CPU 대비 최대 80배가량 높은 것이라고 한다.

알파고 마스터는 이전 버전 대비 단 10% 수준의 연산 용량만으로도 3배의 학습 속도와 10배의 에너지 효율을 달성할 수 있었다. 놀랍게도 이 모든 변화는 단 1년 만에 이루어진 일이다. 알파고 알고리즘은 하드웨어는 획기적으로 줄이면서도 더욱 강력한 성능을 발휘하도록 엄청난 진화 속도를 보여준 것이다.

알파고 제로, 진화의 완결

알파고 마스터가 출현한 지 불과 5개월 만인 2017년 10월, 알파고 마스터의 다음 버전인 '알파고 제로Alphago Zero'가 발표됐다. 새로운 버전은 지도학습으로 바둑 고수들의 기보를 학습하던 알파고 리나 알파고 마스터와는 완전히 달라진 접근 방식을 사용했다. 오직 게임 규칙에 대한 정보밖에 주어지지 않은 알파고 제로는 바둑 인공지능의 최종 버전으로, 자기 자신과의 대국을 통한 강화학습만으로 성장하도록 만들어졌다.

알파고 제로의 강화학습 결과는 놀라웠다. 알파고 제로는 학습 3시간 만에 바둑 초심자 수준에 도달했고, 알파고 리와 동등한 수준을 달성하는 데에는 이틀이 채 걸리지 않았다. 자체 대국을 500만 번 수행한 3일 후에는 알파고 리에 백전 전승을 거두는 압도적인 결과를 보여주었다. 또한 3,000만 번의 자체 대국을 학습한 21일 후에는 알파고 마스터와의 대국에서 약 90%의 승률을 보여주었다. 채 한 달이 안 되는 기간에 알파고 제로는 기존의 모든 알파고를 능가하는 힘을 갖게 된 것이다.

알파고 제로는 강화학습을 효율적으로 수행하기 위해 다양한 기술적 변화를 도입했다. 우선 알파고에서 사용했던 정책망과 가치망을 통합하여 하나의 네트워크만으로 강화학습과 예측을 수행하도록 했다. 또한 마이크로소프트 중국 연구소에서 개발된 '레즈넷 ResNet, Residual Network**'을 도입하여 기존의 심층 신경망을 대체했다.**

레즈넷은 이미지 인식 분야의 세계적 대회인 '이미지넷ILSVRC, The ImageNet Large Scale Visual Recognition Challenge'에서 2015년에 우승을 거둔 알고리즘이다. 알파고 제로는 알파고 마스터와 마찬가지로 4개의 TPU만을 사용하는 단일 머신 버전이다. 혁신적으로 향상된 성능에도 불구하고 동일한 컴퓨팅 파워를 유지한다는 것은 시사해주는 바가 크다.

알파제로, 범용성의 옷을 입다

딥마인드는 같은 해 12월, 새로운 게임 인공지능 '알파제로AlphaZero'를 발표했다. 하나의 알고리즘으로 다양한 게임에 적용하기 위해 바둑을 의미하는 '고'를 뺀 것이다.

알파제로는 알파고 제로와 마찬가지로 인간의 전략으로 훈련하는 지도학습 과정은 철저히 배제하고, 오직 자신과의 게임을 반복하면서 강해지는 강화학습을 통해 이기는 법을 스스로 발견하도록 만들어졌다. 알파고 제로와 달라진 것은 범용성의 확보였다. 알파고 제로는 바둑에 대한 룰이나 사전 지식이 주입된 상태였지만, 이번에는 특정 게임에 대한 지식까지 모두 지웠다.

이 놀라운 인공지능은 단 8시간 학습 후에 알파고 리를 물리쳤고, 30시간 후에는 알파고 제로마저 굴복시킬 정도로 훨씬 빠르고 강력한 학습 속도를 보여주었다. 알파제로의 범용성은 바둑뿐만 아니라 쇼기일본식 장기나 체스 등의 보드 게임에 확대 적용되면서 드러났다. 알파제로는 2016~2017년에 쇼기와 체스 국제 대회에서 우승했던 대표적인 인공지능 엘모Elmo와 스톡피시Stockfish를 각각 2시간, 4시간 만에 물리치는 엄청난 역량을 발휘했다. 놀라운 것은 기존의 알고리즘을 전혀 수정하지 않고 얻어낸 결과라는 점이다.

단 하나의 알고리즘으로, 게임을 전혀 모르는 상태에서 게임 규칙을 배우고 승리하기 위한 최고의 전략을 구사하는 것이 가능해진 것이다. 하지만 알파제로의 성능을 확보하기 위해 총 2,000대의 TPU를 사용한 엄청난 병렬학습이 필요했다고 한다.

알파스타, 전략 시뮬레이션 게임의 정복

미국의 블리자드Blizzard에서 1998년 출시했던 스타크래프트는 20여 년이 흐른 지금까지도 가장 대표적인 실시간 전략 시뮬레이션RTS 게임으로 군림하고 있다. 실시간 전략 시뮬레이션 게임은 바둑과는 또 다른 지능과 전략을 필요로 한다. 우선 상대에 대한 정보가 없거나 극히 제한적이다. 또한 즉각적인 실시간 실행이 필요하다. 마지막으로 긴 시퀀스에 대한 장기적인 예측을 해야 하는 문제가 있다. 이러한 측면에서 이론적으로는 매 스텝당 10의 26승 정도의 경우의 수가 존재하는 매우 어려운 게임이다.

2017년부터 스타크래프트2에 대한 도전을 선언한 딥마인드는 2019년 1월 홈페이지를 통해 '알파스타AlphaStar'를 공개했다. 당시 유럽의 정상급 프로 게이머들과의 대결에서 10승 1패라는 놀라운 성적을 거둔 후였다.

알파스타는 알파고와 유사하게 지도학습과 강화학습을 병용했다. 기존의 리플레이 데이터를 활용한 지도학습을 통해 가능한 많은 전략을 학습시켰고, 셀프 게임을 통한 강화학습을 실시하면서 승률을 향상시켰다.

전략 게임에서는 다수의 경쟁자가 서로 이기고 지는 전략적 순환 문제가 종종 발생한다. 알파스타는 이런 문제를 보완하기 위해 보다 성능을 개선한 멀티에이전트 강화학습을 실시했다. 지도학습과 강화학습, 멀티에이전트 강화학습의 사이클이다.

92만 건의 리플레이 데이터를 활용해 44일간 학습한 결과는 놀라웠다. 알파스타가 스타크래프트2 상위 0.2%에 도달해 그랜드마스터에 등극하게 된 것이다. 이는 인간이 200년간 할 수 있는 플레이의 양과 맞먹는 정도의 경기를 치룬 결과였다.

현재 알파스타 프로젝트는 종료된 상태이지만, 알파스타의 사례에서 도출한 결과가 시사하는 바는 크다. **딥마인드는 앞으로 알파스타의 기술이 날씨 예측이나 언어 이해 등 긴 시퀀스에 대한 장기적인 예측을 필요로 하는 분야에서도 활약할 수 있을 것으로 보고 있다.**

알파폴드, 생물학의 난제를 풀다

단백질은 모든 생명 현상에 관여하고 있는 기본 물질이다. 단백질은 유전 정보에 따라 20여 종의 아미노산으로 구성된 수십 내지 수백의 특정 시퀀스가 '접혀 있는' 복잡한 3D 구조로 이루어져 있다. 이런 '단백질의 접힘' 구조는 단백질의 특정 기능과 직결된 것으로, 단순한 구조의 단백질에서조차 천문학적인 경우의 수가 나타난다. 단백질을 구성하는 아미노산의 종류와 상호작용의 복잡성이 크기 때문이다.

이런 접힘 구조의 복잡성으로 인해 단백질 구조 예측은 무척 어려운 난제로 손꼽혔다. 지난 50여 년 동안 생명체에 존재하는 약 2억 개의 단백질 중에서 고작 17만 개 정도만 해독할 수 있었을 정도다.

바둑에서 알파고가 일으킨 혁명적인 성과는 생물학 분야로 이어졌다. 딥마인드는 알파 시리즈를 생명공학 분야로 확장하면서 50년 묵은 생물학의 난제였던 '단백질의 접힘'에 의한 3차원 구조를 예측하는 문제를 해결하는 개가를 올렸다.

딥마인드는 2018년 멕시코에서 개최된 CASP13에 알파폴드AlphaFold

를 출전시켜, 2위 인간 팀을 압도적인 점수 차로 누르는 역사적 이정표를 세웠다. CASPCritical Assessment of Protein Structure Prediction는 매 2년마다 열리고 있는 세계적 단백질 구조 평가 대회다. 딥마인드는 2년 뒤 열린 CASP14에서 기존 알파폴드의 성능을 훨씬 뛰어넘는 더욱 진화된 알파폴드2를 공개했다. 알파폴드2의 정확도는 92%가 넘었다.

알파폴드는 기존에 밝혀진 17만 개의 단백질 구조를 토대로 딥러닝을 적용했다. 또한 단백질의 부분을 우선적으로 해석하고, 이를 기반으로 단백질 전체를 해석하는 '텐션 알고리즘Tension Algorithm'과 결합하는 전략적인 접근법을 사용했다.

딥마인드는 현재 알파폴드2에 대한 소스 코드 공개를 포함한, 많은 혁신적인 작업들을 진행하고 있다. 현재까지 밝혀진 인간 단백질 전체의 98%가 넘는 2만여 단백질 구조를 포함해, 36만 5,000개가 넘는 단백질의 3D 구조를 네이처 온라인에 공개했다. 또한 유럽 분자생물학연구소EMBL와 공동으로 1억 개 이상의 단백질 구조에 대한 데이터베이스 확보를 목표로 하는 등 가히 혁명적인 개발 속도를 과시하고 있다.

알파폴드의 성과를 지켜보는 과학계의 충격은 매우 크다. 이 분야의 많은 전문가들은 알파폴드를 향해 게임 체인저, 혁명 같은 다소 흥분된 표현을 아끼지 않고 있다. 6년 전 알파고가 사회에 주었던 충격과 다를 바 없다. 허사비스도 'AI 시스템이 과학적 지식에 절대적으로 기여한 첫 사례'라고 주저 없이 밝혔다.

유전자 편집 도구인 크리스퍼CRISPER와 마찬가지로 알파폴드는 사업적인 측면에서도 시사하는 바가 매우 크다. 구글의 지주 회사 알파벳은

2021년 말 아이소모픽 랩스Isomorphic Labs를 설립하고, 딥마인드 대표인 허사비스를 대표로 앉혔다. 이 회사는 알파폴드를 기반으로 미지의 단백질 구조에 대한 해독과 신약 개발을 주도하는 것을 목표로 한다. 생물학의 다양한 분야로 알파폴드의 활용성을 확장해 갈 예정이다.

지금까지 6년 전에 갑자기 출현하여 우리 사회에 커다란 충격을 주고 사라진 알파고의 최근 행적을 추적해보았다. 결과적으로 '알파고 쇼크'는 단지 서막에 불과했다는 것을 확인할 수 있었다. 우리가 인공지능의 놀라운 성과를 넋을 놓고 지켜보는 동안에도 알파고는 더욱 깊어지고 넓어졌다. 이 정도라면 '알파(고) 가문'이라고 불러도 좋지 않을까 싶다.

가장 놀라운 것은 인공지능의 진화 속도다. 알파고 개발이 시작된 2014년부터 인간과의 바둑 경쟁이 무의미해진 2017년까지 3년이 채 걸리지 않았다. 범용성을 갖춘 대표적인 보드 게임 인공지능으로 진화하는 데에는 3년 반이면 족했다. 전략 게임이나 생물학으로의 확장은 어떤가. 단 2년 만에 사람의 능력을 넘어서는 정도의 진화를 마무리했다.

알파고가 우리에게 던지는 두려움은 바로 여기서부터 시작된다. 게임이나 특정 분야가 아니라, 인간의 전체 지능을 넘어서는 날이 곧 다가오지 않을까 하는 불안감을 안겨준 것이다. 이는 알파 시리즈가 우리에게 던져준 인공지능 신화의 시작이다.

인공지능, 포커를 정복하다

포커 게임

포커는 마주한 두 선수가 동일한 정보에 접근할 수 있는 바둑, 체스, 장기 등의 보드 게임과는 다르다. 저마다 히든카드를 사용하기에 비대칭적이고 불완전한 정보를 다뤄야 하는 어려운 측면이 있다. 게다가 매 수마다 상대방의 심리 상태와 속임수블러핑를 간파해야 하고, 역으로 상대방에게도 적절하게 속임수를 사용해야 한다.

이는 경우의 수를 계산하기 위한 컴퓨팅 파워를 충분히 갖추었다 해도, 인공지능이 쉽게 도달할 수 없는 고도의 전략 게임이라고 여겨져 온 중요한 이유다. 무려 40여 년 전부터 시작된 포커 인공지능을 향한 도전은 최근 들어 기념비적인 성과들을 만들어내고 있다.

최근의 포커 인공지능은 여러 포커 게임 중에서도 '헤즈업 무제한 텍사스 홀덤Heads-Up No-Limit Texas Hold'em'을 주대상으로 하고 있다. 텍사스 홀덤은 참가자들이 각각 받은 비밀카드 2장과 3장-1장-1장의 순서로 공개된 카드 5장 등을 조합해 서로 겨루는 방식이다. 우리에게는 잘 알려져 있지 않지만 미국, 유럽 등의 글로벌 대회에서 공식 종목으로 채택될 만큼 매우 대중적인 게임이다. 무제한 텍사스 홀덤은 전통 포커 게임에서 아무 때나 베팅을 할 수 있는 특징이 있다. 이 게임이 갖는 경우의 수는 10의 160승 정도로 바둑의 경우의 수에는 다소 못 미치지만, 포커 게임에 내재된 정보의 비대칭성으로 인해 더욱 난해한 게임으로 만드는 특징이 있다.

딥스택, 인간을 이기다

한국에서 알파고 쇼크가 있은 지 약 8개월 후인 2016년 11월, 드디어 포커에서도 인간의 실력을 넘어선 인공지능이 등장한 극적인 사건이 일어났다. 딥러닝 기술에 기반을 둔 '딥스택DeepStack'이라는 포커 인공지능이 출현한 것이다. 이 인공지능은 인간 포커 선수와의 연습 없이 1,000만여 건에 달하는 임의의 게임 상황을 만들어서 훈련했다. 딥스택은 약 1개월 동안 펼쳐진 전 세계 17개국에서 선발된 33명의 전문 포커 플레이어들과의 게임에서 상당한 차이로 승리를 거두었다.

캐나다 앨버타 대학의 마이클 볼링 교수팀과 체코 찰스 대학, 체코 공과대학 연구진의 공동 연구에 의해 개발된 딥스택은 인간을 이긴 최초의 포커 인공지능으로 자리매김하게 되었다. 개발팀은 〈사이언스〉에 게재된 논문을 통해 "완전 정보 게임인 바둑 인공지능과의 갭이 거의 다 좁혀졌다."라고 평가했다.

딥스택은 과감한 추상화 전략을 사용하여 상황에 대한 직관력을 갖도록 훈련시켰다. 이는 포커 게임 전체에 대한 경우의 수를 계산한 다음 하나의 전략을 유지하던 기존 방식에서 벗어났음을 의미한다. 대신 매 순간의 상황만을 고려하여, 부분적인 로컬 상황에서 지속적으로 전략을 업데이트하는 방식을 택했다.

이때 딥러닝 방식을 통해 경우의 수가 분기되는 깊이를 조절함으로써 선택 가능한 경우의 수를 10의 17승 수준으로 줄였다. 또한 최종적으로 실행 단계에서 10의 7승 정도로 경우의 수를 드라마틱하게 줄일 수 있었다고 한다. 이런 획기적인 단순화를 통해 슈퍼컴퓨터가 아닌 일반 GPU가 탑재된 랩톱 컴퓨터에서도 구동될 수 있는 혁신적 성과를 달성할 수 있었다.

리브라투스의 등장

2017년 1월, 미국 피츠버그 소재 리버스 카지노 호텔에서 개최된 뇌 vs 인공지능 대결에서 새로운 포커 인공지능 '리브라투스Libratus'가 프로 포커 선수들을 물리쳤다. 리브라투스는 약 3주간 일대일 방식으로 진행된 무제한 텍사스 홀덤 경기에서 4명의 세계 정상급 프로 포커 선수들을 상대로 전승을 기록한다.

리브라투스는 미국 카네기 멜론 대학의 토마스 샌드홀름 교수와 노암 브라운 박사 연구팀에서 개발했던 '클라우디코Claudico'의 후속작이다. 2015년에 출시된 클라우디코는 처음에는 인간 프로 포커 선수들에게 상당한 격차로 패배하면서 아직 인간의 벽이 높다는 것을 실감해야 했다. 하지만 이번에는 달랐다. 리브라투스는 블러핑 기술까지 구사하면서 약 2년 만에 판세를 완전히 뒤집었다.

딥스택과 달리 리브라투스는 청사진 같은 게임의 전체 전략을 구축한 후 실행하는 과정에서 반복적으로 전체 전략을 수정해가는 방식을 택했다. 상대편의 포커 조합을 분석해 가장 좋은 수를 골라내는 방식이다. 이러한 전략은 남겨진 모든 경우의 수에 대한 계산 능력이 매우 중요해지므로 막대한 컴퓨팅 파워가 필수적이다. 이를 위해 리브라투스는 연산 속도가 1.35페타플롭스에 달하는 슈퍼컴퓨터의 약 70%에 달하는 용량을 사용해야 했다. 페타플롭스는 1초에 1,000조 번10의 15승의 부동소수점 연산이 가능한 속도를 의미한다. 이는 현재 최고급 랩톱 대비 7,000배가 넘는 연산 속도다. 리브라투스는 게임 통계를 토대로 상대방의 게임 습관 등을 파악해 과감하게 배팅하는 전략도 구사할 수 있었다.

그렇다면 블러핑에는 어떻게 대응했을까? 고속의 연산을 통해 각 상황에서 최선의 수를 선택한다고 해도 블러핑에는 다른 전략이 필요했을 것이다. 개발을 주도했던 샌드홀름 교수는 취약점을 분석하고, 이를 지속적으로 보완하는 메타 알고리즘을 통해 문제를 해결했다고 한다. 즉 매일 경기가 끝난 뒤 메타 알고리즘으로 상대방 선수들이 이용했던 취약점들을 분석하고 그 취약점들의 우선순위를 매긴 다음, 그중 가장 좋지 않은 취약점군에 대한 보완 알고리즘을 반영해 다음 날 경기에 임하는 방식이다. 메타 알고리즘은 지속적으로 취약점을 줄여가도록 설계되어 경기 초반에 보였던 리브라투스의 약점은 점차 사라졌다고 한다.

사실 블러핑은 인간에게는 사기나 거짓말 같은 것이지만, 인공지능에게는 수학적으로 계산되는 최선의 전략일 뿐이었다.

플루리버스, 포커 인공지능의 완결

딥스택이나 리브라투스가 인간의 능력을 넘어서는 결과를 보여준 텍사스 홀덤의 헤즈업 방식은 인간 프로 선수들과 일대일로 경쟁을 벌이는 게임이다. 반면에 다수의 인원이 참여하는 일반적인 포커 게임은 다루어야 할 변수들이 더욱 늘어나 분석의 난이도는 더욱 높아진다.

리브라투스가 출시된 지 2년 후, 다수가 참여하는 포커 게임에서도 새로운 전기가 마련됐다. 페이스북으로 자리를 옮긴 리브라투스의 개발자 노암 브라운 박사와 카네기 멜론 대학의 샌드홀름 교수는 더욱 진보된 인공지능 '플루리버스Flurivers'를 출시했다.

플루리버스는 자신을 상대로 한 수조 번의 패를 통해 강화학습을 하면서 전략을 검토했다. 또한 모든 전략에 대해 우선순위를 분류하는 과정을 거치면서 블러핑을 포함한 상대방의 속임수 같은 전략적인 행위도 수학적으로 예측할 수 있었다.

플루리버스는 2019년 7월, 12명의 프로 선수들이 참여해 12일간 1만 번 수행한 6인 포커 게임에서 승리했다. 이 게임에는 월드포커투어에서 4회의 우승 기록을 보유한 대런 엘리아스도 참가했다. 게임은 플루리버스 1대와 5명의 프로 선수 또는 플러리버스 5대와 1명의 프로 선수가 겨루는 형태로 진행됐다. 이로써 다수가 참여하는 포커 게임에서도 인공지능이 처음으로 인간을 넘어서는 역사적 전기가 마련되었다. 국제 학술지 〈사이언스〉는 이를 기념해 인공지능을 상징하는 커다란 눈을 표지에 담았다.

지금까지 포커 인공지능의 진화에 대해 살펴보았다. 2015년 처음 등장했던 클라우디코 이후 단 1년 반 만에 인간을 이기는 포커 인공지능이 등장했고, 다시 2년이 지난 뒤에는 다수가 참여하는 포커 게임에서도 승리를 거두었다. **불완전하고 비대칭적인 정보를 기반으로 전략을 짜고 추론해야 하는 전략 분야에서도 인간을 추월한 인공지능의 발전 속도는 실로 눈부시다.** 이는 완전 정보를 다루는 알파고와는 또 다른 측면의 가능성이다. 우리가 사는 불완전하고 비대칭적인 세상은 바둑보다는 포커에 더 가깝기 때문이다. 이 기술들은 주식 거래나 경매, 사이버 보안, 군사 전략, 협상 등 다양한 분야에 적용될 수 있을 것으로 보고 있다.

인간과 경쟁하는 인공지능의 발자취

알파고 이전에도 인간과 경쟁하던 인공지능의 역사는 길다. 1956년 인공지능이라는 말이 처음 만들어지고, 인공지능의 효율에 대한 분쟁은 지금까지도 진행되고 있다.

미국 국방부와 함께 초기부터 인공지능을 견인해온 것으로 평가되는 IBM은 체스와 퀴즈 전용 인공지능을 잇달아 개발하며, 인간과의 경쟁에서 최초로 승리하는 기록을 세웠었다.

딥러닝 시대가 열리기 전까지 인공지능의 가능성을 보여준 대표적인 사례들을 살펴본다.

딥블루, 체스마스터

1997년, '딥블루Deep Blue'라는 이름의 인공지능이 당시 체스 세계 챔피언이던 게리 카스파로프를 2:1로 제압하는 사건이 있었다. 딥블루는 IBM이 체스 전용으로 개발한 전문가 시스템Expert System 기반의 인공지능이다. 유태계 러시아인인 카스파로프는 23세이던 1985년부터 무려 16년간 체스 세계 챔피언 자리를 유지했던 최강자였다.

이 경기는 기계가 인간과의 공식적인 경쟁에서 처음으로 이긴 역사적인 순간으로 기록되었다. 또한 전년도에 벌어진 첫 대회에서 패한 후, 1년 만에 시스템적 진보를 통해 얻어낸 값진 성과이기도 했다.

딥블루는 초기 인공지능 연구의 주류를 이루었던 '기호주의 Symbolism**' 방식의 산물이었다. 기호주의는 데이터를 학습하는 머신러닝**Machine Learning**이나 딥러닝과 달리, 인위적으로 컴퓨터에 입력한 규칙을 통해 동작되는 방식을 말한다.** 딥블루는 다음에 나올 수 있는 모든 경우의 수를 고려한 다음 어떤 상황이 일어날 수 있을지를 미리 신속하게 계산하는 방식으로 게임에서 이길 수 있었다.

이를 위해 초당 2억 개의 경우의 수를 탐색할 수 있는 컴퓨팅 파워가 필요했다. 딥블루가 사용했던 하드웨어는 수천 와트의 전력을 소모하는 냉장고 크기의 슈퍼컴퓨터였다. 이런 의미에서 일부 전문가들은 딥블루가 순수한 수학 계산의 성과였다고 말하기도 한다.

왓슨, 퀴즈의 달인

IBM은 2011년에 인간과 경쟁하는 또 하나의 인공지능 '왓슨Watson'을 공개했다. 왓슨은 자연어로 된 질문에 답을 해줄 수 있는 인공지능으로 IBM의 첫 번째 회장이었던 토머스 J. 왓슨에서 따온 이름이다.

왓슨은 미국에서 가장 오래되고 유명한 퀴즈 게임인 〈제퍼디!〉에서 두 명의 쟁쟁한 인간 경쟁자들을 일방적으로 물리치고 100만 달러의 우승 상금을 차지했다. 참가했던 선수들은 퀴즈 게임 역사상 유래 없이 화려한 경력을 자랑하는 선수들이었으며, 74회 연속 우승을 차지했던 켄 제닝스와 20회 우승 경력과 최대 금액 우승 경력을 보유한 브래드 루터가 그들이었다.

왓슨은 2007년부터 약 25명이 투입되어 약 4년에 걸쳐 개발한 프로젝트다. 왓슨의 인공지능도 딥블루처럼 전통적인 기호주의 방식을 따랐다. 우선 질문을 기호화된 단어로 세분화하고, 기호들의 연산을 통해 질문 내용을 분석하는 자연어 이해 단계를 거친 다음, 수백 개의 알고리즘을 통해 시스템에 이미 저장되어 있는 자료에서 정답 후보들을 걸러내고, 이들의 순위를 매겨 최종적인 답변을 내놓는 방식이다.

왓슨은 이 게임을 위해 위키 백과를 포함한 약 2억 페이지에 달하는 방대한 분량의 콘텐츠를 4TB테라바이트의 디스크에 저장해두었다고 한다. 또한 전용 서버 10대로 하드웨어 플랫폼을 구성했다.

왓슨이 보유한 인지 컴퓨팅 능력은 음성 인식, 영상 인식 등 다양한 인공지능 서비스와 함께, IBM 클라우드를 통해 통합적으로 제공되고 있다. 또한 왓슨은 의료, 법률, 방송, 교육 및 요리 분야에 이르기까지 적용 범위를 확장해가고 있다.

2016년, 국내에서도 왓슨과 유사한 시스템이 개발되었다. 한국전자통신연구원과 한국과학기술원 등이 약 4년에 걸쳐 개발한 '엑소브레인ExoBrain'이 EBS 장학퀴즈에서 우승을 차지한 것이다. 엑소브레인은 백과사전, 어학사전 등 약 12만 권에 해당하는 분량의 콘텐츠를 사용했다고 한다. 이 기술은 이후 국내의 여러 스타트업에 배포되어 자연어 처리 서비스의 근간이 되었다.

인공지능은 왜 게임과의 대결에 몰두하는 것일까? 일찍이 러시아의 인공지능 학자 알렉산더 크론로드는 "체스는 AI의 초파리다."라는 명언을 남겼다. 생물학자들이 가장 먼저 찾는 실험 대상이 초파리인 것처럼 인공지능 개발자에게도 인공지능을 가장 먼저 테스트하고 싶은 대상이 체스혹은 게임라는 의미다.

명확하고 공평하게 주어진 룰 안에서 인간과 경쟁하는 것만큼 '만들어진 지능'을 시험해보기 좋은 무대는 없을 것이다. 따라서 게임은 오랫동안 인공지능의 성능을 측정하기 위한 지표 역할을 해왔다. 또한 IBM이 그래왔듯이 많은 사람들의 관심을 끌 수 있는 훌륭한 마케팅 전략 대상이기도 했다.

PART 1에서 우리는 바둑과 포커, 체스에서 퀴즈에 이르는, 인간의 지능과 경쟁했던 인공지능 기술의 눈부신 진화 과정을 추적해보았다. 이들의 발전 속도를 보면 두려움마저 느껴지는 게 사실이다. 게임과 같은 좁은 영역이기는 하지만 인공지능의 학습 속도는 인간이 가진 학습 속도에 비할 바가 아니다. 게임 인공지능은 인간과의 경쟁 우위를 증명하면서 SF 영화에서나 느낄 법한 공포감의 근원이 되고 있다.

반면에 게임을 통해 성능이 확인된 인공지능은 과학 분야의 해묵은 난제에 도전하기도 하고 의료, 비즈니스, 법률 등 활용 영역을 확장해 갈 수 있는 하나의 보증수표가 된다. 그런 의미에서 게임 인공지능은 딥마인드가 추구하는 범용 인공지능에 도달하기 위한 실마리를 제공해줄 수 있을 것이다.

“

지금까지의 컴퓨터 기술은

사람이 프로그래밍한 대로,

그에 대한 대답을

성실히 내주는 것에 지나지 않았다.

이와는 달리 인공지능 기술은

지속적으로 자신의 모습을 변화시키면서,

궁극적으로 더 가까운 답을 찾아갈 수 있는

‘자가 발전적’ 기술이다.

”

PART 2

알파고의 등장과 함께 인공지능은 이제 시대적 화두가 됐다. 알파고가 일깨워준 인공지능 기술의 혁명적 발전은 경외감이나 두려움, 혹은 위기 같은 다양한 모습으로 우리에게 다가오고 있다.

인공지능은 어느 날 갑자기 출현한 기술이 아니다. 학계에서 '인공지능'이라는 이름의 연구가 시작된 지는 벌써 60여 년이 훌쩍 넘었다. 컴퓨터가 만들어지던 시기는 이보다 훨씬 더 전으로 거슬러 올라간다. 그런데 왜 이제야 인공지능이 화두가 된 것일까?

정확히 얘기하자면 화제의 중심은 '딥러닝'이라고 해야 옳을 것이다. 알파고의 놀라운 지능과 진화의 근간이 바로 딥러닝 기술이기 때문이다.

딥러닝은 알파고를 통해 발현되기 전까지 수십 년의 불확실한 시기를 지나온 기술이라는 것을 이해할 필요가 있다. PART 2에서는 딥러닝이 어떻게 탄생했는지, 어떻게 인공지능의 대세가 될 수 있었는지, 인공지능의 시작에서부터 그 배경을 추적해보고자 한다.

인공지능 기술의 미래를 보기 위해서는 반드시 생성과 성장 과정을 들여다볼 필요가 있다. PART 2에서는 딥러닝의 폭발적 성장을 견인했던 기술의 원형과 학습 방법들을 아울러 살펴보고자 한다.

딥러닝, 인공지능의 물꼬를 트다

인공지능의 인셉션

컴퓨터의 발전, 인공지능의 시작

그리스 신화에 나오는 피그말리온은 실제 여인을 모방한 조각상을 만들었고 그 조각상을 보면서 사랑의 감정을 품었다. 19세기 초 소설 속의 '프랑켄슈타인 박사'는 인간을 창조하고 싶은 욕망에 사로잡혀 괴물을 만들어냈다. 이처럼 인간을 닮은 피조물을 만들고 싶어 하는 것은 인간에게 내재된 원초적인 욕망이다. 그런 의미에서 인공지능은 인간의 지능을 모방하려는 욕망의 발현이라 할 수 있다.

하지만 인공지능이 모방하고자 하는 인간의 '지능'이 무엇인지, 어떻게 작동되는지에 대한 명료한 답변을 기대하는 것은 아직 시기상조다.

뇌과학과 생물학, 철학, 심리학, 교육학 등을 망라한 다양한 지적 분야에서 오랫동안 천착해온 주제임에도 우리는 모방하고자 하는 대상을 아직 잘 모르고 있다. 여기에 인공지능을 이야기하는 어려움이 있다.

인공지능에 대한 욕망의 씨가 뿌려지고 자라난 것은 계산 기계, 즉 컴퓨터의 발전과 궤를 같이 한다. 이는 인공지능의 '인셉션Inception'이다. 컴퓨터의 아버지라 불리는 영국의 수학자 찰스 배비지는 일찍이 1822년 항성과 행성의 위치 예측을 위해 기계식 컴퓨터인 차분 기관을 발명했다.

그로부터 백여 년이 지난 1936년 영국의 수학자 앨런 튜링은 컴퓨터의 발전에 불을 당긴 역사적인 개념 하나를 발표했다. 그것은 바로 '튜링 머신Turing Machine'이다. 튜링 머신은 긴 테이프에 쓰여 있는 여러 가지 기호들을 일정한 규칙에 따라 바꿔주는, 즉 알고리즘으로 연산할 수 있는 계산기를 의미한다. 이후 튜링 머신은 프로그래밍이 가능한 '보편 튜링 머신'의 개념으로 발전하면서 현대 프로그램 내장형 컴퓨터의 시조가 된 '폰 노이만 구조'의 근간이 되었다.

역설적이게도 컴퓨터는 2차 세계대전을 거치며 많은 발전을 했다. 독일의 수학자 콘라트 추제는 이진법을 사용한 기계식 컴퓨터와 프로그래밍이 가능한 보편 튜링 머신인 전기 기계식 컴퓨터를 잇달아 최초로 개발하는 개가를 올렸다. 추제는 2차 세계대전이 종료된 시점에는 세계 최초의 상용 디지털 컴퓨터를 개발하며 컴퓨터의 발전에 크게 기여했다.

독일의 암호기 '에니그마Enigma'를 해독하기 위한 컴퓨터도 1940년에 만들어졌다. 에니그마는 메시지를 타자로 친 다음, 다이얼을 몇 번 돌려 단어와 글자를 뒤섞어서 암호를 만드는 방식이다. 앨런 튜링은 1년여의 연구 끝에 '봄베Bombe'라는 컴퓨터를 개발해 에니그마를 성공적으로 해독해냈다. 이 일화는 영화 〈이미테이션 게임〉을 통해 우리에게도 알려졌다.

현재 우리가 사용하는 전자식 컴퓨터는 전쟁이 끝난 후부터 나오기 시작했다. 미국 펜실베니아 대학의 프레스퍼 에커트, 존 모클리 교수는 최초의 전자식 컴퓨터 '에니악ENIAC'을 1946년에 공개했다. 에니악은 1만 8,000개가 넘는 진공관과 40여 개의 캐비닛으로 구성된 거대한 규모였다. 포탄의 정확한 탄도를 계산하려는 목적에서 만들어진 에니악은 전쟁 중인 1942년부터 약 4년의 연구 끝에 개발되었다. 에니악은 이후 10여 년간 컴퓨터의 대표 주자로 군림하면서, 이전까지 인류가 했던 계산을 모두 합친 것보다 더 많은 양의 계산을 했다고 전해진다.

미국 프린스턴 고등연구소의 헝가리 출신 수학자 폰 노이만은 1945년 '폰 노이만 구조'라는 최초의 프로그램 내장 방식 컴퓨터 구조를 발표한다. CPU, 메모리와 입출력장치 등 현재 사용되는 범용 컴퓨터의 기본 구조를 확립한 순간이었다. 이 구조를 바탕으로 1952년에 에니악의 후속작인 '에드박EDVAC'이 개발됐다. 2진수를 사용한 최초의 메모리 내장형 전자식 컴퓨터가 등장한 것이다. 이러한 컴퓨터의 급속한 발전은 '생각하는 기계'인 인공지능에 대한 상상력을 자극하는 계기가 되었다.

인공지능이라는 개념은 영국 맨체스터 대학의 교수였던 앨런 튜링이 1950년 발표한 〈계산기계와 지성Computing Machinery and Intelligence〉이라는 논문을 통해 처음으로 구체화됐다.

"기계는 생각할 수 있는가?"

튜링의 논문 서두에서 제기된 질문이다. 그는 지능을 가진 기계를 분별하는 방법을 제안하고, '모방 게임Imitation Game'이라 명명했다. 현재 '튜링 테스트'로 더 많이 알려져 있는 이 분별법은 튜링의 일대기를 다룬 영화의 제목으로도 쓰였다.

튜링 테스트 방법은 의외로 간단하다. **'통신망을 통해 컴퓨터와 대화하면서 자신의 대화 상대가 사람인지 기계인지 구별하지 못하면, 그 컴퓨터는 지능이 있는 것으로 간주하는 것'이다. 튜링 테스트는 찬반 의견이 있음에도 이후 인공지능 연구자들이 도달하려는 목표가 되었다.**

다트머스 회의, 인공지능의 탄생

1956년 여름, 인공지능Artificial Intelligence이라는 이름의 연구 분야가 탄생한 역사적인 회의가 열렸다. 미국의 다트머스 대학에서 8주에 걸쳐 진행된 '인공지능에 관한 여름 연구 프로젝트'가 그것이다.

다트머스 대학의 존 매카시와 MIT의 마빈 민스키, AT&T 벨연구소의 클로드 섀넌, IBM의 나다니얼 로체스터 등 당대를 대표하는 저명한 컴퓨터, 통신 과학자들의 주도로 수학과 정보 이론, 전자공학, 컴퓨터 과학, 심리학과 경제학 분야의 대가 20여 명이 모였다. 대부분의 참가자들은 기계로 모든 지능의 특징들을 시뮬레이션할 수 있으리라는 확신을 가지고 있었다.

최초로 인공지능이라는 용어를 사용한 매카시는 이를 '지적인 기계를 만드는 과학과 공학'으로 정의했다. '지적인 기계'에 대한 정의는 여전히 여백으로 남아 있었지만, 아마도 '사람의 지각과 추론, 학습 능력을 모방한 기계' 정도로 여기지 않았을까?

다트머스 회의의 참가자들은 지능의 구현에 대해 매우 낙관적인 견해를 품고 있었던 듯하다. 그들은 언어, 비전 등 다양한 지능의 분야들을 분담해서, 여름 동안에 인공지능을 둘러싼 핵심적인 문제들을 모두 해결하고자 했다. 예상과 달리 큰 결실 없이 종료되었지만 이 회의는 이후 인공지능 분야가 발전하는 신기원이 되었다.

매카시는 'LISP'라는 인공지능용 컴퓨터 언어를 개발했으며, 민스키는 매카시와 공동으로 MIT에 인공지능 연구소현재의 CSAIL를 설립했다. 이는 이후 스탠퍼드 대학, 카네기 멜론 대학 등 미국 내 유수의 대학으로 인공지능 연구소 설립이 확산되는 계기가 되었다.

인공지능을 구현하는 다양한 최초 사례들이 만들어지기도 했다. IBM의 아서 새뮤얼은 1959년 체커 게임용 인공지능 프로그램을 개발했는데, 게임을 하는 동안 각 수의 승리 가능성에 대한 확률을 모두 기록하는 방식을 통해 스스로 학습하도록 만들어진 것이었다. MIT 인공지능연구소의 요제프 바이첸바움은 1966년 최초의 챗봇 '엘리자Eliza'

를 개발해 화제가 됐다. 미리 준비한 내용을 답하는 수준이었지만, 기계가 인간과 대화를 한 첫 번째 사례였다. 스탠퍼드 대학 인공지능 연구소는 1969년에 움직이는 최초의 인공지능 로봇 '세이키Shaky'를 개발했다. 바퀴로 움직이면서 길을 찾고, 영어로 대화도 하는 로봇인데 몸을 너무 떨면서 움직여서 '세이키'라는 이름이 붙었다고 한다. 이들 최초의 사례들은 훗날 게임과 자연어 처리, 로봇 분야 등의 발전에 많은 영감을 주었다.

지금까지 인공지능의 탄생 배경에 대해 간략하게 살펴보았다. 컴퓨터의 발전은 인공지능에 대한 상상과 가능성을 키워준 인공지능의 인셉션이었다. 앨런 튜링에 의해 '생각하는 기계'에 대한 개념이 본격적으로 자리잡게 된 기저에는 에니악과 폰 노이만 구조의 발명으로 구현 가능성이 커진 시대적 배경이 영향을 주었다.

또한 다트머스 회의는 튜링이 제시했던 생각하는 기계를 '인공지능'이라는 이름으로 세상에 나오게 한 역사적 시발점이 되었다.

인공지능의 두 갈래 길

다트머스 회의 이후 6년이 넘는 시간이 지나면서, 인공지능은 접근 방법이 완전히 상이한 두 가지 방식이 대립하고 경쟁하는 구조로 변했다. MIT의 마빈 민스키를 필두로 하는 '기호주의' 방식과 코넬 대학의 프랭크 로젠블랏을 중심으로 하는 '연결주의' 방식이 그것이다.

기호주의는 모든 지식을 기호화하고, 기호 간의 규칙을 프로그램화하는 방식이다. 반면 연결주의는 규칙에 대한 사전 입력 없이 학습을 통해서 스스로 해답을 찾는 방식이다. 마치 언어를 습득할 때 성인은 '문법'을 익히면서 배우고, 어린 아이들은 자연스럽게 보고 듣는 '학습'을 통해 배우는 것과도 유사하다.

이 두 가지 접근 방식은 다소 적대적인 경쟁으로 전개되면서, '인공지능의 겨울'이라고도 부르는 시기들을 겪었다. 뉴욕 브롱크스 과학고등학교의 동창이기도 한 민스키와 로젠블릿 두 사람은 로젠블릿이 의문사를 당한 1971년까지 치열한 경쟁을 벌이게 된다.

기호주의 인공지능의 성장

기호주의는 인간처럼 지각과 인지, 추론이 가능한 '일반적 지능'의 구현을 목표로 하는 접근법이다. 과연 평범한 생활 속에서 지능은 어떻게 발현되고 있을까?

우리는 단순하게 대답하기 위해서도 가지고 있는 지식이나 생각, 추상적 개념 등을 총동원해야 한다. 단지 의식할 필요가 없을 뿐, 일반적 지능은 사실 고도의 지적 활동인 것이다. 따라서 인공지능은 지식의 표현과 관계성을 통해 추론에 이르게 하는 메커니즘이 매우 중요해진다.

기호주의는 인간의 생각이나 개념, 지식을 상징적인 기호로 표현했다. 또한 사전에 프로그래밍이 된 규칙들을 통해 기호들을 처리함으로써, 궁극적으로 추론이 가능해지도록 했다. 이런 의미에서 기호주의는 '규칙 기반Rule-based' 혹은 '클래식' 인공지능이라고도 불린다.

하지만 기호주의의 구현을 위해서는 필요한 지식과 규칙을 모두 사전에 프로그래밍해야 하는 지난한 작업이 필요하다. 또한 현실 세계의 지식을 모두 기호화하는 것이 가능한지에 대한 의문도 여전히 크다. 여하튼 마빈 민스키와 존 매카시가 주도한 기호주의는 초기 인공지능 시대의 지배적인 방식으로 군림했다.

기호주의 기반 인공지능은 다양한 분야에서 소기의 성과를 보이기 시작했다. MIT의 요제프 바이첸바움은 1966년 심리치료사 역할을 하는 최초의 챗봇 '엘리자'를 공개했다. 엘리자는 사용자가 입력시킨 문장을 조금 바꿔서 되묻거나, 특정 단어에 미리 준비해둔 답변을 하는 식으로 동작했다.

언어 이해와는 전혀 상관이 없는 동작이었지만, 처음 챗봇을 대한 당시 사람들은 엘리자의 답변을 사람이 하는 것으로 착각하는 반응을 보였다. 앞서 말한 주변 환경을 인지하고, 길을 찾고, 대화도 하는 최초의 인공지능 로봇 '세이키'가 등장한 것도 이 무렵이었다.

기호주의가 얻은 이런 성과들은 고무적이었지만, 연구실 밖으로 나오기에는 아직 많은 시간이 필요했다.

'전문가 시스템'은 기호주의의 돌파구가 되어 주었다. 전문가 시스템은 기호주의의 구현 범위를 좁힌 좀 더 현실적인 시스템이다. 즉 일반적 지능 구현에서 특정 영역의 문제로 범위를 집중한 것이다. 특정 분야의 잘 정제된 전문적인 지식과 일련의 규칙을 바탕으로 프로그래밍되어, 좁은 영역의 깊은 지식을 모을 수 있을 뿐만 아니라, 새로운 지식의 수정이나 확장에도 용이했다.

특히 사용된 규칙이나 지식 그래프를 추적하면, 인공지능의 의사 결정 과정도 설명이 가능했다. 뒤에서 설명하겠지만, 결과를 설명할 수 있는 이런 특성은 학습 기반의 연결주의 방식에 비해 커다란 장점을 가질 수 있다. 하지만 여전히 지식 표현에는 많은 공수가 들어가고, 표현 방식은 시스템의 효율성에도 큰 영향을 미친다.

최초의 전문가 시스템은 1965년에 스탠퍼드 대학의 에드워드 파이젠바움이 개발한 '덴드럴Dendral'로 알려져 있다. 분자의 구조를 추정하는 데 사용했으며, 사람이 정보와 처리 방식을 입력하면 이를 바탕으로 결과를 내는 탑다운 방식의 시스템이었다.

1972년에 스탠퍼드 대학에서 개발된 '마이신Mycin'은 성공적인 전문가 시스템의 대표적인 사례다. 감염성 질환에 대한 처방을 목적으로 만들어진 마이신은 전문 의학 지식과 500여 개의 규칙을 사용하여, 당시 의료 전문가 수준의 의료 진단 기능을 수행했다.

2011년 퀴즈 대회 〈제퍼디!〉에서 쟁쟁한 인간 경쟁자들을 물리치고 우승을 차지한 IBM의 왓슨은 방대한 지식 그래프를 이용해서 답변을 추론하고 정답을 도출할 수 있었다.

규칙을 만들어서 지능을 기술하는 방식은 일반적으로 거의 불가능에 가깝다고 할 수 있다. 규칙은 매우 복잡하게 연결되어 있어서 하나의 규칙을 수정하면 다른 규칙들이 깨지는 상황이 발생할 수 있기 때문이다. 이런 이유 때문에 기호주의 접근 방법은 시스템적인 한계 상황에 도달할 수밖에 없었다.

기호주의는 자연어 이해와 번역, 이미지 분류 등에서 오랜 연구가 이루어졌지만, 외부에서 인정할 만한 충분한 결과를 만들어내지는 못했다. '인공지능의 겨울'을 맞게 된 결정적 이유다.

기술적 낙관주의와 '인공지능의 겨울'

다트머스 회의로부터 10여 년이 지나면서 인공지능에 대한 낙관론이 대세가 됐다. 민스키 교수는 '한 세대 안에 인공지능을 둘러싼 대부분의 문제가 해결될 것'이라는 믿음을 갖고 있었다. 1970년대에 들어서면서 그의 믿음은 더욱 강해졌다. '3년 내지 8년이면 보통 인간과 같은 일반 지능을 갖춘 기계가 나타날 것'이라고 확신했다.

다트머스 회의 멤버이자 노벨경제학상 수상자인 허버트 사이먼도 사람과 같은 기계가 20년 이내에 나오리라는 예측을 내놓았다. 적어도 20세기 안에 인공지능의 모든 문제들을 해결할 수 있으리라는 확신이었다. 이처럼 당시 인공지능 연구의 선구자들 사이에서는 기술에 대한 낙관론이 지배적이었다.

60여 년이 지난 현재의 상황에 비춰보면, 이런 낙관론이 망상에 불과했다는 것을 알게 된다. 인공지능 연구의 선구자들이 가졌던 기술적 확신의 근거는 무엇이었을까?

당대 최고 전문가들의 예측이 이 정도로 빗나갔다는 건 의심스러운 면이 많다. 챗봇 '엘리자'를 접한 대중들의 열광적인 반응이 낙관주의를 확산시켰다고 하지만, 엘리자는 언어에 대한 이해는커녕 미리 준비된 대로 얘기하는 정도에 불과한 로봇이었다.

기계번역 분야에서는 러시아어 문장 단 60개를 영어로 번역하면서 환호하기도 했다. 하지만 번역된 문장을 다시 러시아어로 번역했을 때에는 매우 실망스런 결과를 마주해야 했다. 언어의 복잡도와 구축의 어려움을 현저하게 잘못 판단했던 것이다. 선뜻 이해하기 어렵지만, 인공지능 연구의 선구자들은 인공지능 기술에 대해 매우 과도한 확신을 가지고 있었던 것이 분명하다.

초기의 인공지능 연구는 그들의 확신과는 달리 그 성과의 초라함으로 인해 겨울을 맞았다. '인공지능의 겨울'은 연구에 대한 투자가 끊어진 시기를 말한다. 환경 변화나 압력 같은 외부적인 요인으로 생겨난 것이 아님에도 다소 목가적인 표현을 사용한 것이 의외다. 기술에 대한 지나친 낙관론 혹은 과대 선전이야말로 겨울을 불러온 주된 원인이었기 때문이다.

다른 기술과는 달리 인공지능은 여러 번의 겨울을 겪었다는 특징도 있다. 인공지능 기술에 대한 세간의 기대가 상대적으로 컸던 탓이기도 하다. **거창한 약속과 높은 기대, 기술적 한계와 결과에 대한 실망의 반복적인 사이클. 이것이 인공지능의 겨울을 가져다준 본모습이었다.**

전문가들은 지금까지 1970년대와 1990년대에 걸쳐 크게 두 번에 걸친 인공지능의 겨울이 있었다고 얘기한다. 미국 뉴욕 대학의 인공지능 전문가 얀 르쿤 교수 같은 이는 서너 번의 겨울을 기억하고 있기도 하다. 횟수가 중요한 것은 아니지만, 인공지능 기술은 기대와 실망이 반복적으로 나타난 특이한 기술이었다. 전문가 시스템의 계속된 실패는 1990년대 초반에 닥쳐온 겨울의 원인이 되었고, 이후 기호주의에 대한 환상은 모두 깨지고 말았다.

이 시기를 거치며 인공지능은 학자들에게 금기의 용어가 되는 아이러니도 생겨났다. 대신 인공지능은 컴퓨터 비전과 음성 인식, 자연어 처리 등 세부 영역으로 나뉘어 독립적으로 성장하게 된다. 이로써 기호주의가 추구하던 통합적 지능은 멀어지는 결과를 낳았다.

연결주의의 생성과 몰락

'연결주의Connectionism'는 뉴런과 시냅스 등 신경망으로 이루어진 인간의 뇌 구조에서 영감을 받은 접근법이다. 사전 지식과 규칙을 코딩해 넣을 필요 없이, '인공 신경망'을 구축하고 학습을 통해 지적 능력을 달성해가는 방식이다. 연결주의의 근본적인 아이디어가 된 이론은 1943년 시카고 대학의 워런 매컬러와 월터 피츠로부터 나왔다. 그들은 컴퓨터로 실제 뉴런을 대략적으로 흉내 낼 수 있다고 주장했다.

이로부터 15년 뒤인 1958년 미국 코넬 대학의 프랭크 로젠블럿이 최초의 인공 신경망 '퍼셉트론Perceptron'을 발표하면서, 연결주의는 기호주의와 함께 인공지능 연구의 대표적인 방식으로 자리매김했다.

퍼셉트론은 입력 노드와 출력 노드, 그 사이의 연결선들만으로 이루어진 단층 신경망으로 입력과 연결선의 가중치파라미터와의 연산을 통해 출력이 결정되는 단순한 구조였다.

사진 분류를 목적으로 했던 퍼셉트론은 기호주의 방식과 달리 분류의 기준이나 사전 정보를 입력할 필요가 없었다. 오직 학습을 통해 입출력 노드들 사이의 연결가중치을 더 강화하면서 분류가 제대로 되도록 하는 방식이었다. 로젠블럿은 당시 입력층과 출력층 사이에 층을 더

쌓게 되면, 성능이 더 좋아질 수 있을 것으로 예상했다고 한다. 이러한 개념과 방식은 훗날 딥러닝 방식의 기초가 되었다.

IBM의 아서 새뮤얼은 1959년에 '머신러닝'이라는 용어를 최초로 만들어냈다. '코드로 정의되지 않은 동작을 실행하는 능력', 즉 학습을 통해 기계 스스로 성장하는 능력을 연구하는 새로운 분야의 탄생이었다. 새뮤얼은 머신러닝 기반으로 최초의 체커 프로그램을 만들기도 했다. 개념적으로 볼 때 인공 신경망은 머신러닝의 서브셋으로 분류된다. 기계의 학습을 가능케 하는 여러 접근법 중에서도 인간 뇌의 신경망 구조를 모방한 심층의 학습 방식이었던 것이다.

로젠블럿의 발표가 있은 지 10여 년이 지난 1969년, 기호주의를 대표하는 마빈 민스키와 시모어 페퍼트가 연결주의의 맹점을 다룬 《퍼셉트론Perceptron》이라는 책을 출간했다. 퍼셉트론이 학습하지 못하는 한계가 존재한다는 사실을 수학적으로 증명해낸 것이다.

사실 민스키 교수는 퍼셉트론을 다층으로 구성하면 단층 퍼셉트론의 한계를 극복할 수 있을 것으로 내다보기도 했다. 하지만 당시로서는 다층 퍼셉트론을 학습시킬 만한 방법이 존재하지 않았기에 회의적인 결론을 내릴 수밖에 없었다. 이에 대한 적절한 학습 방법을 찾기 위해서는 약 15년을 더 기다려야만 했다.

이 책의 영향은 참으로 컸다. 인공 신경망에 대한 세간의 관심이 사그라들면서 이후 수십 년간 연결주의에 대한 모든 투자와 지원이 끊기게 되었다. 이는 많은 연구자가 다른 분야로 이동하는 것을 의미하는, 연결주의에 대한 사망 선고와도 다름없는 결과였다. 민스키 교수는

2016년 작고하기 전에 이런 결과를 낳은 것에 대해 후회했다고 한다. 여하튼 1980년대 초반만 해도 인공 신경망이라는 말은 저주받은 수준이었다고 전해진다.

지금까지 인공지능의 대표적인 두 가지 접근법을 살펴보았다. 초기 인공지능 시대를 지배했던 기호주의는 과도한 확신과 과대 선전 그리고 실망스런 결과로 수차례 '인공지능의 겨울'을 경험하다가 주류에서 물러나게 되었다. 인공 신경망을 중심으로 한 연결주의는 초기에 보여준 가능성에도 불구하고, 수십 년간 암흑시대에 놓일 수밖에 없었다.

초기 두 진영이 반목으로 흐른 건 매우 아쉬운 대목이다. 두 진영 모두 패배자가 될 수도 있었으니 말이다. 정상적인 상황이었다면 딥러닝에 의한 지금의 혁신이 적어도 10년은 앞당겨질 수도 있지 않았을까?

딥러닝의 문을 열다

연결주의의 화려한 부활, 딥러닝의 탄생

단층의 퍼셉트론은 실패했지만, 입력층과 출력층 사이에 여러 개의 은닉층을 둘 경우, 이를 극복할 수 있으리라는 기대는 늘 잠재되어 있었던 것 같다. 문제는 다층의 인공 신경망을 학습시킬 방법이 없었다는 점이다. 민스키 교수의 책 《퍼셉트론》이 출간된 이후 소수의 학자들에 의해 명맥을 이어가던 인공 신경망 진영은 1980년대 중반에 들어서면서 조금씩 기술적 진전을 이루기 시작한다.

미국 카네기 멜론 대학의 제프리 힌튼과 존스 홉킨스 대학의 테런스 J. 세즈노스키는 1985년에 '볼츠만 머신Boltzmann Machine'이라는 다층 신경망을 최초로 개발했다. 입력층과 출력층 사이에 하나의 층을 더 둔 구조였다. 이를 적용한 '넷토크NetTalk'는 쉬운 단어부터 학습을 시작해서 나중에 2만 5,000단어를 읽을 수 있게 되었다고 한다.

스탠퍼드 대학의 데이비드 럼멜하트 교수는 1986년에 힌튼, 로널드 윌리엄스와 함께 기념비적인 '역전파Back Propagation' 기술을 공개했다. 출력에서 오류가 발생하면, 신경망의 역방향인 저층으로 점차 이동하면서 오류에 관여된 가중치를 수정해가는 방식이었다. 이를 반복적으로 수행하면 전체적인 오류를 줄여갈 수 있었다.

이처럼 다층 신경망의 학습을 가능하게 해준 역전파 기술은 인공 신경망의 중추적인 기술로 자리매김하게 된다. 역전파 기법을 통해 다층의 신경망을 성공적으로 학습시킨 사례가 1980년대 말에 나왔다.

AT&T 벨연구소의 얀 르쿤은 요슈아 벤지오와 함께 손으로 쓴 우편번호를 인식하기 위해 개발한 '합성곱 신경망Convolutional Neural Network'을 공개했다. 6개의 은닉층을 가진 인공 신경망으로 10개의 숫자 인식을 위한 학습 시간이 3일이나 소요되는 등 학습 속도에는 여전히 문제가 있었지만, 약 90%의 정확도로 분류해낼 수 있었다.

이런 기술적 발전은 광학문자 인식이나 음성 인식 등에서 상업적으로 다소의 진전을 보이는 계기가 되기도 했다. 하지만 여전히 더 깊은 심층의 신경망에서는 학습이 어려운 기술적 문제들로 인해 딥러닝으로 진전되지는 못했다. 여하튼 역전파와 합성곱 신경망 기술은 훗날 딥러닝 시대를 여는 데 있어 결정적인 역할을 하게 된다.

드디어 종전보다 더 깊은 심층의 신경망에서 학습되는 최초의 딥러닝 기술이 탄생했다. 캐나다 토론토 대학의 제프리 힌튼 교수와 그의 제자였던 루슬란 살라쿠트디노프는 2006년 '심층신뢰 신경망DBN, Deep Belief Net'을 공개했다. 은닉층이 많아질수록 학습이 어려워지는 '기울기 소실gradient vanishing' 문제와 학습 데이터에만 치우치는 '과적합Overfitting' 등 그간 심층학습을 저해하던 문제에 대한 해결책을 제시한 것이다.

이로써 딥러닝은 연결주의의 부활을 알리는 신호탄을 쏘아 올리게 되었다. 하지만 여전히 오랜 학습 시간의 문제는 남아 있었다. 딥러닝 기술의 정식 데뷔가 6년 뒤로 미루어져야 했던 이유다.

힌튼 교수는 2012년 2명의 대학원생 알렉스 크리제프스키, 일리아 셔츠케버와 함께 세계 최대의 이미지 인식 대회인 이미지넷 대회에서 우승했다. 전통적인 비전 기술에만 의존하던 경쟁 팀들보다 정확도 면에서 10% 이상의 엄청난 격차를 보이는 쾌거였다. 힌튼 교수팀은 GPU를 사용해 8개의 층으로 구성된 합성곱 신경망인 '알렉스넷Alexnet'을 학습시켰다. 대규모 이미지 학습을 위해 기존 CPU 대신 GPU를 도입한 것이 주효했다. 이후부터 GPU는 딥러닝을 위한 필수적인 인프라가 되었다.

딥러닝 기반의 인공 신경망은 이미지넷 대회에서의 압도적인 성과를 통해 비로소 화려하게 부상한다. 기술적 한계로 아직 '겨울'에 머물러 있던 인공지능의 부활을 알린 역사적인 사건이다. 이는 로젠블릿의 단층 퍼셉트론으로부터 실로 55년 가까이 되어서야 이뤄진 대장정이었다.

딥러닝의 성장과 캐나다 마피아

알렉스넷이 이미지넷 대회에서 우승하면서 마침내 딥러닝의 시대가 도래했다. 컴퓨터 비전은 딥러닝으로 가장 먼저 기존 기술들을 대체한 분야다. 신경망의 은닉층도 더욱 깊어지면서 성능 개선의 속도도 가파르게 전개됐다.

일례로 중국 소재의 마이크로소프트 리서치에서 2015년에 발표한 '레즈넷ResNet'은 무려 152개의 은닉층을 쌓으면서 역대 최고 기록인 95% 이상의 인식률을 달성하기도 했다. 또한 통계적 모델링에 의존하던 음성 분야도 딥러닝 기술을 통해 기존 성능의 허들을 뛰어넘었다.

규칙 기반의 기호주의 기술이 지배적이던 자연어 처리 분야도 단지 학습만을 통해 언어를 파악하고 답변하는 것이 가능해졌다. 심지어 딥러닝은 '생성'이 가능해지면서 인간만이 할 수 있는 창조의 영역에도 걸음을 내딛기 시작했다. 알파고는 바둑을 통한 지능 경쟁에서 인간계의 최고수를 이기면서 현재의 딥러닝 혁명을 가져온 장본인이기도 하다.

이후 많은 기업과 각국 정부에서 딥러닝 기술에 막대한 투자를 진행하면서 딥러닝은 대학의 연구실에서 산업계로 완전히 이동할 수 있었다. 그야말로 가장 현실적인 기술이 된 것이다.

돌이켜보면 '인공지능의 겨울'과 같은 어려운 환경을 이겨내는 것은 결코 쉽지 않은 일이다. 수십 년 동안 묵묵하게 버티면서 연구를 계속해온 학자들의 헌신은 현재의 인공지능, 그중에서도 딥러닝의 폭발적 발전을 가져온 원동력이었다.

딥러닝의 탄생은 주로 미국과 영국, 캐나다를 중심으로 이루어졌다. 그중에서도 '캐나다 마피아'로 불리는 제프리 힌튼, 얀 르쿤, 요슈아 벤지오 등 세 학자의 공헌도가 매우 크다. 이들은 이러한 공로로 컴퓨터 과학의 노벨상이라 일컬어지는 '튜링상'을 2019년에 공동 수상한다.

'딥러닝의 아버지', '인공지능계의 아인슈타인' 등으로 불리는 제프리 힌튼의 딥러닝에 대한 기여도는 가히 절대적이다. 딥러닝이라는 이름도 2006년 그에게서 나왔으며, 2012년 이미지넷 대회를 통해 딥러닝 기술이 세상에 나오도록 한 주역이기 때문이다.

그는 현재 구글 알파벳의 부사장 겸 토론토 대학 벡터Vector 연구소 수석 과학 고문으로 일하고 있다. 그는 대학 교재 《디지털 컴퓨터》의 첫 장을 장식하는 '불 로직Boolean Logic'의 창시자 조지 불의 후손이기도 하다.

힌튼은 딥러닝의 발전사에서 돋보이는 많은 업적을 만들어냈다. 다층 신경망의 가능성을 연 볼츠만 머신과 오류 역전파, 시간 지연 신경망 그리고 딥러닝의 다양한 기법들부터 학습과 실행에 이르기까지 딥러닝의 중대한 전환점 뒤에는 항상 힌튼이 있었다고 해도 과언이 아니다.

얀 르쿤은 뉴욕 대학 컴퓨터 과학 교수이자 '메타Meta'의 부사장 겸 수석 인공지능 과학자로 인공지능 분야를 총괄하고 있다. 힌튼 교수 밑에서 박사과정을 공부하던 르쿤은 1989년 요슈아 벤지오와 함께 볼츠만 머신과 역전파를 결합하여 합성곱 신경망CNN을 개발했다. 이후 미국 우편국에서 수기로 된 우편번호를 자동 인식하는 장치를 만들어 상용화하기도 했다.

힌튼 팀이 2012년 이미지넷 대회에서 합성곱 신경망을 기반으로 우승한 일은 딥러닝 르네상스를 여는 기폭제가 된다. 합성곱 신경망은 현재 전 분야에서 가장 보편적으로 사용되는 딥러닝 기술로 자리잡았다. 얀 르쿤은 2013년에 페이스북의 인공지능 총괄 책임자가 되면서, 현재의 페이스북 인공지능 연구소FAIR 설립을 주도하기도 했다. 현재는 비지도학습Unsupervised learning을 통한 일반 인공지능 개발에 역량을 집중하고 있다.

프랑스 출신의 요슈아 벤지오는 몬트리올 대학의 컴퓨터 및 응용과학 교수로, 딥러닝 기반 자연어 처리 분야에서 선도적 역할을 하고 있다. 그는 자연어 처리의 고전으로 통하는 신경망 언어 모델NNLM, Neural Network Language Model을 2003년에 창안했는데, 이는 나중에 자연어 처리의 혁신을 가져온 '워드투백word2vec'의 기반이 된다.

또한 얀 르쿤의 합성곱 신경망 개발과 비지도학습 개척에도 많은 기여를 했다. 2013년에는 제자인 이안 굿펠로우와 함께 '적대적 생성 신경망GAN, Generative Adversarial Network'을 개발하여 생성 분야에서의 지대한 혁신을 이끌어냈다. 현재 캐나다 고등연구재단CIFAR, Canadian Institute For Advanced Research의 머신러닝과 뇌 프로그램을 이끄는 공동 책임자인 동시에 몬트리올 대학의 머신러닝 연구소MILA의 운영 책임자를 맡고 있다. 삼성전자도 현재 이 연구소와 협업 중인 것으로 알려졌다.

우리는 딥러닝 기술을 통해 인공지능이 화려하게 부상하기까지 60여 년이 넘는 불확실성의 기간을 견뎌내야 했다는 것을 알게 되었다. 이는 마치 '키티호크kitty Hawk의 시간'을 연상케 한다. 1903년 미국 노스캐롤라이나 키티호크의 해변에서 라이트 형제가 처음으로 동력 비행기를 띄웠던 그 순간이다. 이전까지 사람이 하늘을 난다는 것은 불확실하고 불가능한 일이었다. 하지만 확신을 가진 소수의 사람들에 의해 결국 증명이 되는 순간이 왔던 것이다.

단층 퍼셉트론으로부터 시작된 인공 신경망 기술은 번번이 좌초하면서 오랜 기간 무시당했지만, 결국 가능성을 믿었던 소수의 학자들에 의해 딥러닝 기술이 성장하면서 현재의 기술적 대전환기를 맞이할 수 있었다.

딥러닝의 원형 아키텍처들

알고리즘은 문제를 해결해가는 순차적인 과정이나 방법을 도식화한 것을 말한다. 입력에 따라 결과물을 효과적으로 도출해내도록 하는 모든 실행 방법을 통칭하는 것으로 컴퓨터에서는 주로 프로그래밍을 통해 그 실행 방법을 기술한다. 단적으로 말하면, 인공지능은 지능의 다양한 문제를 풀어가기 위한 알고리즘의 집합체이자 소프트웨어라 할 수 있다.

앞에서 잠시 설명한 합성곱 신경망은 사람의 손으로 쓰인 숫자를 컴퓨터가 읽을 수 있도록 문제를 풀어간 알고리즘의 대표적 사례이다. 합성곱 신경망을 필두로 사람의 음성을 알아듣거나, 자연어를 이해하는 등 다양한 지능의 요소들을 구현하기 위한 획기적 알고리즘들이 등장하면서 딥러닝은 폭발적으로 발전하게 된다.

사실 알고리즘의 아이디어가 처음으로 스케치되고, 실질적으로 구체화될 때까지는 오랜 시간이 소요된다. 오늘날 딥러닝 시대를 견인하고 있는 알고리즘들 중에는 무려 30여 년이 걸린 기술도 있다. 현재까지 딥러닝의 발전을 견인해온 알고리즘의 원형 아키텍처들이 남긴 발자취를 추적해보자. 이는 향후 딥러닝의 방향성을 가늠해볼 수 있는 좋은 지표가 될 것이다.

이미지와 패턴 인식의 혁명

현재 인공지능을 대변하고 있는 딥러닝의 시작은 알렉스넷의 등장이었다. 알렉스넷은 2012년 세계 최대의 이미지 인식 경연 대회인 ILSVRC_{ImageNet Large Scale Visual Recognition Challenge}에서 우승하면서 딥러닝의 서막을 열었다. 기존의 합성곱 신경망 알고리즘을 8개의 층으로 확장시킨 알렉스넷은 2위보다 무려 10% 이상의 향상된 정확도를 보여주면서 기존의 비전 기술로는 달성할 수 없었던 질적 도약을 이뤄냈다.

이로써 합성곱 신경망은 알렉스넷을 통해 딥러닝 시대를 연 기념비적인 알고리즘의 원형으로 자리매김하게 되었다. 참고로 알렉스넷은 제프리 힌튼 교수팀의 멤버 '알렉스 크리제프스키'의 이름을 따서 만들어진 것이다.

합성곱 신경망은 1989년 얀 르쿤이 요슈아 벤지오의 도움을 받아 이미지 인식에 적합한 신경망을 목표로 개발한 것이다. 화소들의 집합인 이미지를 인식하는 기존의 방식들은 각각의 화소에 집중하면서 처리하고 분석하는 지극히 기계적인 방식으로, 우리가 사물을 인지하는 과정과는 사뭇 달랐다.

합성곱 신경망은 기존 방식과 달리 사람들이 보는 방식을 모방하려 했다. 화소 대신 색이나 형태 등 이미지가 가지고 있는 부분적인 특징들을 우선적으로 검출하고 이들을 통합해 이미지 전체를 인식하려는 접근법이었다. 르쿤은 이런 방식을 통해 손으로 쓴 글씨를 인식하고, 수표도 검사하는 '르넷LeNet' 시리즈를 만들어 상업화에도 도전했다.

합성곱 신경망의 접근 방식은 인간이나 동물이 갖는 시각피질의 동작 메커니즘에서 영감을 받았다고 전해진다. 1950년대 후반, 미국 하버드 의대의 데이비드 허블과 토르스텐 비셀에 의해 수행된 실험은 많은 시사점을 던져주었다. 고양이 뇌에 전극을 심는 실험을 통해, 시각피질을 구성하는 뉴런들이 이미지에 반응하는 활성화의 정도가 다르다는 것을 발견해낸 것이다.

즉 이미지를 인식하는 것은 소수의 뉴런으로 이루어진 국부 수용장을 통해 이미지의 일부분을 각각 받아들이고 이를 통합하여 전체적인 이미지를 인식하는 단계적 메커니즘이라는 결론에 도달했다. 이는 화소 단위로 처리하거나 한꺼번에 전체 이미지를 인식하는 것과도 거리가 멀었다.

합성곱 신경망은 이러한 시각피질의 단계적 메커니즘을 모방한 구조다. 여러 개의 층들로 이루어진 복합적 구조의 은닉층을 구축함으로써, 이미지의 특징을 단계적으로 검출하고 통합할 수 있도록 했다. 은닉층은 입력층과 출력층 사이에서 실제적으로 데이터가 처리되는 구간을 말한다.

이 경우 입력층에 가까운 은닉층일수록 단순한 특성들이 검출되고, 출력층에 가까워지면서 점점 복잡한 특징들을 검출할 수 있다. 최종적으로는 특징들을 통합함으로써 통합적 인식이 가능해지는 것이다. 이를 처리하는 층들을 합성곱층, 풀링층, 완전결합층 등으로 구분해서 부르고 있다.

합성곱층Convolutional Layer에서는 특정 사이즈의 다양한 필터를 통해 이미지의 국소적인 특징을 추출한다. 즉 3×3 크기를 갖는 36개의 필터를 쓰면 동일한 수의 서로 다른 특징을 검출할 수 있다는 식이다.

이때 입력되는 이미지 데이터와 필터는 '합성곱'이라는 연산 방식을 통해 특징 값들을 생성해낸다. 이것이 합성곱 신경망이라 불리는 이유다. 합성곱 연산은 이미지에 필터를 대고, 한 픽셀씩 이동하면서 이미지 전체를 스캐닝하는 방식으로 이해하면 좋을 것이다.

이 단계에서는 이미지의 특징을 쉽게 판별할 수 있는 필터의 발견이 매우 중요하다. 합성곱 신경망에서는 복수의 합성곱층을 배치하여, 층이 깊어질수록 점점 더 복잡한 특성에 반응하도록 구성했다.

풀링층Pooling Layer은 합성곱층의 뒤에 위치하여, 합성곱층을 통해 생성된 이미지 특징 데이터의 정보량을 압축해주는 역할을 한다. 정보량을 줄여 이미지를 고속으로 처리하기 위한 단계라고 볼 수 있다. 특징을 표현하는 데이터 박스에서 최대치 혹은 평균치만을 선택하여, 가장 대표적인 특성만을 추출하는 방식이다. 하지만 정보량을 압축하면서 발생하는 정보 소실과 정확도 문제도 고려해야 하기 때문에 신중한 선택이 필요하다.

완전결합층Fully Connected Layer은 합성곱층에서 추출한 특성들을 하나로 결합하여 이미지에 대한 최종 판단을 하는 최상위 단계다. 결론적으로, 합성곱 신경망은 합성곱층과 풀링층 조합의 반복적 배치를 통해 특징을 검출하고, 그 특징을 통합해서 이미지에 대한 최종 결과를 출력하는 구조라고 할 수 있다.

단순한 이미지를 인식하기 위해 시작된 합성곱 신경망은 패턴 인식에도 매우 유용하다는 것이 판명되면서, 현재 가장 지배적인 딥러닝 방식이 되었다. 자율주행이나 의료 영상의 분석 등 현재 인공지능의 사업화가 이루어지는 모든 분야의 기저에는 합성곱 신경망 알고리즘이 있다. 강력한 회귀와 분류 역량을 바탕으로 인공지능 혁명의 가장 보편적인 기술적 원형으로 군림하고 있는 것이다.

뿐만 아니라, 합성곱 신경망은 음성이나 언어와 같은 시계열 데이터에서 주요 특징을 찾아내는 데에도 매우 유용한 도구가 되고 있다. 패턴 인식을 통해 특정 음성이나 키워드를 검출해낼 수도 있으며, 특정한 두 언어의 패턴을 학습함으로써 언어에 대한 지식 없이도 번역을 가능하게 할 수도 있다. 또한 이미지나 음성, 언어의 특성을 학습하여 새로운 것을 만들어내는 생성 영역에서도 혁신을 주도하고 있다.

언어와 시계열 데이터 학습의 진화

우리가 사용하는 데이터에는 다소의 차이는 있지만 시간적인 의존성이 존재할 수 있다. 현재의 데이터가 과거의 데이터와 연관이 되어 있을 수 있다는 말이다. 순환 신경망RNN, Recursive Neural Network은 신경망의 출력을 다시 입력으로 재귀하도록 하는 순환 경로를 통해 데이터의 시간 의존성을 반영하는 방식이다. 즉 신경망에서 학습의 계산 결과 이력을 기억하고, 그것을 다음 학습 시에 입력하는 재귀형 학습을 수행하여 예측 정확성을 높인다.

데이비드 럼멜하트에 의해 1982년에 제안된 이 방식은 데이터 간의 시간적 의존성이 큰 음성이나 자연어 처리 등 시계열 데이터의 분석에 매우 효과적인 네트워크다. 여러 개의 셀이 병렬로 연결된 구성을 가지고 있어서 시퀀스 형태의 입력에 대한 병렬 처리가 가능하다는 특징도 가지고 있다.

순환 신경망의 재귀는 과거 학습의 상태를 반영하는 '은닉 상태hidden state**'라는 파라미터를 통해 이루어진다. 이때 은닉 상태는 과거 데이터의 중요도에 따라 가중치를 반영하도록 하고 있다.** 또한 이 가중치는 학습을 통해 손실 함수의 오류를 역전파시키는 방법으로 계속 바뀌게 된다. 즉 과거의 결과에 따라 현재의 데이터에 영향력을 가함으로써 시스템의 오류를 최소화하는 방향으로 움직이는 것이다.

순환 신경망의 학습은 일정한 크기의 데이터군별로 이루어진다. 1만 개의 데이터를 100개씩 나누어서 학습하는 식이다. 이 데이터군의 개

수도 매우 중요하다. 너무 작거나 클 경우, 시스템의 성능에 영향을 주기 때문에 신중하게 결정해야 하는 하이퍼 파라미터인 셈이다.

LSTM Long Short-Term Memory은 순환 신경망의 일종으로, 1997년에 셉 호크라이터와 위르겐 슈미트후버가 개발했다. 일반적인 순환 신경망은 입력한 데이터의 시간적 격차가 크지 않은 단기적인 작업기억의 경우 훌륭하게 작동한다. 하지만 시간 격차가 커질수록 그 영향력이 줄어들어 성능이 저하되는 '기울기 소멸' 문제가 발생한다. 즉 장기적인 작업기억을 유지해야 좋은 분야에는 적용하기 힘들었던 것이다.

LSTM은 이런 단점을 극복해 단기뿐만 아니라 장기적인 작업기억도 가능하도록 만든 방식이다. 이를 통해 음성 인식, 번역 등에서 기존의 방식보다 정확도를 많이 향상시킬 수 있었다. 뿐만 아니라 영화, 음악, 동작, 언어 등 시간에 따른 정보 패턴을 파악해야 하는 분야에서도 눈부신 활약을 하고 있다. 이 방식은 제조업 설비의 고장 예측과 사고 방지 등 이상 검지에도 활용할 수 있다.

LSTM은 기존의 순환 신경망에 비해 신경망의 입력과 출력 구조, 출력 데이터를 재귀시키는 구조가 다소 복잡해졌다. 우선 데이터의 입력과 출력이 이루어지는 기본 단위를 셀Cell로 정의하고, 셀의 이전 상태를 어느 정도 사용할 것인가를 우선적으로 결정하도록 했다. 이 결정값이 '0'이면 이전 셀의 영향력이 전혀 없는 것이다. 이 관문의 출력과 정교하게 조정된 셀의 입력을 통해 셀의 다음 상태를 결정할 수 있도록 하는 이중적 장치를 두었다. 또한 재귀되는 셀의 출력 데이터도 좀 더 정교하게 튜닝해서 내보내도록 했다.

자연어 처리의 혁명

우리가 일상에서 사용하는 언어를 컴퓨터가 이해할 수 있도록 하기 위한 가장 좋은 방법은 각 단어를 수의 집합인 벡터로 표현하는 것이다. 가장 일반적인 방법은 벡터의 차원을 단어 수에 맞추는 것이다. 즉 관심 단어만 '1'로 표현하고 나머지는 모두 '0'으로 채워 넣어서 단어 수만큼의 벡터를 만들어낸다. 하지만 공간의 낭비가 커지고, 단어 간의 관계성이나 의미를 전혀 알지 못한다는 단점이 있다.

이와는 달리 '워드임베딩Word Embedding'은 벡터의 차원을 임의로 설정하는 방식이다. 각 단어는 모두 0과 1 사이의 실수로 표현되어, 문장 전체에서 그 단어가 갖는 확률적인 의미 혹은 관계성을 보여주게 된다. '워드투벡'은 구글의 토마스 미콜로브 등에 의해 2013년에 제안된 워드임베딩 방식의 하나다.

일반적으로 연관성이 높은 단어들은 문장의 서로 가까운 위치에 포진될 가능성이 크다. 워드투벡은 이런 전제를 기반으로 구현된 방식이다. 즉 관심 있는 단어의 전후에 등장하는 다른 단어의 출현 빈도를 신경망을 통해 학습하고, 서로의 연관성을 예측하게 한 것이다. 관심 단어를 통해 다음에 올 단어를 예측하게 할 수도 있고, 반대로 전후의 다른 단어들을 통해 관심 단어를 예측시킬 수도 있다.

워드투벡은 이런 접근 방식을 통해 다소의 언어적 유추 가능성을 보여주었다. 이를테면 '남성과 여성이면 왕과 (　　)' 문제에서 괄호의 단어를 찾는 일이 가능해진 것이다. 이런 관점에서 워드투벡은 '고르디

우스의 매듭'을 끊은 알고리즘으로 평가되기도 한다. 기호주의 연구자들의 오랜 노력에도 불구하고 이루지 못했던 목표를 단번에 달성해 버린 것을 빗댄 말이다.

상대적으로 '얕은' 신경망을 사용하는 워드투벡은 자연어 처리를 위해 사용되던 순환 신경망 등의 딥러닝 알고리즘보다 학습 속도 면에서 이점이 컸다. 적은 시간에 매우 큰 데이터의 학습이 가능해지면서 더 향상된 정밀도를 구현할 수 있게 된 것이다.

현재 워드투벡은 자연어 처리를 위한 기본적인 전 처리 과정으로 인식되고 있다. 임베딩 기법을 단어에서 구문 차원으로 확장시키려는 시도도 진행됐다. 워드투벡 개발을 주도했던 미콜로브는 페이스북으로 옮긴 후 '패러그래프투벡Paragraph2Vec'을 개발하기도 했다.

'트랜스포머Transformer'는 자연어 처리 분야에서 한 획을 그은 중요한 기술이다. 2017년 구글브레인에서 발표된 논문인 〈필요한 것은 어텐션Attention is all you need〉을 통해 알려지게 되었다. 기계 번역에서 사용되던 'seq2seq'와 근본적으로 동일한 인코더와 디코더 구조를 계승했다. 즉 인코더가 문장 시퀀스를 입력받아서 정보를 압축하면, 디코더는 인코더의 압축된 정보를 기반으로 새로운 문장 시퀀스를 출력해주는 구조다.

인코더와 디코더를 순환 신경망 기반으로 구성했던 기존의 방식은 입력 시퀀스를 순차적으로 풀어가는 직렬적인 방식으로 데이터 학습 시간이 많이 소요되는 문제들이 존재했다.

트랜스포머는 '어텐션Attention' 메커니즘 도입을 통해 이 문제를 극복했다. 어텐션은 입력되는 단어들 간의 연관도를 계산해서 시퀀스 출력 시 어디에 더 중점을 둬야 할지를 판단하는 메커니즘이다.

트랜스포머는 어텐션 메커니즘을 탑재한 다수의 인코더와 디코더를 병렬로 배치함으로써 기존 순환 신경망 계열의 순차적인 연산에서 벗어나 대량의 병렬 처리가 가능해졌다. 이를 통해 위키피디아와 같은 대규모 언어 데이터로 학습시키는 것도 가능해지면서 초거대 인공지능 모델의 길을 연 알고리즘으로 평가받고 있다.

트랜스포머는 현재 자연어 처리 분야에서 기존의 순환 신경망 계열을 대체하는 대표적인 알고리즘으로 성장했다. 하지만 트랜스포머는 입력 시퀀스 사이의 관계를 모두 고려해야 하기 때문에 계산량이 많다는 단점도 존재한다.

생성 알고리즘의 진화

캐나다 몬트리올 대학의 이안 굿펠로우는 2014년 지도 교수였던 요슈아 벤지오와 함께, 두 개의 적대적 심층 신경망을 사용하는 'GAN'을 발표했다. 독일의 인공지능 연구자인 위르겐 슈미트후버 등에 의해 이미 1990년에 제안되었던 개념이지만 실제로 입증된 최초의 사례였다. 한 모델은 가짜 이미지를 생성하게 하고, 다른 모델은 이에 대한 진위를 판별하도록 서로 경쟁시키는 적대적 상황에서 더 나은 이미지를 생성하도록 신경망을 학습하는 것이 가능하다는 것을 증명한 것이다. 이

안 굿펠로우는 '위조지폐범과 경찰'의 예를 들어서 이를 설명한다. 진짜와 똑같은 위조지폐를 만들기 위해 애쓰는 위조지폐범과 이를 가려내려는 경찰 사이의 경합이 결국 더 정교한 위조지폐를 만들어낸다는 것이다.

전형적인 비지도학습 네트워크인 GAN은 인공지능의 역사에 큰 획을 그은 대표적인 알고리즘으로 자리매김하고 있다. 딥러닝 기술이 비전과 음성, 언어 등 다방면에서 '지능'의 면모를 보여주고 있지만, '창조'의 영역은 불가능으로 여겨졌던 분야다.

GAN을 통하면 완전한 창조는 아니더라도 원본과 유사하거나 원본을 응용한 새로운 스타일을 만들어낼 수 있다. 즉 사진과 같은 이미지나 예술적 거장의 그림과 음악, 음성과 글 등을 진짜와 유사하게 모방해낼 수 있는 것이다.

특히 생성하는 과정에서 새로운 특성을 추가해 원하는 스타일의 그림이나 음악을 만들어낼 수도 있다. 이는 단순한 모방을 넘어 '독창적'인 차원까지 가능해졌음을 느끼게 해준다. GAN은 초해상도의 이미지에서 노이즈를 제거하거나, 이미지에 대한 설명을 해주는 모델도 개발할 수 있다. 이처럼 GAN은 인공지능의 지평을 크게 넓혀주었다.

GAN은 '생성자혹은 생성망, Generator'와 '식별자혹은 평가망, Discriminator' 등 두 개의 심층 신경망으로 구성된다. 데이터 생성의 목적으로 사용하는 생성망은 입력 데이터와 유사한 특성 분포를 가지는 데이터를 출력하도록 학습된다. 평가망은 생성망에서 출력한 데이터와 원래의 학습 데이터를 비교하고 평가하는 역할을 담당한다.

GAN은 이 두 개의 심층 신경망을 서로 연결해서 경쟁시킨다. 생성망은 평가망이 진짜와 가짜를 구분하지 못할 정도로 정교하게 데이터를 출력하기 위한 학습을 수행하고, 평가망은 실제 데이터와 생성된 데이터를 철저하게 구분해내기 위한 학습을 수행한다. 서로 적대적으로 경쟁하는 두 신경망을 동시에 학습시켜서 생성 데이터와 훈련 데이터의 분포가 거의 같아지면 학습을 종료한다.

GAN을 통해 이미지 합성, 음성 합성 등 여러 분야가 혁명적으로 발전하면서 GAN의 한계를 극복할 수 있는 진보된 파생 모델이 다수 생겨나고 있다. 생성망과 평가망을 합성곱 신경망으로 만들어서 더 성능을 높인 'DCGANDeep Convolutional GAN'은 페이스북에서 2015년에 발표한 모델이다. 고해상도 이미지를 생성할 수 있는 'PCGANProgressive Growing of GANs'도 엔비디아에서 개발했다. 저해상도의 학습에서 서서히 고해상도 학습으로 옮겨 가는 단계적 학습이 가능한 모델을 생성하여 HD급의 이미지 합성에도 성공했다.

구글은 데이터의 진위뿐만 아니라 복수의 클래스에 대한 판정까지 가능하도록 평가망을 수정한 'ACGANAuxiliary Classifier GANs'을 2016년에 내놓았다. 딥마인드의 음성 합성 모델인 '웨이브넷WaveNet'의 기반 기술이기도 한 이 기술은 구글 플랫폼을 통해 음성 합성 API를 제공해주고 있다.

GAN과 그 파생 모델들은 디지털 콘텐츠의 발전에 엄청난 가능성을 보여주었다. 물론 부정적인 측면도 존재한다. '딥페이크DeepFake' 등으로 대표되는 가짜 동영상이나 이미지, 음성 등이 무제한적으로 유포될 경우 사회 정치적 혼란을 가져올 가능성도 큰 기술이다. 딥페이크는 특정인의 오디오와 비디오 클립을 학습해서 진짜와 매우 유사한 가짜 인물을 합성해낼 수 있는 기술이다.

제프리 힌튼에 의해 2006년 제안된 '오토인코더Auto Encoder'는 GAN과 더불어 비지도학습 기반의 대표적 생성 알고리즘이다. 이 기술은 입력을 출력으로 복사하는 단순한 개념을 가지고 있다. 하지만 입력이 단순 출력되지 못하도록 네트워크에 고의적으로 여러 가지 제약을 가한다. 이로 인해 네트워크는 입력 데이터의 특징을 찾아내서 표현하고, 입력 데이터와 가까운 최선의 결과를 출력할 수 있도록 학습하게 된다.

가장 비근한 사례는 '차원 축소'다. 동일한 노드 수를 갖는 입력층과 출력층 사이에 노드가 적은 은닉층을 두어 일부러 입력 데이터의 일부 정보를 잃게 만든다. 오토인코더는 전체 신경망을 학습시켜 소실된 데이터를 복원하기 위한 최선의 방법을 찾도록 하는 것이다. 또한 입력 데이터에 노이즈를 추가한 후 이를 복원하도록 학습시키는 경우도 있다.

오토인코더는 GAN과 유사하면서도 다르다. GAN은 입력 데이터를 기반으로 없었던 것을 만들어낼 수 있지만, 오토인코더는 가급적 입력 데이터의 특징을 충실하게 담아낸 결과를 만들어낸다. 이미지 생성을 예로 들면 GAN은 전혀 다른 이미지를 만들어낼 수 있지만 오토인코더는 흐릿하고 불명확하지만 원본 이미지의 특징을 가장 잘 표현하는 이미지를 만들어낸다.

오토인코더는 현재 안면 인식과 이미지 처리, 기계 번역과 설비의 이상 탐지Anomaly Detection 등 광범위한 분야에서 활용되고 있다.

지금까지 합성곱 신경망을 필두로 현재의 딥러닝 혁명을 가능케 해준 알고리즘의 원형 아키텍처들을 살펴보았다. 이들은 영상 인식과 음성 인식, 음성 합성, 자연어 처리와 생성 등 다방면에서 기존의 방식을 뛰어넘는 인공지능의 키 플레이어로 자리잡았다. 알파고처럼 인간과 경쟁하는 인공지능의 핵심에도 이들 알고리즘이 작동되고 있다.

또한 이들로부터 파생된 많은 알고리즘들이 산업 전체로 확장되면서 딥러닝의 부흥을 이끌고 있다. 대학과 기업의 연구소에서 수십여 년 전에 스케치되었던 아이디어들이 딥러닝의 개화와 더불어 시대적 알고리즘으로 화려하게 부활하고 있는 것이다.

인공지능
학습 방법의 발전

머신러닝, 딥러닝

머신러닝은 주로 통계적 분석을 기반으로 하는 학습법이다. 딥러닝에 이르는 인공 신경망의 발전과는 별개로, 머신러닝에는 다양한 통계적 학습 기법들이 개발되어 왔다. '나이브베이즈Naive Bayes'와 'SVMSupport Vector Machine', '결정트리Decision Tree', '랜덤포레스트Random Forest', '그래디언트 부스팅Gradient Boosting' 등이 그것이다. 주로 상대적으로 단순한 회귀 분석예측이나 분류 문제 해결에 적용되고 있는 기법들이다.

딥러닝에서 추구하는 심층학습과는 달리, 이들 머신러닝 기법들은 상대적으로 적은 양의 데이터와 '저층'의 학습에 최적화되어 있다. 또한 정교한 통계 모델을 사전에 설정하고, 통계 분석에 맞도록 입력 데이터를 가공해야 하는 등 사전 작업에 적지 않은 공수가 들어가는 단점도 있다.

하지만 이 기법들은 현재 산업 현장에서도 빈번하게 사용되는 인공지능 기술이기도 하다. 아직 현장의 많은 문제들은 통계적인 기법만으로 해결할 수 있는 경우가 많기 때문이다. 일례로 나이브베이즈는 스팸 메일 필터링이나 추천 시스템 등에 주로 적용된다. 또한 SVM과 랜덤포레스트는 텍스트와 이미지의 분류에 많이 적용되는 추세다.

딥러닝은 머신러닝의 사전 작업을 없애고, 기존 머신러닝 기법들보다 월등한 성능을 보여줄 수 있는 기술이다. 하지만 딥러닝은 머신러닝 대비 인프라와 학습 시간 등 투자 비용이 훨씬 비싼 기술이기 때문에 달성하고자 하는 성능과 비용 관점을 비교하면서 두 가지 기술 중 적절하게 선택할 필요가 있을것이다.

앞서 설명한 것처럼 인공 신경망 기술인 딥러닝도 머신러닝의 서브셋으로 분류된다. 학습을 통해 기계 스스로 문제를 해결하는 공통점이 있기 때문이다.

기계의 학습 비밀

머신러닝은 표현 그대로 '기계가 학습'하는 것을 의미한다. 이렇게 의인화된 표현은 인공지능에 대한 오해를 유발시키기도 한다. 실제로 기계의 학습은 알고리즘을 사용하여 데이터를 가장 잘 표현해주는 모델을 구하는 것을 말한다.

약 1,000억 개에 달하는 인간 뇌의 뉴런들은 그보다 1,000배가 더 많은 시냅스를 통해 서로 연결되어 정보가 흐르고 있다. 딥러닝 알고리즘에서는 뉴런의 역할을 담당하는 노드와 각 노드들을 매시 형태로 연결해주는 시냅스와 같은 연결선들이 존재한다.

이때 각 연결선은 정보의 흐름이나 중요도를 조절해주는 파라미터인 특정 '가중치'가 부여된다. 일례로 가중치가 '0'이면 이전 노드의 영향력이 전혀 없지만 '1'이라면 이전 노드의 데이터가 온전히 반영되는 것을 의미한다. 기계의 학습은 이들 가중치에 대한 조절과 노드의 개폐를 결정하는 등의 동작을 자동적으로 수행하면서 안정된 모델을 완성해가는 것을 의미한다.

학습을 위한 기본 프레임워크인 딥러닝 알고리즘의 성능을 결정하는 요소는 다양하다. 성능에 영향을 미치는 인자들로서, 모델을 완성하기 위해 미리 정해주어야 하는 값들을 의미하는 '하이퍼 파라미터'의 설정이 대표적이다.

알고리즘이 보유한 노드의 수와 은닉층의 깊이는 대표적인 하이퍼 파라미터로 볼 수 있다. 이에 따라 알고리즘에서 자동 조절해주어야 하는 파라미터가중치의 수는 기하급수적인 변화를 보이게 되고 이에 따라 학습에 소요되는 시간과 컴퓨팅 파워, 알고리즘의 성능이 달라지는 것이다.

일례로 알고리즘이 보유한 파라미터의 수는 '과적합'이나 '과소적합

Underfitting'의 문제를 발생시켜 모델의 성능을 저하시킬 수도 있다. 즉 준비된 데이터 양에 비해 파라미터의 수가 지나치게 많은 모델의 경우 조그만 노이즈에도 매우 민감하게 반응하는 과적합의 문제가 생긴다. 새로운 입력에 엉뚱하게 반응하게 되면서 알고리즘의 '일반화'가 어려워지는 것이다.

반대로 데이터의 양보다 파라미터의 수가 지나치게 적은 경우에는 데이터의 특성을 제대로 잡아내지 못하는 과소적합의 문제가 발생한다. 결국 딥러닝 기술 개발은 하이퍼 파라미터에 대한 조정을 반복하면서 최적의 성능을 갖는 모델을 구하는 것으로 수렴된다.

하이퍼 파라미터뿐만 아니라, 알고리즘을 어떤 방식으로 학습시키는가에 따라 개발의 효율성과 성능에는 많은 차이가 발생한다. 이는 아이와 어른의 학습 방법이 다르거나, 혹은 같은 사람이라도 학습 방법에 따라 많은 차이를 보이는 것과 같은 이치다. 강아지를 훈련시키기 위한 효율적인 방법도 따로 존재하는 법이다. 학습 방법은 얼마나 효율적으로 바람직한 결과에 도달할 수 있을지를 결정하는 중요한 변수다.

따라서 적절한 알고리즘과 목적과 용도에 맞는 학습 방법의 선택은 고성능 모델을 완성하는 절대적인 요소다. 머신러닝의 학습에는 지도학습, 비지도학습, 강화학습과 함께 최근 범용성에 중점을 둔 전이학습 등이 개발되어 사용되고 있다.

지도학습

지도학습Supervised Learning은 정답이 주어진 데이터를 학습하여 데이터와 정답 간의 관계성을 분석하는 방법이다. 방대한 데이터를 통해 학습하면서 올바른 답을 낼 수 있도록 스스로를 수정해가는 것이다. 여기서 데이터와 정답 간의 관계성은 일련의 수식이나 함수로 정의된다. 따라서 학습이 완료되면 시스템 내의 수식을 결정짓는 인공지능 모델을 획득하게 된다.

지도학습은 흔히 '학생을 지도해 정답으로 이끄는 선생'에 비유되기도 한다. 이런 이유로 이 학습 방법은 특히 '예측'과 '분류' 문제에 특화되어 있다. 즉 입출력의 함수관계를 학습해서 추론하거나 미래를 예측하는 '회귀 분석Regression'의 문제와 객체의 패턴을 파악하는 '분류Classification' 문제에 적합한 방식이다.

일반적으로 지도학습은 일일이 정답을 알려주어야 하므로 라벨링 작업이 된 대량의 학습 데이터가 필요하다. 따라서 신경망 모델을 확보하기까지 많은 시간과 노력이 필요하다.

반면에 가장 성능이 확실한 방법이기도 하다. 이러한 이유로 현재 시장에서 실제로 특정의 가치를 만들어내고 있는 인공지능은 대부분 지도학습을 기반으로 한 것이다. 이미 패턴 인식 분야의 고전으로 불리는 합성곱 신경망이나 언어, 시계열 분야의 강자인 순환 신경망 등이 지도학습을 대표하는 신경망들이라 할 수 있다. 현재 인공지능 시장을 선도하는 자율주행과 로봇, 의료 분야의 인공지능들은 모두 이런 기술에 기초하고 있다.

앤드류 응 스탠퍼드 대학 교수는 현재 사업화되는 것의 90%는 지도학습의 결과물이라고 말한다. 그에 따르면 지도학습을 제외한 다른 학습 방법들은 아직 초기 단계에 불과하다.

비지도학습

비지도학습은 원하는 결과가 주어지지 않은 상태에서 입력 데이터의 특성을 스스로 학습하는 방식이다. 선생 없이 학생 스스로 학습하는 경우나, 혹은 아이들이 세상을 배워 가는 것에 비유하기도 한다. 아이들은 도움 없이도 환경을 관찰하거나 약간의 유기적인 상호작용만으로도 많은 지식을 배울 수 있기 때문이다. 지도학습에 빗대어 '자기지도학습Self-supervised Learning'이라고 부르기도 한다.

비지도학습은 스스로 데이터 사이의 유사성을 파악하여 자동으로 클러스터링하는 작업이 가능하다. 마케팅 고객군을 분류하거나, 설비 이상 탐지 등에도 적용할 수 있다. 비지도학습은 라벨링 등의 사전 작업으로 학습 데이터를 만들 필요가 없다. 따라서 지도학습처럼 학습 데이터의 구축에 많은 비용을 들이거나 노력할 필요가 없다. 하지만 정확도를 높이려면 일반적으로 지도학습보다 많은 데이터와 시간이 필요하다.

구글X의 기술 총괄로 있던 제프 딘과 앤드류 응 스탠퍼드 대학 교수에 의해 2012년에 추진된 프로젝트는 비지도학습의 유명한 사례다. 약 10억 개의 파라미터를 갖는 심층 신경망으로, 라벨이 전혀 없는 1,000만 장의 유튜브 프레임을 학습해 '고양이' 이미지를 구분해낼 수 있었다. 단지 화면 중앙에 고양이가 있으면 알림을 주도록 했을 뿐이다.

이는 엄청난 양의 데이터를 딥러닝 모델로 학습하면 특정 라벨이 없는 데이터에서도 고양이라는 개념을 자동으로 유추하는 것이 가능했다는 점에서 비지도학습의 전형으로 꼽힌다. 물론 이 프로젝트에는 1만 6,000개의 CPU 코어로 이루어진 컴퓨팅 클러스터와 같은 대규모 자원이 투입되어야 했다.

비지도학습은 아직 초기 단계이지만 전문가들의 기대치는 매우 크다. 페이스북의 인공지능 연구책임자인 얀 르쿤은 지도학습과 비지도학습, 강화학습을 케이크에 비유한 유명한 말을 남겼다.

"지능이 케이크라면 비지도학습은 케이크 자체이고, 지도학습은 케이크 아이싱이고, 강화학습은 케이크에 올린 체리이다."

얀 르쿤은 비지도학습을 위한 새로운 알고리즘 개발이야말로 범용적 인공지능을 달성할 수 있는 필요조건이라고 생각하고 있다. 요슈아 벤지오 몬트리올 대학 교수 역시 비지도학습에 집중하는 대표적인 학자로 알려져 있다.

비지도학습과 지도학습을 혼합한 방식인 '준지도학습Semi-Supervised Learning'도 있다. 라벨이 주어진 데이터로 학습을 시작해서 어느 정도 숙달되면 라벨이 없는 데이터로 학습을 하는 혼합학습 방식이다.

강화학습

강화학습은 행동심리학에서 영감을 받은 기계의 학습 방법으로 알려져 있다. 바람직한 행동에 대해 반복적으로 보상이 주어지면 강아지가 어떤 행동을 해야 하는지 스스로 이해하게 되는 것과 같은 이치다.

강화학습에서 특정 에이전트는 주어진 환경 안에서 현재의 상태를 기반으로 선택 가능한 옵션들 중 보상을 최대화하는 행동을 선택하게 된다. 강화학습은 이처럼 행동을 취하고, 그에 대한 보상을 받는 반복적인 시행착오를 통해 스스로 배우는 방식이다.

강화학습은 인공지능이 스스로 시행착오를 거치면서 학습을 완료한다. 또한 라벨링된 학습 데이터를 따로 준비할 필요가 없어서 지도학습에 비해 수고가 적다는 이점도 있다. 하지만 일반적으로 강화학습은 그 특성상 학습을 완료하는 데, 지도학습보다 더 많은 시간이 소요된다. 학습을 완성시키기 위해서는 수십, 수백만 번의 시행착오가 필요하고 이를 위해 엄청나게 많은 수의 샘플이나 시뮬레이션이 필요하게 된다.

또한 게임처럼 보상 체계가 확실하게 주어지는 문제에만 제한적으로 적용이 가능할 뿐, 대부분의 현실적인 문제에는 적용이 힘들다는 단점도 존재한다. 딥마인드의 CEO인 데미스 허사비스도 '물체를 잡는 로봇'을 강화학습으로 훈련시키는 것은 많은 시간이 걸릴 것이라고 말했다.

강화학습은 매사추세츠 앰허스트 대학에서 연구 중이던 리처드 서튼에 의해 1988년 처음으로 개발되었다. 당시 지도 교수였던 앤드류 바토와 함께 저술한《강화학습의 기초》는 강화학습의 고전으로 평가받고 있다. 현재 이 책은 인터넷을 통해 무상으로 공유되고 있다.

서튼 교수는 현재 캐나다 앨버타 대학의 인공지능 연구소 'AMII Alberta Machine Intelligence Institute'를 이끌고 있다. 'AMII'는 힌튼 교수가 운영하는 토론토 대학의 '벡터 연구소 Vector Institute', 요슈아 벤지오 교수가 이끌고 있는 몬트리올 인공지능 연구소'MILA Montreal Institute for Learning Algorithms'와 더불어 캐나다의 3대 인공지능 연구소로 꼽힌다.

딥마인드는 강화학습에 특화된 강력한 연구소를 보유하고 있다. 이미 2013년에 강화학습의 일종인 DQN을 개발하고, '아타리 게임'에서 인간 이상의 성적을 보여주었다. 또한 바둑 인공지능 '알파고' 시리즈를 통해 강화학습의 강력함을 전 세계에 증명했다.

허사비스는 강화학습과 뇌의 도파민 시스템에 의한 신경학적 보상 메커니즘과의 유사성에 주목하면서, 강화학습이 '일반 인공지능'에 대한 해결책이 될 수 있을 것이라고 밝히기도 했다. 일반 인공지능은 어느 한 분야에 특화된 현재의 인공지능과 달리, 인간처럼 다양한 분야에서 동작할 수 있는 범용적 지능을 말한다.

딥마인드는 서튼 교수와도 인연이 깊다. 이미 2010년부터 엘버타 대학과 교류를 지속해온 딥마인드는 2017년 앨버타 주 애드먼턴에 강화학습 연구소인 'Deep Mind Alberta'를 설립하고, 서튼 교수를 포함한 3명의 강화학습 전문가들을 영입한 것으로 알려지고 있다.

전이학습

딥러닝은 학습하기 위한 방대한 양의 데이터와 많은 계산이 필요하다. 또한 딥러닝은 범용성이 부족해서 특정 분야에서 만들어진 모델은 다른 분야로 확장해서 사용하기가 쉽지 않다. 이런 면들은 딥러닝 기술의 외연을 확장시키는 데 걸림돌이 되어 왔다.

전이학습Transfer Learning**은 이런 딥러닝의 단점을 부분적으로 극복한 방법이다. 전이학습은 특정 분야에서 학습을 통해 만들어진 신경망의 일부를 다른 신경망의 학습에 사용하여, 개발 시간과 인프라, 비용을 획기적으로 줄일 수 있도록 한 방법이다.** 이전에 학습했던 경험과 지식을 이용하되 미세 조정 정도를 더하여 새로운 모델을 완성하는 것이다.

하지만 전이가 가능한 부분이 무엇인지, 신경망의 어떤 부분이 전이에서 어떤 역할을 하는지 등 전이를 가능하게 해주는 세부적인 사항은 아직 명확하게 규명되어 있지 않다. 다만 기본이 되는 신경망 모델을 가급적 범용성을 가질 수 있도록 만드는 것이 중요하다. 예를 들어 이미지를 분류하는 모델을 만들 때 충분히 많은 범주의 데이터로 학습한 경우에는 어느 정도 범용성을 확보할 수 있을 것이다.

스탠퍼드 대학에서 2017년에 개발한 피부암 진단용 인공지능은 전이학습의 가능성을 보여준 대표적인 사례다. 피부 영상에서 피부암을 판독해내기 위한 인공지능을 개발하려는 이 프로젝트에서는 데이터 부족 등의 원인으로 새로운 모델을 개발하기가 역부족인 상황이었다. 이들은 2014년 이미지넷 대회에서 우승했던 구글의 인셉션 버전3 아키텍처를 도입해서 이 문제를 해결했다.

인셉션은 개, 고양이, 과일 등의 표준 이미지를 분류하는 아키텍처로 그동안 분류 경험이 전혀 없었던 의료 영상 분야에 처음 적용을 시도한 것이었다. 이들은 약 13만 장의 피부 병변 이미지 데이터로 전이학습을 실시했고, 미세 조정을 마친 다음 피부암 판독 모델을 완성할 수 있었다. 그 결과 이 인공지능은 전문의 수준의 정확도를 보였다고 전해진다.

구글이 2018년에 공개한 'BERT Bidirectional Encoder Representations from Transformers'의 등장으로 자연어 처리 분야에서도 전이학습이 가능해졌다. 트랜스포머를 기반으로 하는 BERT는 특정 언어로 학습한 인공지능에 약간의 추가 학습을 더하는 것만으로 다른 언어로의 전환이 가능하도록 구조를 설계했다.

같은 해 '오픈AI'가 공개한 'GPT Generative Pre-trained Transformer'도 마찬가지다. BERT와 마찬가지로 트랜스포머를 기반으로 만들어진 GPT는 초거대 인공지능 시대를 연 장본인이기도 하다. 자연어 처리 분야에서 범용성을 갖춘 인공지능을 목적으로 하고 있는 BERT와 GPT는 전이학습을 통해 다른 언어로의 전환과 응용 서비스의 확장에 혁명적인 변화를 가져오고 있다.

지금까지 다양한 인공지능의 학습 방법에 대해 살펴보았다. 지도학습은 회귀를 통한 예측이나 분류 문제 해결에 매우 강력한 학습 방식으로, 현재 산업 전반에서 가장 보편적으로 사용되고 있다. 비지도학습은 분류의 원칙이 불분명한 클러스터링 문제에 매우 효율적인 방식이다. 향후 딥러닝의 확장과 일반 인공지능을 도달하기 위해서 가장 적극적으로 연구되어야 할 분야이기도 하다. 강화학습은 게임처럼 보상 체계가 확실한 경우에 가장 효과가 큰 방식이다. 또한 전이학습은 이전의 지식을 활용하여 새로운 영역에서 빠르게 적용되도록 돕는 방식으로 인공지능의 일반화를 달성하기 위해서 반드시 필요한 학습법이다.

이처럼 인공지능의 목적에 따라 효율적인 학습법을 채택하는 것은 매우 중요한 일이 될 것이다. 물론 데이터나 가용한 리소스 등 다양한 변수에 대해서도 고려할 필요가 있다.

PART 3

현재 우리가 경험하는 세상의 변화는 놀랍다. 알파고가 인간과의 바둑 경쟁의 무의미함을 선언한 지는 이미 오래전 일이 되었다. 자동차는 운전자 없이도 방해물을 피하면서 스스로 고속도로를 달릴 수 있으며, 카메라에 찍힌 얼굴만으로도 누구인지 쉽게 판별이 가능한 세상이 되었다.

아주 자연스럽지는 않지만 시리Siri나 알렉사Alexa는 음성을 알아듣고, 다양한 요청에 친절하게 답을 해준다. 전화나 회의 내용을 듣고, 그대로 받아 적어주는 다양한 앱들도 존재한다. 사람들과 자연스럽게 대화하기 위해 끊임없이 학습하고 있는 챗봇들도 이젠 흔한 모습이 됐다. 논문이나 기사를 통째로 원하는 언어로 번역해주기도 한다. 구글의 서치 엔진은 개인이 원하는 것을 찾아주기 위해 오늘도 예기銳器를 가다듬고 있다. 간단한 스포츠 기사 정도는 이제 기자가 직접 작성할 필요도 없다. 심지어 기계가 예술가처럼 작곡을 하거나 그림을 그리고 시도 쓴다.

이 모든 것이 인공지능 기술이 가져온 변화임은 두말할 나위가 없다. 하지만 어디에서도 인공지능 초기에 목표로 삼았던 통합적 지능의 모습은 아직 보이지 않는다. 저마다 지능의 일부인 '지각perception'과 '인지cognition'의 두 분야를 각각 대변해주고 있을 뿐이다. 부분 혹은 파편적 지능이 활용되고 있는 것이다. 이들은 각기 인간의 눈, 귀, 입과 인지 능력에 상응하는 인공지능의 기반 기술인 셈이다.

딥러닝 기술은 이런 세부 분야에 적용되어 기존 방식이나 알고리즘을 대체하면서 발전을 저해하던 기술적 난관들을 전격적으로 극복하고 있다. 부분적으로는 인간의 능력을 넘어서고 있기도 하다. PART 3에서는 딥러닝 기술에 의해 변화되고 있는 비전과 음성, 자연어, 그리고 생성 분야 기반 기술들의 발전상을 추적해 보고자 한다.

또한 인간의 뇌를 모방해, 신경망의 규모를 극한으로 밀어붙이고 있는 '초거대 인공지능' 기술의 현주소도 아울러 살펴보려고 한다. 초거대 인공지능은 딥러닝 기술의 최전선인 까닭이다.

인공지능
기반 기술의 발전

인공지능, 기계의 눈을 밝히다

딥러닝, 컴퓨터 비전 기술의 혁명

'컴퓨터 비전Computer Vision'은 이미지나 동영상 분석을 통해 정보를 추출해내는 기술을 통칭한다. 즉 컴퓨터를 통해 사람처럼 보고, 이해할 수 있도록 만드는 것이 최종 목표이다. 사실 컴퓨터의 관점에서 이미지나 영상은 픽셀Pixel이라 부르는 화소들의 집합이나 다름없다. 각 화소는 특정 색을 표현하는 값을 가지고 있다. 그렇기 때문에 딥러닝 이전의 비전 기술이 화소 단위의 처리에 집중한 것은 자연스러운 일이었다.

하지만 이런 방식은 화소에 대한 약간의 변화만으로도 사물에 대한 인식률에 영향을 주게 될 것이다. 따라서 많은 기술적 발전에도 불구하고 전통적 비전 기술은 획기적인 향상을 기대할 수 없는 수준에 다다랐다.

전통적인 비전 기술은 사실 사람이나 동물이 사물을 인식하는 방식과는 거리가 멀다. 우리는 세상을 화소 단위로 쪼개서 보거나 판단하지 않는다. 인간은 위치, 크기, 방향, 조명이나 변형에 상관없이 물체를 식별해내는 능력이 있다. 심지어 2차원적인 이미지에서 3차원의 입체를 유추하는 것도 문제없이 잘해낸다.

우리의 대뇌피질의 절반이 시각에 관여하고 있을 정도로, 시각은 인체에서 가장 잘 발달된 감각기관이다. 시각피질의 뉴런들은 0.1초 내에 맥락을 분석하고 가설을 세운 다음 판단을 마무리해 시각으로 들어온 정보를 파악할 수 있다. 단순히 사물을 보는 것만이 아니라, 여러 환경에 대한 지식들을 통합하여 인식할 수 있기 때문이다. 그런 의미에서 인간의 비전 체계는 특별하다.

컴퓨터 비전 분야의 기술적 전환점은 딥러닝 기술과 함께 찾아왔다. 캐나다 토론토 대학 제프리 힌튼 교수팀의 알렉스넷이 2012년 이미지넷ILSVRC 대회에서 우승하면서 벌어진 일이다. 알렉스넷은 딥러닝의 대표 주자인 합성곱 신경망으로 만들어진 모델로 전통적 비전 기술 기반의 2위 팀과는 무려 10% 이상의 인식률 차이를 보이는 역사적인 기록을 달성했다.

이전까지 이 분야에 신경망을 이용하는 것은 비정상적인 일로 취급되었다고 한다. 컴퓨터 비전 분야의 전문가들에게는 '알파고 쇼크' 이상의 충격으로 다가왔을 것이다.

'이미지넷'은 미국 스탠퍼드 대학의 페이페이 리 교수의 제안으로, 2010년부터 시작된 세계 최대의 이미지 인식 대회다. 리 교수가 2009년 표준 이미지 데이터베이스를 오픈 소스로 공개한 이후 시작되었다.

표준 이미지 데이터베이스의 구축은 클라우드 소싱을 통해 참여한 전 세계 약 5만여 명의 사람들과 함께 약 2년을 작업한 대형 프로젝트였다. 인터넷에서 내려 받은 10억 장의 이미지에서 1,500만 장의 이미지를 선별하고, 2만 2,000개의 카테고리로 분류했다.

이 표준 이미지 데이터베이스를 통해 이미지를 학습할 수 있는 표준 환경이 마련되면서 딥러닝 기술이 세상에 나오는 데 결정적인 역할을 했다. 이미지넷 대회는 데이터베이스 내의 1,000개의 카테고리에 있는 120만 장의 이미지로 학습하고, 무작위로 주어진 10만 장의 이미지를 분류해내는 경쟁이다.

알렉스넷은 8개의 층으로 이루어진 합성곱 신경망을 기반으로 개발되었다. 합성곱 신경망은 힌튼 교수의 제자였던 얀 르쿤이 1989년 개발한 아키텍처로 당시에는 층이 많아질수록 학습이 힘들어지는 기술적 난관 때문에 확장에 실패했었다.

알렉스넷을 통해 합성곱 신경망이 다시 전면에 부상하면서 컴퓨터 비전 분야의 해묵은 기술적 난관에 대한 돌파구가 마련되었다. 이로써 알렉스넷과 합성곱 신경망은 딥러닝 시대를 활짝 열어 제친 주인공이 되었다.

알렉스넷은 단지 시작에 불과했다. 이미지넷 대회가 종료된 2017년까지 컴퓨터 비전 분야의 진화는 계속되었다. 2014년 대회부터는

10% 미만의 오류율을 달성하는 딥러닝 기술들이 나오기 시작했다.

구글이 발표한 '구글넷'은 합성곱 신경망 기반의 인셉션 아키텍처를 통해 6.7%의 오차율을 달성하며 우승했다. 2위를 차지했던 영국 옥스퍼드 대학 VGGVisual Geometry Group의 'VGGNet'도 구조적 편의성으로 인해 많이 유명해진 아키텍처다. 2015년에는 중국 소재의 마이크로소프트 리서치에서 발표한 '레즈넷'이 152층까지 쌓아 올린 심층 신경망을 사용해 오차율을 3.5%까지 줄였다.

마지막 해인 2017년에는 중국 공안부 산하의 연구기관에서 발표한 'SENet'이 3.03%의 오차율을 달성하며 우승을 차지했다. 합성곱 신경망을 기반으로 더욱 복잡하고 정교한 딥러닝 모델을 구현하면서 달성한 성과다.

사람의 얼굴을 인식하는 안면 인식 분야에서도 합성곱 신경망을 기반으로 하는 딥러닝 기술들이 많이 등장했다. 페이스북은 2014년에 9층으로 이루어진 합성곱 신경망인 '딥페이스DeepFace'를 개발했다. 사진을 페이스북에 올리면 누구인지 97.35%의 정확도로 찾아서 자동 태그해준다. 학습시키는 데만 400만 개의 사진을 활용했다고 한다.

2015년에는 구글이 99.63%까지 성능을 높인 '페이스넷FaceNet'을 발표했다. 같은 해 중국의 바이두는 앤드류 응 박사의 지도를 통해 99.77%의 정확도를 보이는 알고리즘을 개발했다. 인간 눈의 정확도인 97.5%를 넘어서는 정확도를 달성한 것이다.

참고로 알고리즘의 평가에는 얼굴 인식 표준 DB인 'LFWLabeled Faces in the Web'를 활용하고 있다. 웹에서 내려 받은 약 1만 3,000개가 넘는 얼굴 이미지와 이름 데이터를 보유하고 있는 LFW는 명실상부한 안면 인식 표준 데이터베이스로 알려져 있다.

컴퓨터 비전 기술의 확장

합성곱 신경망 기반의 컴퓨터 비전은 딥러닝이 적용되는 분야 중에서 현재 시장에 가장 깊고 넓게 진입해 있는 분야라고 할 수 있다. 테슬라 등 자동차 업체와 반도체 및 플랫폼 업체를 중심으로 개발 경쟁이 치열해지고 있는 자율주행이 가장 대표적인 사례다. 자율주행은 플랫폼화를 통해 대량 생산이 가능한 사업 분야이기도 하다.

자동차는 카메라와 초음파, 레이더, 라이다LiDAR, Light Detection And Ranging 등 다양한 센서를 통해 차량 외부의 환경을 감지한다. 딥러닝 기술은 물체를 식별하고, 차선을 구분하거나 위험을 감지하는 등 상황을 판단하고 차선 변경이나 회전과 같은 주행 방식을 결정하는 데 중심적인 역할을 해주고 있다.

로봇과 드론도 마찬가지다. 향후 모빌리티를 지향하는 모든 응용 기기는 딥러닝 기반의 비전 기술을 필수적으로 탑재하게 될 것이다. 정밀농업, 광업, 건설업 등 활용되는 분야도 무궁무진하다.

의료 인공지능 분야에서도 딥러닝 기술의 활약은 눈부시다. 의료 분야는 영상 데이터의 보고이기도 하다. MRI, CT, 초음파, 현미경, 안저眼底 사진과 피부 사진 등 매우 다양한 종류의 영상 데이터가 존재한다. 딥러닝 기술을 통해 의료 영상 데이터를 분석한 다음 피부암, 유방암 등 각종 암이나 질병의 원인과 경과를 분석하고 진단하는 솔루션들이 많이 만들어지고 있다. 구글, IBM 등 글로벌 대기업에서부터 루닛Lunit, 뷰노VUNO 등 국내의 스타트업에 이르기까지 많은 기업들이 이 분야에 이미 진출해서 활약하고 있다.

한편 얼굴 표정을 분석해주는 기술도 등장했다. 모든 사람들에게서 공통적으로 나타나는 얼굴 표정은 행복, 슬픔, 분노, 놀라움, 공포, 혐오 등 여섯 가지 감정이라고 한다. 얼굴 표정을 자동으로 분석해주는 딥러닝 모델을 개발한 '이모션트'라는 회사는 2016년에 애플에 인수되기도 했다.

이외에도 합성곱 신경망 기반의 컴퓨터 비전 기술은 제조, 유통, 물류, 소매, 건설 등 거의 전 산업으로 확장되고 있다. 하지만 이 기술이 갖는 단점에도 주목할 필요가 있다. 우선 학습에 방대한 양의 데이터는 물론, 모든 데이터에 대한 라벨링 작업이 필요하다. 이미지의 특징을 검출하기 위한 필터를 개발하는 일도 시간과 노력이 많이 들어가는 일이다. 그만큼 노동 집약적인 성격이 강하다.

또한 GPU와 같은 고가의 병렬 컴퓨팅 자원 확보가 필수적이다. 사실 GPU와 같은 고성능의 컴퓨팅 자원이 없었다면 딥러닝의 발전은 뒤로 많이 미뤄졌을 것이다. 이와 관련된 내용은 뒤에 상세히 추적해 보기로 하겠다. 알렉스넷은 GPU를 사용함으로써 비로소 딥러닝의 문을 열 수 있었다.

인공지능, 귀와 입을 열다

'음성 인식Speech Recognition'은 사람의 음성을 컴퓨터가 알아듣고 문자로 전환해주는 일련의 과정으로, 'STTSpeech-To-Text'라고도 부른다. 요즘에는 일반적인 대화나 회의 내용을 텍스트로 자동 변환시켜주는 스마트폰 앱이 많이 나와 있다. 이는 음성 인식의 대표적인 사례들이다. '음성 합성'은 역으로 사람의 음성을 합성해낸다. 텍스트를 음성으로 변환해주기에 'TTSText-To-Speech'라고도 부른다. 이 기술을 이용하면 특정 인물의 음성을 합성하는 것이 가능해진다.

현재 애플, 삼성 등의 모바일 기업과 구글, 아마존, 마이크로소프트 등 플랫폼 기업들의 '음성 비서' 서비스가 대중화되고 있다. 사람이 말을 걸면 마치 컴퓨터가 그 말을 이해한 것처럼 반응하면서 답변을 해주는 서비스다.

이러한 음성 비서의 처음과 끝에는 음성 인식과 음성 합성 기술이 존재한다. 즉 음성 기술은 새로운 '음성 인터페이스Voice User Interface'의 시대를 여는 기반 기술이면서 이미 우리의 실생활에 들어와 있는 친숙한 기술인 셈이다.

음성 인식

기술적인 관점에서 볼 때 음성 인식은 모든 픽셀이 완벽하게 갖추어진 이미지를 대상으로 인식하는 것과는 사뭇 다르다. 소리와 글자 간의 일관성이 많이 떨어지기 때문이다. 즉 다르게 발음이 되어도 동일한 문자로 표시되는 경우도 많고, 같은 말을 해도 화자에 따라 다른 소리가 나기도 한다.

문장을 연이어 소리 내면 전혀 다른 문장으로 들리는 경우도 많고, 원어민의 소리와 타국인의 소리도 다르다. 게다가 소음이 들리는 환경에서는 그마저도 제대로 파악할 수 없다.

이처럼 음성 인식을 둘러싼 환경은 불확실하고 가변적이며 열악하다. 따라서 지난 수십 년 동안 음성 인식 기술의 핵심은 사람이 말을 할 때 확률적으로 가장 가능성 있는 단어 시퀀스가 무엇인지를 찾는 것이었다. 즉 단어 시퀀스를 추론하는 통계 모델을 구축하는 것이다.

가장 일반적인 접근법은 'HMMHidden Markov Model'을 기반으로 하는 제한된 기계학습 방식이다. HMM은 관측된 상태를 이용해 감춰진 상태를 간접적으로 추론하기 위한 통계적 기법으로, 이미 1970년대부터 활발하게 사용되어진 전통적인 방법이다.

즉 주어진 음성을 통해 역으로 감춰진 단어의 시퀀스를 통계적으로 예측해내기 위한 것이다. 이를 위해 가능성 있는 모든 단어 시퀀스를 점검하기 위한 '언어 모델Langage Model'과 단어가 주어졌을 때 들릴 수 있는 음성을 미리 모델링해둔 '음향 모델Acoustic Model'이 기본적으로 탑재된다.

여기에 통합적으로 적용된 HMM의 결과와 발화자의 음성을 비교해서 가장 가능성 있는 단어 시퀀스를 찾는 것이다. 이 방식은 언어 모델과 음향 모델 공히 많은 경우의 수를 계산해야 하기 때문에 발전이 더딜 수밖에 없었다.

음성 인식은 미국의 벨 연구소에서 음성으로 말하는 숫자를 인식하는 시스템인 '오드레이Audrey'가 개발된 것을 시작으로 인공지능이 개척하고자 하는 주요 연구 분야 중의 하나가 되었다. 이는 간단한 몇 개의 영어 단어를 인식하던 IBM의 '슈박스Shoebox'를 거치면서 주로 국방 분야에서 연구되었다.

1990년대에 이르러서는 연속적인 발화도 인식할 수 있는 제품이 출시되기도 했다. 다양한 기술이 개발되었지만 오드레이 이후 거의 50년 동안 음성 인식의 발전은 생각보다 더딘 편이었다.

음성 자동 인식 시스템의 오류율은 1990년대 중반까지 40% 정도를 기록했고, 2000년 무렵에는 20%, 2010년에는 15% 정도까지 줄어들었다. 하지만 사용자가 편하게 느낄 수 있는 수준과는 거리가 멀었다. 기술적인 어려움도 있었지만 소통하는 기계에 대한 사람들의 기대 수준이 다른 기술에 비해 상대적으로 높았던 이유도 있었을 것이다.

음성 인식은 딥러닝 기술로 기존의 방식을 대체하면서 기술적 허들을 넘어서기 시작했다. 2010년대에 들어서면서 이미지 인식 분야에서 이룬 딥러닝의 성과가 알려지면서부터다. 음성 인식도 이미지 인식과 마찬가지로 방대하고 복잡한 데이터의 패턴 분류가 필요한 분야다. 이러한 특성을 알아챈 전문가들은 신경망이 음성 인식에서도 탁월한 능력을 발휘할 수 있다는 사실에 주목해 딥러닝을 도입하기 시작했다.

이 분야의 한 기업인은 "음성 인식 기술은 2010년대 중반 무렵의 3년 동안 이전 30년을 합친 것보다 더 많이 발전했다."라고 단언하기도 한다. 음성 인식 분야에 미친 딥러닝 기술의 영향력을 단적으로 표현하는 말이다.

마이크로소프트는 약 20여 년 전부터 음성 인식 기술을 개발해온 대표적인 기업이다. 2016년 마이크로소프트는 공식 블로그를 통해 자사의 음성 비서 '코타나Cotana'의 음성 인식 엔진이 5.9%의 단어 오류율을 달성했다고 발표했다. 이는 사람 간의 대화에서 발생하는 오류율과 유사한 수준이며 음성 인식에서 대단한 기술적 진보를 달성한 것이라 할 수 있다. 자사의 인공지능 플랫폼 'CNTKCognitive Toolkit'에서 작동하는 코타나는 이듬해 단어 오류율 5.1%를 달성하면서 역대 기록을 모두 갈아 치우는 성과를 거두기도 했다.

마이크로소프트는 이를 위해 음향 모델에는 합성곱 신경망을 적용하고 언어 모델에는 순환 신경망 계열의 LSTM을 적용한 것으로 알려져 있다. 마이크로소프트의 음성 엔진은 코타나 외에 실시간 번역 서비스에도 적용되고 있다.

1994년에 설립된 '뉘앙스 커뮤니케이션즈Nuance Communications'는 영어 인식률이 99%에 달할 정도로 이 분야에서 독보적인 기술력을 보유한 글로벌 기업이다. 이 기업은 약 25년에 걸쳐 1,000여 개의 음성 인식 관련 특허를 확보했다고 한다.

이런 이유로 애플의 음성 비서 '시리Siri'뿐만 아니라 삼성 갤럭시와 구글 서비스에도 뉘앙스의 음성 인식 엔진이 적용된 것으로 유명하다. 2018년 기준 약 70여 개국의 언어를 지원하고 있으며 글로벌 음성 인식 시장의 약 60%를 점유하고 있다.

뉘앙스는 특히 헬스케어에 특화된 음성 인식 솔루션 시장에 집중하고 있다. 의료진의 음성을 인식하고 진료기록을 자동으로 작성할 수 있는 '의료 녹취 서비스'가 대표적이다. 미국 병원 보급률은 이미 77%에 달하고, 전 세계적으로는 약 1만 개의 의료기관에서 50만 명의 의사가 사용 중이라고 한다.

뉘앙스의 자동차 사업부에서 2019년 분사된 '세렌스Cerens'는 사실상 자동차 음성 인식 시장을 독점하고 있다. BMW, 도요타, GM, 현대, 기아 등 대부분의 글로벌 완성차 기업에 음성 인식 엔진을 공급하고 있다.

20여 년 이상 음성 인식 기술 확보에 집중해온 마이크로소프트는 2021년에 197억 달러의 거금을 들여 뉘앙스 커뮤니케이션즈를 인수했다. 자사의 '애저Azure' 클라우드 기반 음성 인식 서비스 강화와 더불어 헬스케어 사업에 더욱 집중하려는 목적이 크다.

이외에 2008년에 설립된 미국 캘리포니아 소재의 '사운드하운드SoundHound'도 대표적인 딥러닝 기반 음성 인식 기업으로 꼽힌다. 스마트폰에 음악을 들려주면 곡명을 알려주는 애플리케이션 '하운드Hound'로 잘 알려진 업체다. 이 회사가 만든 대화형 인공지능 플랫폼 '하운디파이Houndify'를 사용하는 기업은 삼성전자, 엔비디아를 비롯해 약 1만 5,000개가 넘는다고 한다. KT를 비롯한 국내의 기업들도 이 기업에 많이 투자하고 있다고 알려져 있다.

음성 합성

음성 합성은 이미 우리 생활 도처에 깔려 있는 친숙한 기술이다. 지하철, 버스의 안내방송과 각종 ARS 시스템에서 흘러나오는 음성은 모두 이 기술로 만들어진 가상의 목소리다. **음성 합성에서 가장 보편적으로 사용하던 기술은 모든 가능한 소리를 데이터베이스로 만든 다음 이를 붙여서 활용하는 방식이다. 즉 단어나 문장 단위로 기록된 음성을 소리의 최소 단위로 잘게 쪼개어 '음편Unit' 데이터베이스를 만들고, 발화할 때 최적의 음편을 찾아서 붙이는 방식이다.**

동일한 음절도 단위 음절과 연결된 음절은 다른 소리를 낸다. 또한 문장 속 위치에 따라 억양이나 악센트도 다르다. 이러한 언어적 맥락을 고려해서 최선의 음편을 찾는 것이 이 방식의 핵심이다. 이 방식은 실제 인간의 음성 조각을 조합하기 때문에 자연스러운 음성을 만들 수 있는 가장 좋은 방법이었다. 하지만 여러 맥락을 고려해 방대한 양의 음편을 미리 작업해줘야 하는 수고로움이 있었다.

음성 데이터로부터 특징파라미터을 추출하고, HMM 기법을 이용해 모든 언어의 통계적 모델을 만드는 '통계적 파라미터 합성 방식'도 많이 사용되는 방식이다. 문자가 입력되면 추출된 파라미터들을 합성하고, 적절한 신호 처리 절차를 통해 음성을 재구성할 수 있었다. 이 방식은 사람의 목소리를 녹음하고 음편을 작업하는 수고로움을 대폭 줄였지만 합성 과정에서 잡음이 발생해 간혹 로봇에 가까운 소리를 내기도 한다. 이 방식은 주로 'e-book' 분야에서 책을 읽어주는 데 많이 활용되고 있다.

음성 합성도 2013년부터 딥러닝 기술이 도입되면서 비약적으로 발전하기 시작했다. 처음에는 통계적 모델을 만드는 HMM을 딥러닝 알고리즘으로 단순히 대체하는 수준이었지만, 차층 순환 신경망 계열의 알고리즘이 도입되면서 성능의 도약을 이루었다.

지금은 입력 문자와 그에 대한 음성 데이터를 통해 모델을 학습하고, 자동으로 음성을 합성하는 수준에 이르렀다. 딥러닝 기반의 음성 합성은 기존 방식들이 가진 단점들을 모두 극복하면서 최고의 성능을 확보할 수 있었다. 음성 합성에 대한 진입 장벽을 낮추고 대중화할 수 있는 기틀을 만들었다고 볼 수 있다.

또한 다양한 사람의 발화 스타일을 직접 학습함으로써 감정이나 스타일 등을 표현하는 것이 가능해진 것이다. 약간의 녹음 데이터만 가지고도 그 사람의 목소리로 책을 읽는 것이 가능해졌다. 이 기술의 확장성을 볼 때 중요한 가치를 지니고 있음이 분명하다.

구글이 2017년 발표한 '타코트론Tacotron'은 딥러닝 기반 음성 합성의 대표적인 사례다. 다양한 딥러닝 기술과 '어텐션'을 사용하여 어디에 집중해서 음성을 합성할 것인지를 결정한다. 이를 통해 다양한 화자의 음성을 학습함으로써 억양이나 말투까지 구사할 수 있다고 한다.

2018년에 공개된 딥마인드의 '웨이브넷' 기술은 음성 합성에 '적대적 생성 신경망'이라는 딥러닝 기술을 도입한 대표적인 사례로 기존 파라미터 합성 방식에 혁신을 가져온 모델이다. 해야 할 말이 결정되면 파형을 합성하고 조합해 초당 2만 4,000개의 음성 샘플을 만들어낸다고 한다.

캐나다 토론토의 딥러닝 스타트업 '라이어버드Lyrebird'는 특정인의 목소리를 복제하는 기술을 개발했다. 특정인이 30개 정도의 문장을 읽은 데이터로 학습해서 아무 문장이나 읽을 수 있다. 이런 기술은 사회적으로는 물론 정치적으로도 큰 영향력을 내포하고 있다. 하지도 않은 말을 전하는 가짜 뉴스가 넘치게 될 수도 있다. 기술은 단지 가능성을 보일 뿐, 판단은 사회와 제도의 몫이다.

딥러닝 기반의 음성 합성 기술은 다양한 확장성을 가지고 있다. 우선 개인화 서비스가 가능해지면서 관련 시장이 크게 성장하게 될 것이다. 원하는 목소리를 합성해낼 수 있을 뿐만 아니라, 미리 녹음해둔 특정 인물의 소량의 음성 데이터만 있으면 전이학습을 통해 얼마든지 재현할 수 있으며 감정의 디테일을 느끼게 만들 수도 있다. 점차 특정 사람들이 가진 특징들을 학습한다면 진짜처럼 얘기할 수도 있을 것이다. 또한 기업 마케팅을 위한 훌륭한 도구를 제공해줄 수도 있다.

딥러닝 기반의 음성 인식 기술은 음성 비서 시장에서 핵심적인 역할을 수행한다. 딥러닝 기술은 음성 인터페이스 시대를 이끄는 핵심 기술, 즉 음성 인식과 음성 합성의 혁명적 발전을 가져왔다.

인공지능,
언어를 이해하다

컴퓨터가 인간의 언어를 이해할 수 있을까? 생각해보면 언어를 이해한다는 것은 고도의 지적 능력임을 금방 이해할 수 있다. 단어나 문법과 같은 언어에 관련된 지식만으로 말을 이해할 수 있는 것은 결코 아니다. 사람들의 감정적인 맥락과 상황에 따라 언어의 의미가 달라지기 때문이다. 이슈에 대한 사전 지식도 필요하고 물리 법칙을 포함한 세상에 대한 상식도 필요하다.

언어를 이해한다는 것은 이 모든 것들을 통합하고, 이를 통한 다양한 추론이 동시다발적으로 발현되는 것을 의미한다. 컴퓨터가 언어를 이해하고 답을 하려면 어떤 기술이 필요할까?

자연어 처리 기술의 혁명

자연어 처리는 이 문제에 답을 하기 위해 지난 수십 년간을 달려온 인공지능의 가장 정점에 있는 분야다. 자연어 처리는 자연어 분석과 자연어 이해, 자연어 생성을 포함하는 포괄적 개념이다.

1950년대 중반 다트머스 회의를 통해 인공지능 개발이 본격화된 이후 수십 년간 자연어 처리의 지배적인 접근법은 컴퓨터에 언어를 체계적으로 가르치는 '기호주의'적 기법이었다. 이 접근법은 단어를 기호심볼로 표현하고, 이 기호의 연산을 통해 추론 등을 할 수 있어서 붙여진 이름이다.

우선 문장을 적은 구문 단위로 나눈 다음 각 단어의 품사와 순서, 문법 등에 대한 구조적인 분석을 통해 관계와 의미를 파악한다. 또한 지식과 상식을 담기 위한 백과사전을 만들고, 이들 간의 관계성도 모두 일일이 코딩해서 넣어야 하는 방대한 작업이다. 당시에는 중학교 2학년 수준의 영어를 가르쳤다고 하는데, 마치 어른이 문법을 배우지 않고는 외국어를 배우지 못하는 것과 유사한 방식이었다.

초기에 낙관적인 견해가 많았음에도 이 접근법은 큰 성공을 거두지 못하고 한계를 드러냈다. 자연어는 상황에 따라 단어의 기능이나 의미가 전혀 다른 경우가 부지기수였기 때문이다.

예를 들어 영어의 'run'은 250가지가 넘는 의미로 사용될 수 있다고 한다. 이 모든 경우를 입력해 넣고 적당한 단어 조합을 예측하는 건 힘든 일이다. 구조적인 분석만으로는 문맥과 언어의 가변성을 충분히 파악할 수 없었다. 또한 상식의 범위가 너무 방대하고, 그 관계성도 너무 복잡해서 상식에 대한 백과사전을 만드는 것도 거의 불가능에 가깝다는 것이 드러났다.

미국의 퀴즈 방송 〈제퍼디!〉에서 두 명의 쟁쟁한 인간 경쟁자들을 물리치고 우승을 차지한 IBM의 왓슨은 이 접근법을 사용한 대표적인 사례로 알려져 있다. 하지만 왓슨은 훗날 방대한 컴퓨팅 파워를 이용해 위키의 내용을 읽고 답했을 뿐이라는 사실이 밝혀지기도 했다. 결국 이 접근법은 오랜 연구에도 불구하고 돌파구를 찾는 데 실패했다.

자연어 처리 분야도 2012년 이후 딥러닝이 도입되면서 혁명적인 변화가 시작되었다. 딥러닝은 기존의 기호주의적 접근과는 근본적으로 다르다. 인간이 문법을 가르치는 등 언어를 특정해주는 수고를 할 필요 없이 학습을 통해 기계 스스로 알아내도록 유도하기 때문이다.

우선 단어를 숫자로 이루어진 고유한 벡터로 표현하는 '워드임베딩' 방식이 구글에 의해 도입됐다. 이 방식은 자연어 처리를 위한 전 처리 단계로 단어 간의 연산이 가능하다는 것을 보여주었다. 일례로 프랑스 벡터에서 파리 벡터를 빼고, 이탈리아 벡터를 더하면 로마 벡터가 출력되는 식이다. 이 방식은 단순한 벡터 표현이 아닌 단어 간의 연관성 정도를 0.01에서 0.99까지의 숫자 벡터로 표현할 수 있는 '워드투벡'과 같은 방식으로 발전하면서, 자연어 처리를 위한 초석을 다지게 되었다.

이 방식을 통해 통계적으로 어떤 단어들이 서로 가까이에 있는지, 얼마나 유사성이 있는지를 분석할 수 있었다. 더구나 이 벡터 값들은 수동으로 설정되는 것이 아니라 대량의 말뭉치코퍼스를 학습해서 자동으로 결정된다. 구글은 약 16억 개의 단어를 포함한 말뭉치로 학습했다고 한다.

이렇게 단어를 벡터로 표현함으로써 다양한 딥러닝 기법을 활용할 수 있는 전기가 마련되었다. 이미지와 음성 인식에 주로 활용되던 합성곱 신경망이 언어의 패턴을 분석해서 최적의 값을 찾는 목적으로 도입되었다. 지금은 기계 번역이나 챗봇의 질의응답, 화자의 감정을 분석하는 등의 작업에도 활용되고 있다.

순차적인 정보 처리에 효과적인 순환 신경망과 LSTM 등은 자연어 처리에 핵심적인 역할을 했다. 단어의 연속으로 구성되어 있는 자연어를 처리하기에 매우 효율적이었고, 이전 결과를 기억하는 속성으로 멀리 떨어진 단어들 간의 연관성을 파악하는 데도 발군의 성능을 발휘했다. 언어의 맥락을 유추해낼 수 있었기 때문이다.

하지만 병렬적으로 학습을 진행할 수 없는 구조적 한계 때문에 학습에 많은 시간이 소요되고, 대용량의 언어 데이터를 학습시키기 힘들어지는 단점이 있었다. 이런 단점에도 자연어 처리 분야는 딥러닝 기술을 통해 지난 수십 년 동안 봉착해 있던 기술적 한계에서 벗어날 수 있었다.

구글은 2017년에 자연어 처리에서 또 하나의 기술적 분기점을 만들어냈다. 순환 신경망에 기초한 기존 방식이 가지고 있던 구조적 한계를 벗어나 병렬적인 데이터 학습이 가능한 트랜스포머를 제안한 것이다.

이 방식이 가지는 가장 중요한 특징은 '어텐션' 메커니즘의 도입이다. 어텐션은 입력되는 단어들 간의 연관도를 계산해 문장 시퀀스 출력 시 어디에 더 중점을 둬야할지를 판단하는 메커니즘이다. 문장 내의 모든 단어가 동일한 중요도를 가지는 것은 아니기 때문에 중요한 단어의 정보만 이용하는 방식이다.

단어의 중요도는 학습을 통해 발견하게 하고, 그 결과를 다음 번 분석에 반영하는 식으로 작동된다. 이 기법은 이후 기계 번역이나 텍스트 요약, 생성 등 자연어 처리의 거의 모든 응용 기술에 활용되는 기반 기술이 되었다.

트랜스포머는 어텐션 메커니즘을 탑재하고, 다수의 인코더와 디코더를 병렬로 배치해 효율적인 고속 병렬학습이 가능하도록 했다. 인코더는 문장 시퀀스를 입력받아서 정보를 압축하고, 디코더는 인코더의 압축된 정보를 기반으로 새로운 문장 시퀀스를 출력한다. 이를 통해 기존 순환 신경망 계열의 순차적인 연산에서 벗어나 대량의 병렬 처리를 통한 대규모 언어 학습이 가능해진 것이다.

아울러 트랜스포머를 통해 '위키피디아'와 같은 대규모 언어 데이터로 학습시키는 것도 가능해지면서 초거대 인공지능 모델의 길을 연 알고리즘으로 평가받고 있다. 트랜스포머는 현재 자연어 처리 분야에서 순환 신경망이나 LSTM을 대체하면서 가장 핵심적인 기반 기술이 되었다.

특정 언어로 학습된 모델을 약간의 추가 학습으로 다른 언어에도 사용할 수 있도록 하는 딥러닝 기술들이 2018년부터 등장하기 시작했다. 자연어 처리 분야에서 외연 확장을 통한 재도약의 기회를 맞고 있는 것이다. 모두 트랜스포머의 인코더-디코더 구조와 어텐션 메커니즘을 기반으로 하는 기술들이다.

구글은 2018년에 단어 간의 연관관계를 학습하는 언어 모델인 'BERT'를 공개했다. 입력 시퀀스 중간의 일정 부분을 가린 후 가려진 단어를 양방향에서 예측하도록 비지도 사전학습을 진행하는 방식이다.

BERT는 문장의 의미를 추출하는 데 강점이 있다고 알려져 있다. 언어 데이터에 라벨이나 어떠한 가공 없이 대량의 말뭉치 학습을 통해 완성시킨 언어 모델로, 타 언어로의 전이가 용이하다. 현재 구글이 배포한 학습 완료 모델은 4~16개의 TPU를 사용해서 4일에 걸쳐 100만회 학습시킨 것이라고 한다. 국내에도 KoBERT, HanBERT 등 BERT를 기반으로 한국어를 학습시킨 다양한 모델들이 존재한다.

미국의 비영리 인공지능 연구재단인 '오픈AI'도 2019년부터 트랜스포머 기반의 새로운 언어 모델 'GPT' 시리즈를 공개하기 시작했다. GPT는 주어진 단어를 통해 다음 단어가 무엇인지 일방향성으로 예측하기 위한 비지도 사전학습 방식이다.

사전학습이 완료된 모델은 '파인튜닝'을 통해 최소한의 구조 변화로 타깃에 쉽게 전이시킬 수 있도록 만들어졌다. BERT에 비해 '생성'에 더 강점이 있는 GPT 시리즈는 초거대 인공지능 모델의 경쟁을 촉발시키기도 했다. 2021년 발표된 GPT-3는 1,750억 개의 파라미터를 보유한 초거대 언어 모델이다.

자연어 처리 기술은 딥러닝을 도입하면서 비약적인 발전을 이룬 것이 사실이다. 상식을 필요로 하지 않는 대화는 꽤 괜찮게 진행할 정도의 수준까지는 올라왔다. 때로는 매우 창의적이라 생각되는 답변으로 사람들을 놀라게 하기도 한다.

하지만 기계가 자연어를 이해하고 있는 것은 결코 아니다. 조금만 주제를 바꾸면 '지능이 없는 인공지능'의 실체가 드러난다. 자연어 처리 기술은 타 분야에 비해 아직 갈 길이 먼 듯하다. '일반 인공지능'에 도달하기 위한 최후의 영역이기도 하다. 사람처럼 세상을 이해하면서 다양한 주제를 자연스럽게 말할 수 있는 정도가 되려면 몇 단계의 진화를 거듭해야 할지도 모를 일이다. 하지만 **자연어 처리 기술은 이러한 제한된 능력에도 불구하고 많은 응용 기술을 통해 다양한 산업 분야로 확장되고 있다.**

기계 번역 패러다임의 진화

딥러닝이 도입되면서 기계 번역의 패러다임도 바뀌었다. 언어의 규칙을 가르치던 체계에서 말뭉치를 기계적으로 학습하는 확률적 방식으로 이동한 것이다. 구글은 2014년에 데이터를 신경망에 훈련시켜 언어를 번역하는 새로운 기법인 'seq2seq'를 공개했다. 언어를 벡터로 만드는 신경망과 그 벡터를 다른 언어로 번역하는 신경망 등 두 개의 신경망을 동시에 학습시키는 방식의 기법으로 기계 번역의 새로운 전환점을 만들었다.

구글은 학습을 위해 바이텍스트인 영어와 프랑스어 등 2개 언어로 이루어진 엄청난 양의 캐나다 국회 의사록 데이터를 사용했다. 두 언어의 문법이나 언어의 복잡성에 대한 사전 지식은 전혀 필요없었다. 단지 서로 상응하는 영어와 프랑스어 단어와 문장들 사이의 관련성만을 자동적으로 학습했을 뿐이다.

이 방식은 '구글 트랜슬레이터'의 기존 번역 방식을 대체했을 정도로 놀라운 효과를 보였다고 한다.

기계 번역의 트렌드는 'seq2seq' 이후로 완전히 바뀌었다. 구글의 번역기는 현재 논문 하나를 통째로 번역할 정도로 발전했다. 세상에 존재하는 모든 전문 번역가가 1년 동안 해독하는 양보다도 많은 텍스트를 하루에 번역한다고 한다. 네이버도 2016년부터 자사의 번역기인 '파파고Papago'에 딥러닝을 도입했다. 한국어를 기반으로 하는 번역에서는 어느 정도 경쟁력을 갖췄다.

하지만 사실 현재 기계 번역의 성능은 만족할 만한 수준은 아니다. 단문인 경우와 문단 전체를 번역할 때의 성능이 다르고, 서투르고 어색한 번역도 많이 눈에 띈다. 종종 오역을 하는 경우도 발생하지만 이 정도만 해도 10년 전에 비하면 혁명적인 변화라고 얘기할 수 있을 것이다. 또한 딥러닝 기반 번역기는 사용할수록 학습을 통해 성능이 더 좋아지게 된다는 이점이 있다. 물론 반대의 경우도 무시할 수는 없지만 말이다.

대화형 인공지능의 발전

'챗봇Chatbot'은 문자를 매개로 사람과 대화하도록 설계된 프로그램이다. 초기에는 사용자가 메시지를 보내면 특정 문장이나 단어 등을 분석해서 미리 대본으로 작성해둔 내용을 답변하는 단순한 개념이었다. 이 경우 정해진 대화 내용에는 유창하게 답변할 수 있어도, 다양한 주제에 대한 자연스런 대화는 거의 불가능했다. 접근성이 크게 떨어졌던 것이다. 또한 답변을 만들기 위한 공수도 많이 들어가기 때문에 확장성도 줄어든다. 알렉사나 시리, 구글 어시스턴트Google Assistant 등의 음성 비서는 음성 기술과의 융합을 통해 정해진 답을 주는 '음성 챗봇'으로 볼 수 있다.

사람과 자연스런 대화가 가능해지는 '대화형 인공지능'은 자연어 처리 기술이 목표로 하는 최종 목적지다. 이는 2010년대 중반 이후부터 챗봇에 딥러닝 기술이 도입되면서 챗봇이 지향하는 목표가 됐다. 'seq2seq'를 개발한 구글 팀은 2015년 동일한 방식을 대화에도 적용해서 놀라운 성과를 얻었다. 단어나 언어 규칙에 대한 사전 작업 없이 6,200만 개 문장의 대화로 구성된 영화 자막 말뭉치로 학습한 결과, 인공지능이 영화의 언어 방식으로 새로운 대답을 만들어내는 결과를 얻을 수 있었다.

'seq2seq' 기술을 기반으로 구글에서 2020년에 공개한 '미나Meena'는 가장 대화 성능이 좋은 인공지능으로 평가받고 있다. 약 26억 개의 파라미터를 보유한 신경망으로 400억 개의 단어를 훈련시킨 결과다.

마이크로소프트가 2016년에 공개한 챗봇 '테이Tay'도 데이터를 학습해서 자동으로 배우도록 설계한 대화형 인공지능이었다. 사용자들이 인종 차별적인 언어를 학습시키는 바람에 이틀 만에 철수하는 불명예를 얻기도 했지만, 챗봇이 진보하는 방향을 예시해주는 사례였다.

대화형 인공지능은 이미 알고리즘의 혁신과 함께 스케일을 키우는 경쟁에 돌입했다. GPT-3를 비롯해 다수의 글로벌 기업들이 초거대 인공지능을 통해 '대화하는 지능'의 돌파구를 찾고 있다.

인공지능, 창조를 시작하다

창조하는 인공지능

인공지능으로 새로운 창작물을 만들려는 시도는 이미 50여 년 전부터 시작된 일이지만, 인공지능 기술이 급격하게 발전하고 있는 최근 10여 년 동안 매우 활발해지고 있다.

미국의 벤처 기업 '내러티브 사이언스'에서 개발한 자동 기사 작성 프로그램인 '퀼Quill'이 그 대표적인 사례다. 내러티브 사이언스는 프로야구 기사를 자동으로 작성하는 프로그램 '스탯멍키'를 개발했던 미국 노스웨스턴 대학 연구원들이 2010년에 설립한 회사다. 현재 포브스를 비롯한 다수의 미국 유수 언론사들은 퀼을 이용해 약 30초 만에 한 건씩 자동으로 기사를 작성하고 있다고 한다.

2012년에는 인공지능으로 8분 만에 만든 교향곡을 런던 교향악단이 연주하는 이벤트가 있었다. 청중들은 연주가 끝날 때까지 인공지능이 만든 곡인 줄 몰랐다고 한다.

일본 니혼게이자이 신문이 주관한 '호이 신이치 문학상' 공모전에서 인공지능이 작성한 SF 소설이 1차 심사를 통과했다는 것이 알려져 충격을 준 것은 2013년의 일이다.

시를 짓는 인공지능도 등장했다. 마이크로소프트와 중국의 텐센트에서 공동 개발해 2014년에 공개한 대화형 챗봇 '샤오빙'은 시를 지어 달라는 요청을 하면 수 분 내에 서너 편의 시를 작성해서 보내준다. 다양한 딥러닝 기술들을 탑재하고 있는 샤오빙은 인간 작가들이 작성한 시들을 학습한 다음 새로운 시를 만들어내고 있다. 500여 명이 넘는 현대 시인들의 시 전체를 학습하는 데 10분이 채 걸리지 않을 정도로 빠른 학습 속도를 자랑하는 샤오빙은 심지어 인간의 감성까지 학습했다고 한다. 2019년 기준 중국에서는 1억 2,000만 명 이상이 샤오빙을 사용하고 있으며, 누적 대화 건수도 500억 건에 달한다고 한다.

적대적 생성 신경망의 탄생

생성을 위한 전문적인 딥러닝 기술의 탄생은 '창조하는 인공지능'의 폭발적인 성장을 가져오고 있다. 캐나다 몬트리올 대학의 이안 굿펠로우와 요슈아 벤지오 교수가 2014년에 발표한 '적대적 생성 신경망GAN'이 그것이다.

원본과 유사한 가짜를 생성하는 신경망과 생성된 가짜의 진위를 판별하는 신경망 등 두 개의 적대적 심층 신경망을 서로 경쟁시키는 기술로 이 모델을 학습하면 원본을 모방한 이미지와 음성, 그림, 음악이나 소설을 만들어낼 수 있다. 특히 생성하는 과정에서 새로운 특성을 추가하여 원하는 스타일의 그림이나 음악을 만들어내는 것도 가능하다.

인공지능이 단순한 생성을 넘어 인간의 마지막 보루라고 여겨지던 창조의 영역에도 도전하고 있는 것이다. 페이스북에서 인공지능 부문을 총괄하고 있는 얀 르쿤 교수는 최근 10년 내 가장 혁신적인 머신러닝 아이디어로 GAN을 평가하고 있다.

GAN과 이를 잇는 후속 생성 기술들의 진화를 기반으로, 응용 기술들이 폭발적으로 성장하고 있다. 그림을 그리고 시와 소설, 신문 기사를 쓰고 음악을 작곡하는 사례는 이제 나열하기가 힘들 정도로 흔해졌다. 현재 미국에서 유행하는 인기곡 중 2~3%가 인공지능이 만든 곡이라면 믿을 수 있겠는가? 미국 캘리포니아 주립 대학의 연구에 따르면 인공지능이 작곡한 곡으로 저작권료를 받는 사례도 생겨나고 있다.

디자인, 애니메이션, 광고와 요리 분야에 이르기까지 생성 기술은 그 영역을 급속도로 넓혀가고 있다. 혹자는 그림을 그리는 붓처럼 인공지능은 새로운 도구일 뿐이라고 얘기하기도 한다. 오늘날 음악, 미술, 문학을 포함한 예술의 모든 장르에서 현대 작가는 프로그래머로 변하고 있다는 말이 현실로 다가오고 있다.

요즘 작고한 유명인들이 살아있는 것처럼 자연스런 표정을 짓는 광고들이 늘고 있다. 삼성전자 모스크바 연구소는 2019년 단 한 장의 그림이나 사진으로 살아있는 동영상을 만들어주는 기술을 개발했다. 레오나르도 다빈치의 걸작 〈모나리자〉와 한 시대를 풍미했던 미국의 여배우 '마릴린 먼로', 물리학 천재 '알버트 아인슈타인' 등이 마치 살아있는 사람들처럼 자연스럽게 웃고 대화하는 영상이 공개되어 화제가 되었다. 이 기술을 통해 퇴색된 사진으로 남아 있는 개인의 기억들을 생생하게 재생하는 데 도움을 줄 수 있을 것이다. 그런 의미에서 이 기술의 사업적 확장 가능성도 눈여겨볼 필요가 있다.

GAN 기술은 데이터 생성을 통해 불충분한 학습 데이터의 확보에도 도움을 줄 수 있다. 2019년 독일 뤼벡 대학 연구진은 GAN을 이용해 원본 영상과 매우 유사한 의료 영상들을 만들어냄으로써 충분한 양의 데이터를 확보할 수 있었다. 정보 보호에 대한 환자들의 요구와 고비용 문제로 분석할 의료 데이터가 충분치 않은 난감한 상황에서 이뤄낸 결과였다고 전해진다.

딥러닝이 그린 그림들이 경매장에서 팔리는 일도 늘어나고 있다. 2016년 2월 구글의 인공지능 '딥드림Deep dream'이 그린 그림 29점이 미국 샌프란시스코 경매장에서 약 10만 달러에 팔렸다. 2018년 10월에는 세계 3대 경매장 중 하나인 미국 뉴욕의 크리스티 경매장에서 〈애드먼드 데 벨라미Edmond de Belamy〉라는 그림이 43만 2,500달러에 팔리는 일도 생겼다. 프랑스의 예술공학 단체 '오비우스Obvious'가 GAN 기반의 인공지능으로 그린 그림으로 가상의 〈벨라미 가족〉 시리즈의 11

개 작품 가운데 하나였다. 오비우스는 이를 위해 14~20세기의 그림 1만 5,000여 점을 학습했다고 한다.

딥페이크, 조작의 가능성을 열다

2017년 8월 버락 오바마 전 미국 대통령의 가짜 영상이 화제가 된 적이 있다. 특정 인물의 오디오와 비디오 클립을 학습해서 진짜와 매우 유사한 가짜 인물을 합성해낼 수 있는 기술이 만들어진 것이다. 이 영상은 미국 워싱턴 대학 연구진의 작품으로 '딥페이크' 기술의 탄생을 알렸다. 이들은 오바마가 말할 때 입, 치아와 턱 등 얼굴 각 부위가 어떻게 매칭되는지 알아내기 위해 수백만 개의 비디오 프레임을 학습했다고 한다. 인터넷에서 수집된 이미지만 있으면 이 기술을 통해 모든 사람의 '디지털 도플갱어'를 생성할 수 있다고 연구진은 밝히고 있다. 이 개발을 주도했던 수파손 수와자나콘은 2018 TED 컨퍼런스에서 "하이테크에 투자하라."고 말하는 오바마의 동영상 4개를 보여주며 화제를 모으기도 했다. 물론 모두 가짜 영상이었다.

딥페이크 기술은 많은 사업적 가능성을 내포하고 있다. 이 기술을 통해 게임이나 가상현실, 증강현실 등에서 사람의 디지털 모델 혹은 아바타 생성이 가능해질 것이다. 또한 스마트폰이나 AI 스피커 등에서도 원하는 인물을 모사한 아바타로 음성 비서를 대체할 수 있을 것이다. 앞으로 상용화될 것으로 생각되는 스마트 거울도 마찬가지다.

반면에 이 기술은 매우 큰 위험성을 내포하고 있기도 하다. 유명인의 모습을 하고 있는 가짜 영상을 통해 개인과 사회에 매우 악의적인 메시지를 전파할 수도 있기 때문이다. 소위 '대중 조작'이 가능해진다. 가짜 뉴스나 성인물 등의 위험성은 이미 사회적으로 매우 큰 문제가 되고 있다. 'DeepFaceLab'이나 'Faceswap' 등 사람의 영상을 합성하기 위한 오픈 소스가 배포되면서 기술적 장벽도 많이 낮아졌다.

긍정적이든 부정적이든 이 기술의 확산 속도는 더욱 빨라지고 있다. 원하지 않더라도 우리는 가까운 미래에 사실과 거짓을 구별하기 힘든 세상에서 살게 될 가능성이 매우 높다.

초거대 인공지능의 성장

미국의 인공지능 연구재단인 '오픈AI'는 2020년 7월에 새로운 인공지능 모델 'GPT-3'를 공개했다. GPT-3는 1,750억 개의 파라미터로 학습한 '초거대 인공지능'이다. 이는 1년 전 발표된 GPT-2에 비해 약 100배가 더 커졌고, 2018년 발표된 GPT-1에 비해서는 약 1,000배 이상 커진 초거대 규모이다. 단 2년 만에 1,000배가 넘는 가파른 규모로 성장한 GPT-3는 미국과 중국, 한국 등의 빅테크 기업들을 중심으로 '규모'의 인공지능에 대한 경쟁을 촉발시키는 계기가 되었다.

구글은 파라미터가 1조 6,000억 개에 달하는 '스위치 트랜스포머 Switch Transformer'를 공개했다. 중국 베이징 인공지능 연구원 Academy of AI도 약 1조 7,500억 개의 파라미터를 보유한 '우다오 WuDao 2.0'을 경쟁적으로 발표했다. 또한 마이크로소프트에서는 1조 개가 넘는 파라미터를 보유한 모델을 발표했다. 한국의 네이버, 카카오, LG 등도 잇달아 경쟁에 뛰어들었다.

홍콩의 사우스차이나모닝포스트SCMP는 이를 두고 '미중 기술 패권 전쟁이 초거대 AI 분야로 확전되고 있는 양상'이라고 진단하기도 했다.

초거대 인공지능은 슈퍼컴퓨터와 같은 거대 규모의 컴퓨팅 인프라를 기반으로 대량의 데이터를 학습하는 기술이다. 인간의 뇌를 모방해서 인공지능의 성능을 극대화하기 위한 시도라고 볼 수 있다. 인간의 뇌에는 약 1,000억 개의 뉴런이 존재하고, 각각의 뉴런들은 수백에서 수천의 다른 뉴런들과 시냅스를 통해 연결되어 있다. 약 100조 개로 추산되는 우리 뇌의 시냅스는 딥러닝 모델의 파라미터와 유사하다. 이런 파라미터의 수, 즉 모델의 규모를 극대화하면 인간의 뇌와 유사한 최대치의 성능을 달성할 수 있을 것이라고 예상하는 것이다.

하지만 실제 우리 뇌의 동작과는 많이 다를 것이다. 일례로 인체 질량의 3%에 불과한 뇌는 20W 정도의 힘으로 충분히 동작하는 반면 페타플롭스 정도의 성능을 가진 슈퍼컴퓨터는 5MW 정도의 전력을 필요로 한다. 페타플롭스는 1초에 1,000조 번의 부동 소수점 연산이 가능함을 의미한다.

인공지능이 규모를 키우는 경쟁으로 돌입하는 이유는 무엇일까? 우선적으로 기존 언어 모델이 보여주는 어색함을 지우고 훨씬 세련된 언어를 구사할 수 있도록, 자연어 솔루션과 서비스 모델의 성능을 획기적으로 높일 수 있기 때문이다. 또한 새로운 제품을 위한 개발 프로세스와 개발 공수를 획기적으로 개선하면서 생산성도 높일 수 있다. 보다 궁극적인 목표는 인간과 같은 범용성을 갖춘 일반적 지능을 확보하는 것이라고 보는 것이 타당하다. 구글에서 2012년 거대 규모의 인프라를 동원했던 제프 딘과 앤드류 응의 비지도학습 실험이 아마도 이에 대한 단초를 제공해주었을 것이다.

초거대 인공지능은 또 다른 의미도 내포하고 있다. 전문가들은 인공지능에 대한 연구 개발 경쟁이 점차 자본과 기술을 보유하고 있는 거대 빅테크 기업들만의 게임이란 걸 보여주는 사례로 평가하기도 한다. 초거대 모델 개발에 필수적인 슈퍼컴퓨터를 구축하고 운용하기 위해서는 최소 1,000억 원 이상의 투자가 필요하기 때문이다.

오픈AI, 초거대 인공지능의 빗장을 열다

미국의 '오픈AI'는 2015년에 비영리 인공지능 연구 재단으로 출발했다. 인공지능을 통해 인류를 위태롭게 하는 것이 아니라, 이익을 주도록 하자는 취지에서 설립된 오픈AI에는 테슬라의 CEO 일론 머스크 등이 창립 멤버로 참여했다. 프렌들리 AI Friendly AI 개발을 목표로 설립한 이래 모든 연구 결과와 특허를 무료로 공개하고 있다. 오픈AI는 사실 영국의 딥마인드와 함께 사람의 지능과 같은 범용적 인공지능 개발의 한 축을 담당하고 있는 조직이기도 하다.

오픈AI는 2018년에 1억 1,700만 개의 파라미터로 학습하는 최초의 초거대 모델인 GPT-1을 발표했다. GPT-1은 초거대 인공지능의 탄생이자 거대 기업 간 경쟁의 시작을 알리는 것이었다. 오픈AI는 이듬해에 파라미터 수가 15억 개로 늘어난 GPT-2를, 2020년에는 GPT-1의 1,000배가 넘는 파라미터를 보유한 GPT-3를 발표하면서 이 분야를 선도하는 단체가 되었다. 2030년경에는 인간과 유사한 수준인 100조 개의 파라미터를 보유한 GPT-4 개발을 목표로 하고 있다.

GPT 시리즈는 앞서 설명한 것처럼 트랜스포머 아키텍처를 기반으로 하는 언어 모델이다. **트랜스포머의 인코더만을 이용해 사전학습을 시키는 구글의 BERT와 달리, GPT는 트랜스포머의 디코더만을 사용해서 사전학습을 시킨다.** 단어들이 주어지면 다음 단어가 무엇인지 예측하는 일방향성 사전학습 방식이다. 이런 면에서 GPT 시리즈는 BERT와 대비했을 때 문장을 생성하는 데 상대적인 강점을 지닌 것으로 알려져 있다.

GPT-3는 영문 위키피디아와 웹페이지, 뉴스 등에 공개된 약 45TB에 달하는 방대한 양의 데이터 학습을 통해 만들어졌다. 별도의 '미세 조정' 없이도 문장 번역, 작문, 텍스트 요약 등 자연어 처리의 모든 면에서 기존 기술을 능가하는 획기적인 결과를 보여주고 있다. 말을 알아듣고, 적절히 답변하는 확률도 비약적으로 향상되었다. 주제가 주어지면 시나 소설, 에세이도 작성할 수 있고, 글을 요약하는 것도 가능하다.

예시 없이도 문제를 푸는 '제로샷Zero-Shot 러닝'이나 한 가지 혹은 몇 가지 예시를 주는 '원샷One-Shot 러닝', '퓨샷Few-Shot 러닝' 등의 학습으로 빠른 번역도 가능해졌다. 기존에는 특정 문제를 풀기 위해 라벨이 붙은 데이터를 준비한 다음 파인튜닝을 위한 재학습 과정을 거쳐야 했지만, 이제는 예시 몇 개만 주어지면 풀 수 있다. 특정 언어의 문법이나 번역에 대한 학습이 전혀 없이도 딥러닝을 통해 스스로 학습하고 결과를 도출해내는 것이다.

2021년 1월에는 GPT-3를 기반으로 언어를 입력하면 이미지를 생성해주는 '달리DALI' 기술도 발표했다. GPT-3는 자연어 처리 영역에서 '멀티모달Multi Modal'로 지평이 확장되고 있는 것이다. 하지만 GPT-3가 문장의 의미를 이해하고 있는 것은 아니다. 단지 방대한 양의 학습 과정을 통해 확률이 높은 다음 문장을 찾아서 보여주는 것일 뿐이다.

GPT-3가 발표된 지 1년 후 또 하나의 혁신이 발생했다. 오픈AI가 새로운 언어 모델 '코덱스Codex'를 출시한 것이다. 코덱스는 자연어를 이해해 프로그래밍 코드로 변환해주는 딥러닝 모델로 GPT-3를 기반으로 만들어졌다.

훈련 데이터에는 '깃허브GitHub'와 공개 가능한 수십억 라인의 오픈소스와 자연어가 포함된다. 이제 파이썬Python, 자바스크립트 등 12개 이상의 프로그래밍 언어에 능통한 수준이라고 한다. 향후 코덱스의 완성도가 더욱 높아지면 그 파급력은 상상을 초월할 만한 수준이 될 것이다.

가까운 미래에 코덱스는 프로그램을 직접 작성할 뿐만 아니라, 많은 프로그래머들을 지원하는 어시스턴트로 작동하게 될 가능성이 크다. 상식화된 기존 문제에 대한 프로그래밍은 지루하고 시간 소모적인 측면이 있다. 코덱스는 이 부분에 활용되면서 인간 프로그래머의 감독을 받을 수 있다. 반면에 인간은 보다 새롭고 도전적인 문제에 집중하게 될 것이다. 이는 실로 혁명적인 결과이자 인공지능 기술의 커다란 진보가 될 것이다.

오픈AI는 2021년 10월부터 GPT-3 API 사용을 유료로 전환했다. 활용 목적에 따라 탐색, 생성, 빌드, 규모 등 네 가지 단계로 구분해서 차등화된 가격을 제공하고, 이더리움 기반의 ERC-20 암호화폐인 '다빈치'로 결재하도록 했다. 예를 들어 파인튜닝을 통해 모델을 변경하고자 하는 것은 '규모'에 해당하는데, 가장 가격이 비싼 구조이다. 이는 인프라의 운용에 대한 부담 때문에 책정되었을 것이다.

GPT-3와 같은 초거대 인공지능의 학습에 막대한 규모의 인프라와 전력, 비용이 소모된다는 건 큰 문제다. 덴마크 코펜하겐 대학의 연구진은 GPT-3가 '자동차로 달까지 왕복하는 것과 비슷한 수준의 탄소 발자국을 남겼을 것'으로 추정하기도 한다. 또한 학습 단계에서만 약 1,000만 달러가 들었을 것으로 추산하고 있다.

마이크로소프트, 초거대 인공지능의 상용화

오픈AI는 2019년에 재단 유지와 인프라 확보를 위해 제한적 영리 추구 법인Open AI LP을 만들고, 마이크로소프트로부터 10억 달러의 투자를 받은 이후 성격이 다소 바뀌었다.

마이크로소프트는 GPT-3가 출시된 2020년 10월부터 GPT-3에 대한 독점 라이선스를 확보했다. 이어 2021년 말부터는 정식으로 클라우드 상용 서비스로 제공하기 시작했다. 자사의 애저 클라우드에서 애플리케이션 API로 동작되도록 '애저 오픈AI 서비스'를 론칭한 것이다. 이로써 GPT-3는 단지 실험실의 프로토타입 수준을 넘어 다른 제품과 동등한 레벨의 보안과 안정성을 제공해주는 클라우드 서비스로 작동되기 시작했다.

마이크로소프트의 '오픈AI 서비스' 론칭은 초거대 인공지능 상용화가 시작되었음을 말해준다. 이러한 행보는 향후 본격적으로 전개될 초거대 인공지능 비즈니스에서 유리한 고지를 선점하기 위한 움직임인 동시에 2018년 세계 최대 오픈 소스 플랫폼인 깃허브를 75억 달러에 인수했던 것과 동일한 맥락이라고 볼 수 있다. 오픈AI에 대한 마이크로소프트의 움직임에 대해, 일론 머스크는 개방Open의 반대라고 비난하기도 했다.

확보된 오픈AI의 자산을 기반으로 마이크로소프트가 가장 먼저 상용 제품으로 출시할 가능성이 높은 제품은 무엇일까? 아마도 '코덱스' 부류의 '프로그래밍 어시스턴트' 분야가 될 가능성이 높다. 마이크로소프트는 깃허브를 통해 엄청난 양의 코딩 데이터를 이미 확보해놓은 상태다. 거기에 현재 보유한 윈도우즈 OS, 소프트웨어 패키지 역량과 세계 2위의 클라우드 역량이 결합된다는 건 결국 이 방향으로 사업이 전개될 것이라는 신호처럼 보인다.

마이크로소프트는 2021년 말, 엔비디아와 공동으로 개발한 초거대 인공지능 'MT-NLG Megatron-Turing Natural Language Generation model'를 공개했다. 보유 파라미터 수는 5,300억 개로 기존 GPT-3 대비 3배가 커졌다. 이 회사가 2020년 2월에 출시했던 'Turing-NLG'는 불과 170억 개의 파라미터를 가지고 있었을 뿐이었다. 인터넷에서 크롤링한 데이터를 포함해 전체 2,700억 개의 토큰으로 구성된 데이터로 훈련시킨 이 모델은 규모와 정확도 등 모든 면에서 최고 수준을 보여주고 있다.

이 모델을 학습시키기 위해 양사가 보유하고 있는 최첨단 슈퍼컴퓨터와 분산학습을 위한 소프트웨어 스택을 적용했다고 한다. 사용된 분산학습용 스택인 엔비디아의 '메가트론-LM'과 마이크로소프트의 '딥스피드 Deep Speed'는 수천 개의 GPU를 병렬로 원활하게 처리할 수 있도록 최적화된 소프트웨어다. 예를 들어 딥스피드는 최대 1조 개의 파라미터를 가진 모델에 대해서도 효율적인 학습이 가능하다고 한다.

딥마인드, 초거대 인공지능의 효율화

일반 인공지능을 추구하고 있는 영국의 딥마인드도 초거대 인공지능 경쟁에 돌입했다. 딥마인드는 2021년 말 '고퍼 Gopher'와 '레트로 RETRO, Retrieval-Enhanced TRansfOrmer'를 동시에 발표했다.

고퍼는 2,800억 개의 파라미터를 보유한 초거대 언어 모델로, 딥러닝을 통해 언어 대부분의 측면에서 GPT-3보다 좋은 성능을 보여주었다. 반면 '레트로'는 딥러닝만을 이용하는 기존의 초거대 언어 모델들과는 다른 접근 방식을 사용했다. 외부 메모리를 활용하여 파라미터 수를 70억 개로 줄이면서도 1,750억 개의 파라미터를 가진 GPT-3와 대등한 성능을 보여주는 성과를 올렸다. 학습 시간과 비용을 획기적으로 줄이면서도 말이다.

레트로는 거의 2조 개의 텍스트 구문을 포함하고 있는 데이터베이스 형태의 외부 메모리를 사용한다. 이러한 방식은 새로운 문장을 생성할 때 외부메모리를 검색하고 비교하면서 더 정확한 예측을 할 수 있기 때문에 성능이 더욱 개선될 수 있다. 외부 데이터베이스를 사용하기 때문에 다시 학습시킬 필요 없이 바로 업데이트를 하거나 오래된 정보를 쉽게 제거할 수 있는 이점도 크다. 레트로는 데이터베이스와 신경망을 동시에 학습시킨다. 인공지능의 두 계보인 연결주의딥러닝와 기호주의전문가 시스템의 하이브리드 형태다.

약 25배 작아진 규모로도 동등한 수준의 성능을 확보할 수 있는 레트로가 던지는 시사점은 매우 크다고 할 수 있다. 인공지능 모델의 구축과 학습 시간을 획기적으로 줄이면서도 수십 배 더 큰 언어 모델과 대등한 결과를 달성하는 것이 가능함을 증명한 것이다.

이는 자원과 비용 측면에서 심각한 우려를 낳고 있는 초거대 인공지능의 한계를 극복할 수 있는 접근법이 될 가능성이 크다. 딥마인드는 이 방식이 '초거대 언어 모델의 미래'가 될 것임을 확신하고 있다.

국내 기업들의 대응

국내 대기업들의 경쟁도 치열해졌다. GPT-3가 영어 위주의 학습을 실시한 언어 모델이라서 한국어에 최적화되지 못한 이유가 크다. GPT-3의 전체 학습 언어 중 영어가 92.7%를 차지하는 반면 한국어 학습은 0.1% 미만에 불과하다. 2021년 한 해 동안 네이버를 필두로 카카오, LG가 경쟁적으로 초거대 인공지능 모델을 공개했다.

네이버는 국내 최초로 초거대 인공지능 '하이퍼클로바HyperCLOVA'를 공개했다. GPT-3의 규모를 넘어서는 2,040억 개의 학습 파라미터를 보유하고 있는 한국어 특화 버전이다. 한국어 학습을 위해 약 2TB의 데이터로 학습시켰다고 알려졌다. 하이퍼클로바를 학습시키기 위해 연산 속도가 700페타플롭스에 달하는 엔비디아의 슈퍼컴퓨터를 도입하기도 했다. 언어뿐만 아니라 이미지, 음성을 동시에 이해하는 '멀티모달' 인공지능 개발을 목표로 하고 있다.

카카오도 오픈AI GPT-3의 한국어 버전에 해당하는 'KoGPT'를 발표하고 최대 오픈 소스 커뮤니티 '깃허브'를 통해 공유하고 있다. 이 모델은 60억 개의 파라미터를 보유하고 있어 GPT-3에 비해서도 규모가 매우 작은 편이다. 멀티모달을 지향하고 있으며, 향후 100배 정도 규모를 더 키울 예정이라고 한다.

LG의 초거대 인공지능은 '엑사원EXAONE, Expert AI for everyone'이다. 엑사원은 1,750억 개 파라미터 학습을 끝내고, 현재 3,000억 개 파라미터 학습을 진행 중이라고 한다. 이 모델은 네이버나 카카오와 달리 영어와 한국어를 동시에 학습한 것이 특징이다. 텍스트를 이해해 이미지를 생성하거나 반대로 그림을 보고 설명할 수 있는 멀티모달형 초거대 모델을 지향하고 있다.

초거대 인공지능은 구축부터 운영, 유지 보수에 이르기까지 비용이 매우 많이 투입된다. 그렇다고 돈만 있다고 되는 것은 아니다. 자본력과 기술력을 동시에 갖추고 있어야 가능한 분야다. 그래서 이 분야의 원천 기술은 주로 미국의 연구소와 거대 기업군에서 나온다. 이들은 현재 기술이나 사업 측면에서 세계의 다른 경쟁 기업들에게 많은 영감을 주고 있다.

이 분야의 목표는 '일반 인공지능'에 도달하는 것이다. 현재의 딥러닝 기술로는 지식을 축적하거나 추론, 인과관계에 대한 이해 등 지능의 많은 부분을 채울 수 없다. **초거대 인공지능 기술은 '지능'이라는 전체 그림을 채워 넣기 위해 미지의 부분을 찾아가는 '기술적 오디세이'다.**

PART 4

지금까지 현재 인공지능의 성장이 딥러닝 기술의 획기적인 발전으로 가능해졌다는 것을 살펴보았다. 지난 수십 년에 걸쳐 딥러닝의 원형 아키텍처들이 하나둘 개발되었다. 이를 통해 비전과 음성, 자연어 처리와 생성 등 다양한 분야의 기반 기술들이 속속 발전되면서, 인공지능의 혁명적 변화를 가능케 한 것이다. 알고리즘의 성장이야말로 인공지능 발전의 정수임은 두말할 나위가 없다.

하지만 데이터 없이 알고리즘은 학습되지 않는다. 딥러닝은 원하는 성능의 모델을 얻기 위해 학습을 위한 빅 데이터가 반드시 필요한 법이다. 또한 데이터의 학습에는 엄청난 양의 연산이 필요하다. 따라서 효율적이고 강력한 하드웨어의 지원이 없다면 알고리즘은 작동하지 않을 것이다. 이렇듯 인공지능의 성장을 위해서는 다양한 요소의 발전과 지원이 필요하다.

PART 4에서는 인공지능의 성장을 견인하고 있는 하드웨어와 소프트웨어 인프라의 성장에 대해 추적해보고자 한다.

인공지능
밸류체인의 성장

딥러닝의 성장 배경

전문가들은 현재 인공지능의 혁명적인 발전이 '빅 데이터'와 '컴퓨팅 파워'의 비약적인 발전 덕분임을 인정한다.

딥러닝 기반의 '알렉사넷'이 이미지넷 대회에서 우승할 수 있었던 것도, 방대한 양의 표준화된 이미지 데이터베이스와 고속의 병렬연산에 최적화된 GPU를 도입했기 때문이었음은 주지하는 바다. 제프리 힌튼 교수는 '머신러닝의 성공은 데이터 양과 계산의 양에 달려 있었을 뿐'이라고 감회를 밝히기도 했다.

또한 《제2의 기계 시대》의 저자 앤드류 맥아피는 딥러닝의 부흥 이유를 'DANCE'로 요약하기도 한다. 즉 데이터와 알고리즘, 네트워크, 클라우드, 그리고 기하급수적Exponential 하드웨어의 성장이다. **결국 딥**

러닝 기반 인공지능의 발전은 빅 데이터와 강력한 컴퓨팅 인프라로 만들어진 무대 위에서 벌어지는 '알고리즘의 향연'인 셈이다.

현재는 데이터의 시대다. 모바일과 웹, 다양한 OTT 서비스, 이메일과 각종 SNS 등의 폭발적 성장으로 인해 해마다 생성되는 데이터의 양이 기하급수적으로 늘어나고 있다.

미국의 마켓리서치 기업인 IDC는 2025년까지 160제타바이트 이상의 데이터가 생성될 것으로 예상하고 있다. 제타바이트는 10의 21승에 해당되는 양으로, 이를 모두 저장하기 위해서는 테라바이트급의 하드 디스크 1조 개가 필요하다. 유용하다고 판단되는 5% 정도의 데이터만 저장한다 해도, 엄청난 양의 저장 능력이 필요해지는 것이다.

빅 데이터는 딥러닝 기반 인공지능의 성장을 위한 중요한 연료가 된다. 빅 데이터를 학습하고, 신속하게 처리하기 위한 컴퓨팅 인프라는 인공지능을 구동시키는 필수 환경이다. 딥러닝 시대를 열었던 GPU를 비롯하여, 전용 반도체 칩과 클라우드 컴퓨팅, 슈퍼컴퓨터에 이르기까지 인공지능을 위한 하드웨어 인프라 기술의 발전은 가파르다.

인공지능 성장의 원동력은 단지 하드웨어 인프라뿐만이 아니다. 소프트웨어 인프라 기술의 성장은 인공지능의 저변 확대를 이룬 일등공신이기도 하다. 구글, 아마존, 마이크로소프트 등 거대 빅테크 기업이 중심이 되어 제공하고 있는 인공지능 플랫폼은 인공지능 전문가에서 무경험자에 이르기까지 접근이 용이하도록 진입 장벽을 크게 낮춰주었다.

이와 같이 데이터와 알고리즘, 하드웨어 인프라, 소프트웨어 플랫폼 등은 인공지능의 전체 밸류체인을 형성하는 핵심적 요소들이라고 볼 수 있다. 인공지능 핵심 알고리즘의 성장에 대해서는 앞에서 이미 살펴보았다.

이 PART에서는 인공지능 밸류체인의 핵심 요소인 하드웨어와 소프트웨어 인프라의 치열한 경쟁 현장을 살펴보기로 한다.

인공지능 반도체의 성장

중국 정부는 오래 전부터 '반도체 굴기'를 모토로 반도체 자력화에 역량을 집중하고 있다. 이유는 간단하다. 반도체가 전 산업 밸류체인의 핵심이라는 사실이 점차 명확해지고 있기 때문이다. 이제 반도체 경쟁의 무대는 인공지능 반도체로 점차 옮겨가고 있는 듯하다.

달라진 것은 전통적인 반도체 기업들만의 경쟁이 아니라는 점이다. 기업들은 자동차, 소프트웨어, 전자상거래 등 업종을 불문하고 자력으로 인공지능 전용 반도체를 확보하기 위해 경쟁하고 있다. 인공지능 기술의 수직계열화를 통해 생태계를 장악하기 위한 목적이 클 것이다.

GPU, 인공지능 시대를 열다

그래픽 처리 장치인 GPU는 현재의 인공지능 전성시대를 낳은 일등공신이다. 통상 수천 개의 코어를 보유하고 있는 GPU는 수많은 반복적인 연산을 동시에 처리할 수 있는 강력한 병렬 처리 구조를 가지고 있다. GPU가 게임 분야의 그래픽 처리에서 주로 활약을 해온 이유다.

딥러닝도 인공지능 학습을 위해 유사한 고속 병렬 처리 구조가 요구된다. 딥러닝 알고리즘은 사실 데이터와 파라미터 간 벡터와 행렬 연산의 반복이다. 데이터 양과 파라미터 수의 방대함을 고려하면, 직렬 처리에 최적화된 일반 CPU로는 감당하기 힘든 수준이 된다. 이는 딥러닝의 출현이 늦어졌던 이유이기도 하다.

GPU는 2012년 이미지넷 대회를 통해 처음으로 인공지능 분야에 등장했다. 캐나다 토론토 대학의 힌튼 교수팀이 딥러닝 알고리즘 학습에 엔비디아의 GPU를 처음 도입한 뒤 2위와 무려 10% 이상의 엄청난 성능 격차를 벌리면서 우승을 차지했다. 딥러닝 시대는 이처럼 GPU와 함께 시작되었다. 엔비디아는 미국 캘리포니아 주 산타클라라에 본사가 있는 세계 최대의 GPU 제조사다.

GPU의 이점은 크다. **일반적으로 딥러닝을 이용해서 학습하려면 수많은 서버로 연결된 인프라를 구축해야 하고, 여기에는 수만 개 수준의 CPU 코어가 들어가는 경우가 흔하다. 하지만 GPU 몇 개를 사용하면 동일한 수준의 성능을 낼 수 있는 환경을 구축할 수 있다.**

예를 들어 구글브레인의 앤드류 응 교수가 2012년 진행했던 비지도

학습 연구에서는 병렬로 연결된 1,000개의 서버, 즉 1만 6,000개의 CPU 코어가 사용되었다고 한다. 이는 단 3개의 GPU로 구축이 가능한 환경이다. 더구나 구축과 전력 소모는 1% 남짓이면 족한 수준이다.

GPU 시장에도 '무어의 법칙Moore's law'이 통용되고 있다. 무어의 법칙은 반도체 집적회로의 성능이 18~24개월마다 두 배씩 증가한다는 경험적 법칙이다. 1965년에 인텔의 공동 설립자인 고든 무어가 언급한 이후 반도체 분야에서는 이미 정설로 굳어져 있다.

칩의 집적도만 달라지는 것이 아니다. GPU의 연산 속도는 혁신적인 시스템 아키텍처의 발전에 힘입어 더욱 가속화되고 있다. 전문가들에 따르면 딥러닝에 사용되는 연산 속도는 3개월마다 두 배로 빨라지고 있다고 한다.

일례로 2020년 출시된 엔비디아 A100의 경우 기존 세대보다 최대 20배 높은 엑사급의 성능을 달성했다. 딥러닝에 특화된 '텐서Tensor' 코어를 개발 탑재하면서부터다. 1990년대부터 GPU 시장을 견인해온 엔비디아는 인공지능을 통해 획기적인 전환기를 맞이하면서 자율주행, 엣지컴퓨터 등으로 비즈니스 영역을 확장하고 있다. 인텔, AMD, 퀄컴 등 미국 반도체 기업들의 가세로 GPU 시장의 경쟁은 점차 가열되고 있다.

인공지능 전용 반도체 개발 경쟁, 더 스마트하고 빠르게

GPU는 사실 인공지능 알고리즘의 효율적인 처리에 최적화된 구조는 아니다. 다양한 용도로 사용할 수 있도록 최대한 일반화된 구조를 지향했기 때문이다. 따라서 인공지능에 최적화된 구조를 통해 성능을 개선하고, 전력 소모도 더 줄일 수 있는 여지가 많았다.

구글은 '구글 I/O 2016'을 통해 자사가 개발한 TPU의 첫 번째 버전을 공개했다. 구글의 인공지능 학습 라이브러리인 '텐서플로Tensorflow'에 최적화된 반도체로 기존 GPU가 갖는 구조적 한계를 극복했다. 구글은 당시의 최신 CPU나 GPU보다 수십 배의 고성능을 달성하면서도 전력 소모는 수십 배 줄이는 획기적인 결과를 얻었다고 발표했다. 이후 2년 동안 2세대와 3세대 TPU를 거쳐 2021년에는 4세대 TPU까지 공개했다. 특히 최대 180테라플롭스의 성능을 발휘하는 것으로 알려진 2세대 TPU는 알파고 제로에 적용되면서 유명세를 타기도 했다. 알파고 제로는 GPU 기반의 알파고에 비해 10%의 전력만으로 충분히 작동했다고 한다. 구글은 클라우드 플랫폼을 통해 TPU를 이용할 수 있도록 하고 있다.

인공지능 전용 칩을 개발하는 것은 구글만이 아니다. 애플, 마이크로소프트, 메타 등 글로벌 빅테크 기업들은 물론이고 자동차 회사인 테슬라와 전자상거래 업체인 아마존까지 경쟁에 뛰어들었다.

그중에서도 미국의 전기자동차 회사인 테슬라의 움직임은 파격적이다. 테슬라는 두 개의 자율주행 전용 칩이 내장된 '오토파일럿 하드웨어 3.0'을 2019년에 공개하고, 테슬라 자동차 전 모델에 탑재하기 시작했다. 이전에 사용하던 엔비디아 GPU를 테슬라가 자체적으로 제작한 자율주행 전용 칩으로 대체한 것이다. 테슬라는 자율주행의 특성상 영상 프레임 처리 속도를 더 개선할 수 있는 칩에 대한 니즈가 강했다고 한다. 자체 제작한 인공지능 칩 덕분에 제조 비용 감소와 자율주행 소프트웨어 최적화가 매우 용이해졌다. 또한 테슬라는 2021년 8월에 열린 '테슬라 AI Day'에서 새로운 인공지능 칩 'D1'을 발표했다. D1은 362테라플롭스의 연산 능력을 가진 인공지능 전용 칩으로 테슬라가 자체적으로 개발한 것이다. D1은 테슬라가 개발 중인 인공지능용 슈퍼컴퓨터인 '도조Dojo'에 탑재되어 자율주행 학습에 사용될 예정이다.

중국의 추격도 만만치 않다. '중국의 구글'이라 불리는 인터넷 기업 바이두는 2018년에 독자 개발한 인공지능 전용 반도체 '쿤룬KUNLUN'을 공개하고, 2021년 8월에는 훨씬 성능이 개선된 2세대 칩 '쿤룬2'를 대량 생산하기 시작했다. 최대 128테라플롭스의 연산 능력을 가진 쿤룬2는 영상 및 음성 인식과 자연어 처리 등에 최적화되었으며, 바이두가 집중적으로 육성하고 있는 자율주행 사업에 주로 활용되고 있다.

중국의 전자상거래 업체인 알리바바도 이 경쟁에 뛰어들어 2018년 자체적으로 개발한 인공지능 전용 칩 '한광800'을 발표했다. 알리바바는 이 칩의 도입으로 이미지 자동 인식을 통한 상품 검색 속도가 획기적으로 개선될 것으로 기대하고 있다.

애플, 삼성, 화웨이 등의 글로벌 스마트폰 기업들과 미국의 퀄컴, 대만의 미디어텍 등 모바일 칩 전문 기업들도 이 경쟁에 가세하고 있다.

이 기업들은 인공지능 전용의 'NPUNeural Processing Unit' 코어를 자체적으로 개발했고, 2019년부터는 자사의 애플리케이션 프로세서 AP 내에 탑재하고 있다. 모바일은 저전력을 추구하는 대표적인 디바이스다. 일반적으로 NPU는 전력 소모를 최소화하고 GPU 이상의 성능을 확보할 수 있도록 설계하는 것이 특징이다.

글로벌 거대 기업들이 업종을 가리지 않고 인공지능 전용 반도체를 자체적으로 개발, 확보하려는 이유는 무엇일까? 우선 반도체를 성공적으로 내재화할 경우 이점이 크기 때문이다. 업종과 관계없이 인공지능이 비즈니스의 중심으로 들어오면서 전용 칩의 수요는 폭증하고 있다. 자체 칩을 개발해 적용할 수 있다면 제품, 서비스의 개발 비용과 판매 비용을 획기적으로 낮출 수 있을 것이다. 또한 자사 칩은 특정 요구 사항에 맞춰 만들어진 맞춤형 반도체이므로 소프트웨어 통합과 최적화에 매우 유리하고 전력 소모도 적다. 이는 곧 제품 및 서비스의 품질과 성능 향상으로 이어질 것이다. 보다 궁극적인 이유는 플랫폼 장악력 확대에 있다고 볼 수 있다. 플랫폼의 압도적인 성능을 통해 경쟁 기업과의 차별화를 극대화한다면 하드웨어, 소프트웨어를 포함한 생태계에 대한 통제력을 더욱 강화시킬 수 있을 것이다.

클라우드와 엣지, 인공지능 확장을 위한 엔진

미국 표준기술국NIST, National Institute of Standards and Technology의 정의에 따르면, '클라우드 컴퓨팅Cloud Computing'이란 '공유 가능한 네트워크와 서버, 스토리지, 애플리케이션 등을 제공하여 언제 어디서나 쉽고 편리하게 사용할 수 있는 컴퓨팅 환경을 제공하는 것'이다. 사용자 입장에서는 고사양의 컴퓨팅 자원이나 특정 서비스를 위한 애플리케이션을 가지고 있을 필요가 없다. 또한 컴퓨팅 자원을 관리하기 위한 별도의 인프라나 비용, 전력 소모에 대한 부담을 가질 필요도 사라진다.

최근 15년 동안 IT 산업의 근간이 되어온 클라우드는 현재 전 산업 분야에서 역동적으로 추진되고 있는 '디지털 전환DT, DX, Digital Transformation'의 백본backbone이 되는 인프라 기술이기도 하다.

클라우드 컴퓨팅

인공지능 시대에 들어오면서 대량의 데이터를 수집, 저장하고 학습하고 운용할 수 있는 고성능, 고효율의 하드웨어 인프라를 갖춘 클라우드 컴퓨팅이 더욱 빛을 발하고 있다. 클라우드 컴퓨팅은 인공지능 서비스를 운영하기 위한 소프트웨어 플랫폼과 라이브러리, 각종 애플리케이션도 운영하고 있다.

또한 별도로 인공지능 학습을 위한 값비싼 환경을 구축하고, 독자적으로 알고리즘과 소프트웨어 개발을 추진해야 하는 리스크를 획기적으로 줄일 수 있다. 클라우드 컴퓨팅은 인공지능의 발전에 가장 중추적인 역할을 담당하는 인프라스트럭처경제활동의 기초를 형성하는 사회적 생산 기반라 할 수 있다.

'클라우드 컴퓨팅'은 통상 지원되는 자원에 따라 'IaaS Infrastructure as a Service**', 'PaaS**Platform as a Service**'와 'SaaS**Software as a Service**'로 분류된다.**

IaaS는 서버, 스토리지 등 가상화된 하드웨어 인프라를 지원한다. 필요에 따라 인프라의 추가, 삭제도 가능하다. 인공지능 구현을 위해 TPU 등 특정 하드웨어의 선택이 가능해지는 것이다.

PaaS는 하드웨어 플랫폼뿐만 아니라 OS, 미들웨어 등 소프트웨어 플랫폼도 제공한다. 사용자는 제공된 플랫폼 위에서 애플리케이션만 구축, 실행하고 관리하는 데에만 집중할 수 있다. 뒤에서 설명할 인공지능 플랫폼 서비스 대부분이 PaaS에 해당한다고 볼 수 있다.

'SaaS'는 PaaS에 더해 애플리케이션과 그에 필요한 데이터까지 일괄 지원하는 경우다. 잘 알려진 Salesforce.com이나 구글 Docs, Dropbox처럼 웹브라우저를 통해 직접 애플리케이션에 액세스하는 것이 가능하다. 인공지능 플랫폼 서비스 중에서 이미 준비된 모델을 기반으로 서비스를 런칭할 경우 SaaS에 해당한다고 볼 수 있다.

현재 클라우드 전체 서비스 시장은 SaaS, Iaas 그리고 PaaS 순으로 전개되고 있다. 하지만 인공지능은 기술의 성숙도와 확산 정도에 따라 당분간 IaaS 혹은 PaaS가 주도하고, 향후 SaaS가 주도할 공산이 클 것으로 예상된다.

2000년대 들어서면서 본격적으로 논의되던 클라우드 컴퓨팅은 아마존에 의해 최초로 상업화에 성공했다. 사실 아마존이 2006년에 내놓은 'AWS Amazon Web Service'는 뚜렷한 목표를 세우고 만들어낸 결과물은 아니었다고 한다. AWS는 전자상거래 비즈니스의 가파른 성장에 따라 반복적으로 발생되는 내부 시스템 통합 문제를 해결하는 과정에서 각종 모듈을 통합하고 표준화를 진행하면서 일반화가 이루어진 솔루션이다. 현재 AWS는 클라우드 컴퓨팅 인프라와 데이터베이스, 보안, 애플리케이션 등 백여 개가 넘는 클라우드 서비스를 지원할 정도로 규모가 커졌다.

현재 글로벌 클라우드 시장은 아마존과 마이크로소프트, 구글 등 이른바 '빅3'를 중심으로 지속 성장하고 있다. 먼저 상용 서비스를 개시했던 아마존의 AWS는 클라우드 시장 점유율 33%로 압도적인 1위를 유지하면서 아마존 총 영업 이익의 70% 이상을 견인하는 대표적인 사업이 되었다. 매출 비중은 아마존 전체의 13% 남짓에 불과하지만 말이다.

마이크로소프트의 '애저'와 구글의 '구글 클라우드' 역시 매년 혁신적인 성과를 달성하면서 각사의 핵심 비즈니스가 되고 있다. 이들은 현재 각각 20%, 10% 정도의 세계 시장 점유율로 2, 3위를 차지하고 있다. 마이크로소프트가 '클라우드 퍼스트'라는 경영 전략 혁신을 통해 재도약하게 된 것은 유명한 사례다.

빅3의 클라우드 비즈니스는 전년 대비 최소 30% 이상의 성장률을 보일 정도로 폭발적으로 성장하고 있다. 또한 최고 품질의 인공지능 플랫폼과 라이브러리, 서비스를 운용하고 있는 핵심 거점이기도 하다. 최근에는 오라클과 IBM 같은 거대 기업들도 투자를 크게 늘리면서, 클라우드 비즈니스 경쟁에 가세하고 있다.

엣지 컴퓨팅

클라우드 컴퓨팅은 모든 데이터를 중앙의 클라우드 서버로 보내 처리하는 '중앙집권적' 방식이다.

따라서 네트워크에서 발생하는 전송 지연이나 전송 트래픽 과부하 또는 네트워크 문제 등에 따른 서비스 불안정성 같은 이슈가 발생할 수 있다. 이런 문제는 제품이나 서비스의 목적에 따라 매우 심각한 제한 요소가 될 수 있다.

엣지 컴퓨팅 Edge Computing**은 데이터 생성지에서 물리적으로 가까운**

위치에 기기를 두고 로컬에서 데이터를 처리하게 하는 '지방분권' 방식이다. 전송 지연과 트래픽을 최소화함으로써 사용자가 더욱 신속하고 안정적인 서비스를 제공받을 수 있게 한다.

엣지 컴퓨팅은 데이터를 실시간으로 처리해야 하는 상황에서 유용한 방식이다.

스마트 제조 공장의 경우가 대표적이다. 모든 데이터를 원격 클라우드로 전송하고 처리하는 것은 비용도 많이 들 뿐만 아니라 비효율적이고 안정적이지도 않다. 작은 변화에 대응이 늦어져 생산 효율을 떨어뜨리는 상황이 얼마든지 발생할 수 있다. 응답 시간에 민감한 데이터는 로컬에서 신속하게 처리할 수 있는, 안전하고 효율적인 서비스를 지원하는 것이 더 좋다.

특히 네트워크나 클라우드 서버에서 발생할 수 있는 예기치 못한 리스크도 로컬로 분산시키는 효과를 얻을 수 있다.

약 20ms 정도의 지연 시간만 허용하는 자율주행의 경우도 마찬가지다. 다양한 센서를 통해 실시간으로 들어오는 방대한 양의 주행 데이터를, 원격 클라우드에 전송하고 응답을 기다리는 것은 비현실적이다. 특히 네트워크나 클라우드 서버에 문제가 생기는 경우는 치명적인 사고로 이어질 수 있다. 갑자기 정지하거나 차선을 바꿔줘야 하는 등 주행 중에 발생할 수 있는 돌발 상황은 부지기수다. 각 자동차엣지에 강력한 로컬 프로세서를 두고 데이터를 직접 처리해야 민감한 상황이 발생하더라도 적절하게 대처할 수 있다.

엣지는 우수한 실시간성에도 불구하고 클라우드 수준의 컴퓨팅 파워를 지원해주지는 못한다. 또한 여러 지역에 분산 설치되었기 때문에 이들을 통합, 제어하는 또 다른 메커니즘을 필요로 한다. 따라서 엣지 컴퓨팅은 클라우드와 경쟁관계가 아닌 상호 보완재로 사용할 때 더 효율적인 서비스가 가능하다고 할 수 있다.

로컬의 엣지와 중앙에 있는 클라우드의 역할을 적절히 분담하고 리스크를 분산한다면 신속성, 안정성, 경제성, 보안 등 여러 측면에서 이점이 많아진다.

자율주행의 경우가 대표적이다. 우선 클라우드의 대규모 컴퓨팅 파워를 이용해서 인공지능 모델을 학습시킨다. 그다음 많은 자동차엣지에 무선 업그레이드를 시켜주고, 자동차는 로컬 컴퓨팅을 이용해서 실시간 주행 상황에 대응하게 하는 것이다.

엣지 컴퓨팅 분야에서도 클라우드 컴퓨팅의 빅3인 아마존, 마이크로소프트, 구글 등 여러 기업들의 경쟁이 치열해지고 있다. 아마존은 2019년 5G 기반의 엣지 컴퓨팅 서비스인 'AWS 웨이브렝스Wavelength'를 발표하고 미국의 통신사 버라이존과 함께 서비스를 개시했다. 통신사의 5G 네트워크 엣지에 AWS 서비스를 탑재한 인프라를 설치해서 로컬에서도 AWS 기반의 저지연 애플리케이션을 배포할 수 있게 했다.

마이크로소프트는 클라우드 애저의 기능을 IoT 엣지 기기로 확장해준다. 즉 '애저 IoT Edge' 서비스를 통해 클라우드에서 개발한 인공지능 서비스 등을 로컬 사물인터넷 기기에서 사용할 수 있게 했다.

구글의 전략도 마이크로소프트와 유사하다. 'Cloud IoT Edge'라는 소프트웨어 스택을 통해 엣지의 사물인터넷 디바이스에서도 구글 클라우드의 머신러닝 기능을 사용할 수 있게 했다. 또한 엣지의 효율적인 머신러닝 기능 수행을 위해 TPU의 미니 버전인 '엣지 TPU'를 2018년에 상용화했다.

이외에도 IBM, 시스코, HPE, 인텔, 엔비디아 등 여러 기업들이 솔루션을 개발 중이거나 이미 시장에 진출해 있다.

고성능 컴퓨팅 인프라의 부활

슈퍼컴퓨터의 부활

HPC_{High Performance Computing}는 많은 병렬 하드웨어와 노드 간 초고속 접속 능력을 바탕으로 초고속, 대용량 연산을 가능케 해주는 고성능 컴퓨팅 방식이다. HPC는 방대한 데이터를 처리하고 복잡한 연산을 해야 하는 분야에 적합한 컴퓨팅 인프라다. 따라서 기상 예측이나 신약 개발을 위한 시뮬레이션, 모델링, 분석 등 첨단 과학계의 거대한 문제들을 푸는 데 주로 사용되어 왔다.

HPC 분야를 대표하는 것이 바로 슈퍼컴퓨터다. 슈퍼컴퓨터의 성능에 대한 객관적 지표는 'LINPACK' 벤치마크 결과다. LINPACK은

1993년부터 1년에 두 번씩 '톱 500' 리스트를 발표하고 있다. 현재 대부분의 '톱 500' 슈퍼컴퓨터들은 페타플롭스급의 성능을 보유하고 있다. 페타플롭스는 1초에 1,000조 번의 부동소수점 연산이 가능하다는 것을 의미한다.

2021년 11월 현재 최고 성능의 슈퍼컴퓨터는 일본 후지쯔가 개발한 '후가쿠Fugaku'로 442페타플롭스의 연산 성능을 보여준다. 우리가 사용하는 일반 PC의 약 100만 배 정도 되는 연산 속도다.

슈퍼컴퓨터는 각종 플랫폼과 라이브러리, 편리한 소프트웨어로 무장한 클라우드 컴퓨팅 기술이 등장하면서 다소 소외된 측면이 있다. 하지만 최근에는 GPU나 TPU 등 인공지능 전용 프로세서를 탑재한 슈퍼컴퓨터들이 개발되면서 다시 부상하고 있는 추세다. **특히 딥러닝을 기반으로 하는 초거대 인공지능의 발전이 가속화되면서 슈퍼컴퓨터의 개발과 도입이 점증하고 있다.** 딥러닝 기반 인공지능이 '규모의 경제'로 이동할수록 슈퍼컴퓨터의 필요성은 거의 절대적이라고 할 수 있을 정도로 커질 것이다.

'오픈AI'는 마이크로소프트의 지원으로 2019년 슈퍼컴퓨터를 도입한 후 'GPT-3'를 개발할 수 있었다. 구글은 TPU 기반의 슈퍼컴퓨터를 운용 중으로 연산 속도가 1엑사플롭스에 달한다고 알려져 있다. 엑사폴롭스는 페타플롭스의 1,000배에 해당되는 수치다. 페이스북은 2022년 연말까지 엔비디아 GPU 기반의 슈퍼컴퓨터를 개발해 자연어 처리 등의 분야에 투입할 예정이다. 목표 성능은 5엑사플롭스에 달한다.

테슬라는 자율주행을 위한 슈퍼컴퓨터 '도조'를 자체 개발 중이다.

362테라플롭스의 성능을 가진 자사의 인공지능 반도체 D1을 3,000개 사용해서 1엑사플롭스 이상의 성능을 확보할 예정이다. 네이버는 자사의 초거대 인공지능 '하이퍼클로바'를 개발하기 위해 엔비디아의 슈퍼컴퓨터 '슈퍼포드Superpod'를 도입했다고 알려져 있다.

클라우드 기반 슈퍼컴퓨터

최근에는 마이크로소프트와 엔비디아를 중심으로 '클라우드 기반의 슈퍼컴퓨터'가 도입되고 있다. 클라우드 컴퓨팅이 제공해주는 서비스의 안정성과 사용 편리성, 그리고 슈퍼컴퓨터가 보유한 고성능의 연산 능력을 결합한 하이브리드 방식으로 인공지능에 특화되어 있다.

'애저' 클라우드를 기반으로 구축된 마이크로소프트의 슈퍼컴퓨터인 '보이저-EUS2'는 2021년 11월의 '톱 500' 리스트에서 10위에 오르는 기염을 토하기도 했다. 엔비디아의 GPU A100을 활용해서 구축된 이 슈퍼컴퓨터는 30.05페타플롭스의 성능을 기록했다. 엔비디아도 마이크로소프트와 개념적으로 유사한 '클라우드 네이티브 슈퍼컴퓨터' 기술을 개발하며 시장을 확장 중이다.

슈퍼컴퓨터는 가열되고 있는 초거대 인공지능 경쟁을 위한 필수적인 하드웨어 인프라일 것이다. 구축과 운용에 1,000억 원 이상이 소요되는 이 규모의 경쟁 앞에서 한국은 거의 소외되어 있는 형편이다.

앞에서 살펴보았듯이 미국은 거대 기업들을 중심으로 저만치 앞서

가고 있고, 중국도 LINPACK의 톱 500 리스트에서 220개 이상을 차지할 정도로 강력한 역량을 보유하고 있다. 일본은 후지쯔의 '후가쿠'가 3년 연속 1위를 차지할 정도로 기술력을 인정받고 있는 현실이다.

인공지능 반도체와 클라우드, 슈퍼컴퓨터 등 모든 인공지능 하드웨어 인프라 경쟁에서 우리나라는 경쟁국에 많이 뒤처져 있다는 사실이 명백해 보인다.

인공지능 플랫폼의 성장

인공지능 생태계의 확장

하드웨어를 직접 제조하지 않는 구글이 최대 스마트폰 제조업체인 애플과 함께 모바일 시대를 지배할 수 있었던 이유는 무엇일까? 그것은 바로 안드로이드와 iOS라는 강력한 모바일 플랫폼을 보유하고 있었기 때문이다. 플랫폼을 통해 해당 산업 생태계에 대한 압도적인 지배력을 바탕으로 플랫폼 제국으로 성장할 수 있었던 것이다. 인공지능 시대의 생태계는 과연 어떤가. 아직 명확하지는 않지만, 적어도 인터넷이나 모바일 정도의 생태계, 혹은 그 이상도 형성될 수 있지 않을까?

인공지능은 IT 분야에만 국한된 기술이 아니다. 제조업과 금융업,

물류, 농수산업 등 모든 산업 분야에서 디지털 전환의 근간으로 활용될 수 있는 기술이다. 이런 이유로 구글, 아마존, 마이크로소프트 등 글로벌 거대 기업들의 인공지능 플랫폼 확보 경쟁은 불가피한 측면이 있다.

인공지능 기술 고유의 강력한 '네트워크 효과'는 플랫폼 확보 경쟁의 또 다른 이유다. 네트워크 효과는 미국의 경제학자 하비 라이벤스타인에 의해 소개된 개념으로, 제품이나 서비스를 사용하는 사람들이 늘어날수록 그 가치가 더욱 높아진다는 주장이다.

인공지능은 데이터가 많을수록 플랫폼을 학습시키는 양이 늘어나기 때문에 서비스의 질적인 향상을 도모할 수 있는 기술이다. 서비스의 향상은 생태계 규모를 더욱 키우게 되고, 더 많은 양질의 데이터를 축적하고 다시 서비스를 더욱 향상시킨다. 이러한 네트워크 효과에 의한 선순환 구조는 경쟁자를 압도하는 생태계 무한 확장의 효과가 있다. 거대 기업들은 이미 자사의 클라우드 컴퓨팅 환경에 인공지능 관련 라이브러리와 소프트웨어 및 각종 서비스를 탑재하고 생태계를 확장하고 있다.

사용자 입장에서 독자적으로 인공지능 기술 기반의 제품과 서비스를 만드는 것은 쉬운 일이 아니다. 우선 인프라에 대한 투자 비용이 많이 든다. 이세돌과 대결했던 알파고를 만드는 데만 최소 30억 원 정도의 비용이 사용된 것으로 알려져 있다. 8개의 GPU가 장착된 서버 한 대 가격은 대략 5,000만 원 정도다.

개발에도 많은 시간과 비용이 소요된다. 인공지능 개발은 데이터를 수집하고, 라벨링 등의 전 처리를 해야 하는 고된 사전 작업이 필요할 뿐만 아니라, 알고리즘을 만들고 학습시키고 수정하는 작업의 반복이기 때문이다. 또한 인공지능 기술과 해당 도메인에 대한 고도의 지식이 요구되는 매우 전문적인 일이다. 이런 이유들로 인해 인공지능에 대한 진입 장벽은 타 도메인에 비해 매우 높은 편이다.

인공지능 플랫폼은 딥러닝 라이브러리의 집합체인 프레임워크와 각종 서비스 애플리케이션, 운용 소프트웨어들을 구동시키는 종합적인 환경을 제공한다. 즉 딥러닝 모델링에 필요한 알고리즘과 각종 시각화 도구들, 안정적인 서비스 운영을 위한 MLOps 등의 소프트웨어와 GPU, TPU 등의 개발 가속 환경도 총체적으로 제공한다.

따라서 투자비와 개발비, 개발 기간을 크게 줄이고 초보자나 전문 지식이 없는 사용자도 쉽게 접근할 수 있도록 진입 장벽을 크게 낮춰가는 중이다. 인공지능 플랫폼은 인공지능 기술의 저변을 전 산업으로 확대시키면서 지금의 폭발적 성장에 결정적 기여를 해왔다.

딥러닝 프레임워크의 경쟁

딥러닝 프레임워크는 딥러닝 라이브러리와 검증된 소프트웨어 모듈, 다양한 딥러닝 알고리즘을 묶어서 제공해주는 소프트웨어 패키지로 인공지능 플랫폼의 핵심을 형성한다. 이를 통해 사용자는 원초적이고 중복적인 작업에서 벗어나 모델 개발의 핵심 업무에만 집중할 수 있게 되어 서비스 런칭 속도와 완성도를 높일 수 있게 되었다.

사실 이들 대부분은 대학이나 기업의 내부 용도 혹은 오픈 소스 프로젝트 등 전문가들만을 위한 소규모 프로젝트로 시작되었다. 후에 구글, 마이크로소프트 등 거대 기업들이 참여하면서 비로소 대외적으로 지평을 확대할 수 있게 된 것이다. 딥러닝 프레임워크는 딥러닝 플랫폼 경쟁의 시작이다.

구글은 '텐서플로'를 오픈 소스로 공개하면서 이 경쟁에서 한 발 앞서갔다. 텐서플로는 구글의 엔지니어링 천재로 알려진 제프 딘의 리더십을 통해 약 4년의 개발 기간을 거쳐 2015년 완성된 머신러닝 프레임워크다. 딥러닝과 머신러닝의 다양한 기능 제공으로 사용자의 아이디어 검증부터 서비스를 런칭하는 단계까지 광범위한 이용이 가능하도록 했다. 텐서플로는 CPU나 GPU에서 동작되는 버전이 따로 존재한다.

또한 파이썬, C++, Go 등 다양한 언어가 지원되고 있다. 구글 내부적으로도 G메일 자동 응답, 스팸 필터링, 번역 등 구글의 거의 모든 제품과 서비스에 활용되고 있다. 텐서플로는 현재 세계적으로 가장 많이 사용되고 있는 딥러닝 프레임워크다. 전문가들은 최근 5년간 딥러닝의 수요를 폭발시킨 일등공신이 바로 텐서플로라고 얘기한다.

'파이토치PyTorch'는 페이스북이 2016년 9월에 공개한 딥러닝 특화 라이브러리다. 텐서플로와는 달리 파이썬 언어 중심으로 설계되었고, API 사용 편의성과 접근성이 많이 강화되었다는 특징을 보여준다. 또한 데이터에 따라 모델 변경이 가능해 다양한 입력 데이터에도 대응할 수 있도록 했다. 특히 강화학습의 다양한 기술을 적용하기 편하게 만들어져 있다.

학계에서는 이미 2017년부터 텐서플로보다 더 많이 언급될 정도로 인기가 높다고 한다. 페이스북이 관리하는 별도의 포럼이 존재할 정도로 현재 매우 활성화되어 있다.

'케라스Keras'는 딥러닝을 위한 파이썬용 오픈 소스 라이브러리로 오픈 소스 커뮤니티에서 프로젝트를 추진하면서 개발되었다. 케라스는 사실 딥러닝 모델을 직접 생성하거나 연산하는 것과는 무관하다. 대신 텐서플로 등의 라이브러리에 사용성과 접근성을 강화시켜 쉽게 애플리케이션을 개발하도록 도와주는 래퍼 역할을 해주는 라이브러리다.

사용자 친화성을 바탕으로 다른 라이브러리에서 직접 개발하는 것보다 더 쉽게 프로그래밍할 수 있게 한 것이다. 현재 케라스는 텐서플로뿐만 아니라 'MXNet', 'CNTK' 등 다양한 딥러닝 프레임워크를 지원하고 있다.

'카페Caffe'는 2013년 버클리 인공지능 연구소에서 개발한 딥러닝 오픈 소스 프레임워크로 컴퓨터 비전용 딥러닝에 특화되어 있다는 특징이 있다. 즉 알렉사넷이나 구글넷 등 대회를 통해 유명해진 비전 분야의 딥러닝 알고리즘을 다운받아서 검증해볼 수 있는 환경을 제공해준다.

반면 컴퓨터 비전 이외의 분야에는 다소 효용성이 떨어지는 단점도 있다. 카페의 개발자가 페이스북으로 옮기면서, 2017년에는 후속 버전인 '카페2'가 발표되기도 했다. 엔비디아를 비롯한 여러 회사와 협력한 결과물로 대용량 스케일의 상용 제품에 초점을 맞추고 있다. 카페2

는 2018년에 페이스북의 파이토치와 통합됐다.

'MXNet'은 아마존이 공식 지원하는 오픈 소스 딥러닝 프레임워크다. '아파치 소프트웨어 재단Apache Software Foundation'의 오픈 소스 프로젝트이며 미국의 워싱턴 대학과 카네기 멜론 대학을 중심으로 개발됐다. MXNet은 파이썬, C++, 스칼라, 자바스크립트, R 등 언어 지원 범위가 매우 넓다.

또한 멀티 GPU 환경의 모바일에서 서버에 이르기까지 다양한 디바이스를 지원하는 확장성과 대중성을 가졌다는 큰 특징이 있다. 머신러닝 API를 제공하고 있어 교육용이나 기업용으로도 매우 유용하다고 알려져 있다. 아마존은 자사의 인공지능 플랫폼인 'AWS 머신러닝'에 MXNet을 채택하고, 참여와 투자를 통해 커뮤니티도 적극 지원하고 있다.

CNTK는 마이크로소프트가 2015년에 공개한 딥러닝 프레임워크다. 마이크로소프트 리서치의 내부 프로젝트를 '깃허브'에 오픈 소스로 공개하면서 시작됐으며, 이듬해에 '인지 툴킷'이라는 현재의 이름으로 변경했다. 최근에 버전 2.7이 발표될 정도로 지원되는 기능과 성능 면에서 급속한 발전을 이루고 있다. CNTK는 단일 CPU 전용 모드에서 멀티 GPU 환경에 이르기까지 다양하게 지원하고 있어 확장성 면에서도 장점이 크다. 사용 가능한 언어와 모델, 알고리즘도 풍부하며, 최근에는 강화학습, 생성 모델, 비지도학습 등의 학습법은 물론 하이퍼 파라미터를 자동으로 튜닝해주는 기능도 추가했다.

'티아노Theano'는 가장 오래된 딥러닝 라이브러리 중 하나다. 캐나다 몬트리올 대학의 머신러닝 그룹을 중심으로 개발된 파이썬 기반 오픈소스로 딥러닝의 여러 기법 중 순환 신경망 구현에 상대적으로 용이한 것으로 알려져 있다. CPU와 GPU 버전 모두를 가지고 있지만 확장성은 다소 뒤처지며, 현재 다중 GPU 모드로 확장 중이다. 텐서플로처럼 딥러닝 모델을 직접 만들 수도 있고, 케라스와 같은 래퍼 라이브러리를 사용할 수 있도록 했다.

이외에도 다양한 딥러닝 프레임워크가 존재하고 있다. 각 딥러닝 프레임워크는 특화되어 있는 부분도 다르고 각기 다른 장단점도 모두 가지고 있어서 사용하는 목적과 사용자의 숙련도 등에 따라 그 선호도가 다를 수 있다. 결국 프레임워크의 성능과 사용 편의성, 확장성 등이 주요 차별화 포인트가 될 것이다.

따라서 플랫폼 기업들은 딥러닝 프레임워크의 차별적인 경쟁력을 확보하기 위해 투자를 강화하고, 플랫폼 생태계의 확장을 꾀하고 있다.

구글의 머신러닝 플랫폼

거대 빅테크 기업들은 각자 확보한 머신러닝 프레임워크를 중심으로 강력한 인공지능 플랫폼을 구축하고 있다. 인공지능 생태계의 확장과 지배력을 강화하기 위한 목적이다. 이는 기업들이 보유한 인공지능 비즈니스 전략의 핵심이기도 하다.

구글은 클라우드 기반의 '머신러닝 플랫폼'을 2016년 3월에 발표했다. 엔비디아의 GPU와 구글이 개발한 인공지능 전용 반도체 TPU 환경을 갖추고 텐서플로를 운영한다. 음성 인식과 비전, 자연어 처리 등의 분야에 대한 API를 제공하고 있어 다양한 머신러닝 모델을 구축하거나, 맞춤형 솔루션 구축이 가능하도록 했다. 구글은 딥러닝 플랫폼을 통해 '인공지능의 보편화'를 추구한다고 밝히고 있다.

'오토ML AutoML' 기술의 개발은 구글이 집중하고 있는 또 하나의 강력한 축이다. 이 기술은 인공지능에 대한 지식이 전혀 없는 사용자도 자신에게 맞는 맞춤형 모델을 만들어낼 수 있도록 개발의 일부 혹은 전 과정을 자동화하는 것이다. 즉 직접 코드를 작성하지 않아도 모델을 학습하고 생성하는 것이 가능해진다.

이 기술의 목표는 단순하다. 인공지능 전문가 없이도 인공지능 제품이나 서비스 제작이 가능한 시대를 만드는 것이다. 즉 인공지능을 엑셀, 워드 같은 일반적인 작업 도구처럼 사용할 수 있게 한다는 말이다. 예컨대 농업에 종사하는 사람이나 소매업자 또는 신문기자도 필요한 정보와 데이터만 주어지면 원하는 모델을 만들어낼 수 있도록 하는 것이다.

구글은 현재 '구글 클라우드'를 통해 비전과 자연어 처리, 번역 등의 분야를 중심으로 다양한 오토ML 서비스를 제공하고 있다. 전체적인 자동화가 가능해지는 것은 단지 시간의 문제인지도 모른다. 확실한 것은 오토ML 기술이 인공지능의 장벽을 완전히 없애면서 시장의 판도를 바꾸는 게임 체인저가 될 가능성이 높다는 점이다.

최근 구글은 오토ML과 머신러닝 플랫폼을 통합한 형태의 '버텍스

AI Vertex AI'를 공개했다. 인공지능 플랫폼을 MLaaS Machine Learning As A Service 형태로 진화시키고 있는 것이다. 구글에 따르면 버텍스AI는 인공지능 모델의 개발과 유지를 위한 코드의 양을 약 80%까지 감소시킬 수 있다고 한다.

아마존의 머신러닝 플랫폼

아마존의 인공지능은 AWS의 강력한 클라우드 역량을 기반으로 하고 있다. 모델의 구축부터 학습과 서비스 론칭까지 지원해주는 '세이지메이커 SageMaker'는 대표적인 머신러닝 서비스다. 클라우드에 구축된 머신러닝 플랫폼을 통해 컴퓨터 비전과 자연어 처리, 음성 인식 및 음성 합성 등의 분야에서 다양한 서비스를 제공하고 있다.

자연어 처리 분야에서는 대화식 인터페이스를 이용해 챗봇 제작이 가능하도록 만들어진 '렉스 Rex'와 텍스트 분석에 특화된 '컴프리핸드 Comprehend'가 대표적이다. 또한 음성 합성을 위한 '폴리 Polly'와 이미지 인식을 위한 '레코그니션 Recognition'도 각 분야를 대표하는 서비스다.

2014년에 오픈된 AWS의 '알렉사'는 가장 큰 생태계를 가진 음성 인식 플랫폼으로 성장했다. 알렉사는 맞춤형 음성 인식 기반 서비스를 개발할 수 있도록 'ASK Alexa Skills Kit'라는 API를 제공한다. '스킬'은 스마트폰의 앱과 비슷한 알렉사 기반의 음성 앱을 말한다.

또한 제조사의 하드웨어에 알렉사를 쉽게 탑재할 수 있도록 'AVS Amazon

Voice Service'라는 API도 제공하고 있다. 이를 통해 음성 비서 '에코Echo'와 같은 단말기를 용이하게 만들 수 있도록 했다. 자체적으로 음성 스킬을 구축할 수 있도록 하는 'A4BAlexa for Business' API를 제공하면서 B2B 시장으로 확장을 꾀하고 있기도 하다.

알렉사 생태계의 성장은 가히 폭발적이다. 현재 인공지능 플랫폼 중 가장 강력한 생태계를 보유하고 있다는 사실에 주목할 필요가 있다. 알렉사에는 2021년 기준으로 무려 13만 개 이상의 스킬이 등록되어 있다. 이는 2019년에 등록된 8만 개의 스킬과 비교하면 참으로 가파른 성장으로 보인다. 전 세계의 알렉사 개발자 수만도 90만 명에 달한다. 알렉사의 생태계에는 가전 기업, 자동차 기업 등 약 4,500개가 넘는 브랜드와 3만 개가량의 기기가 포함되어 있다.

아마존 인공지능 생태계의 성장은 AWS 클라우드 사업에도 많은 도움이 될 것이다. 클라우드 사업의 성장은 또한 인공지능 플랫폼의 질적 향상에도 도움을 주는 선순환 구조를 만들어갈 것이다. 아마존의 인공지능 전략을 엿볼 수 있게 하는 대목이다.

마이크로소프트의 '애저 AI'

마이크로스프트는 자사의 '애저' 클라우드를 통해 '애저 AI'라는 인공지능 플랫폼을 제공하고 있다. 애저 AI는 사용자의 숙련도나 지식 정도에 맞춰 접근 가능한 세 종류의 서비스를 체계적으로 제공하고 있다는 특징이 있다.

우선 전문가들을 위한 '애저 머신러닝' 서비스가 있다. 데이터의 준비에서 모델의 구축과 학습, 배포 및 관리에 이르는 머신러닝 프로젝트의 전체 수명을 관리해주는 '엔드-투-엔드' 서비스다. 주피터 노트북Jupyter Notebook과 MLOps 등의 도구가 제공되어 개발 속도와 프로젝트 관리의 편의성을 크게 향상시켰다.

파이토치나 텐서플로 등 다양한 딥러닝 프레임워크가 제공되어 모델 생성도 용이하다. 모델을 자동적으로 생성시켜주는 오토ML 기능도 지원되고 있다.

'애저 인지 서비스Cognitive Service'는 음성과 비전, 언어 및 의사 결정 서비스에 관련된 다양한 API와 오픈AI의 GPT-3도 제공하고 있다. 모든 레벨의 개발자를 대상으로 하는 서비스로 각 분야에서 획기적인 성능을 보인 학습 모델들을 사용하여 최고 성능의 서비스를 빠르고 편리하게 만들 수 있다는 장점이 있다.

또한 '애저 응용AI 서비스Applied AI Service'는 특정 비즈니스 시나리오를 위한 서비스로 비전문가도 접근 가능한 서비스다. 코딩 없이도 비즈니스 시나리오에 맞는 특정 모델을 애저 인지 서비스와 애저 머신러닝을 활용해 신속하게 만들어주는 일종의 턴키 서비스다.

IBM의 인지 컴퓨팅

IBM은 인공지능계의 산 증인이라고 할 수 있다. 인공지능의 인셉션이 되었던 컴퓨터의 상업화는 거의 IBM이 주도했다고 해도 과언이 아니다. 또한 미국 국방부와 함께 개발 초기부터 주도적으로 인공지능을 발전시킨 주역이며, 이른바 '인공지능의 겨울'을 거치는 기간에도 꾸준하게 명맥을 유지해왔다.

체스 세계 챔피언 게리 카스파로프를 이긴 딥블루와 퀴즈 게임 〈제퍼디!〉에서 인간 우승자들을 물리친 왓슨도 IBM의 작품이다. 이들은 역대 인공지능의 성과에서 항상 중요한 자리를 차지하곤 한다. 하지만 IBM은 딥러닝으로 촉발된 현재의 인공지능 발전의 역사에서 살짝 비켜나 있는 형국이다.

IBM은 인공지능 대신 '인지 컴퓨팅Cognitive Computing'이라는 용어를 사용한다. 영상이나 음성을 인식하는 '지각perception' 능력보다 사람처럼 말하고, 생각하고, 추론하는 '인지cognition' 능력에 더 무게 중심을 둔다는 의미일 것이다.

IBM이 추구하는 인지 컴퓨팅 기술은 전통적인 기호주의를 반영한 '전문가 시스템'을 기반으로 일부 딥러닝을 도입해 융합하는 방식으로 발전되었다.

IBM 인지 컴퓨팅의 핵심은 왓슨이다. 왓슨은 자사의 PaaS형 클라우드 플랫폼인 '블루믹스Bluemix'와 통합되어 자연어와 음성, 비전 분야 등에서 약 9종의 API를 제공해주고 있다. 여기에는 대화Conversation와 번역, 자연어 분류, 자연어 이해, 성격 분석, STT, TTS, 영상 인식 API 등이 포함된다.

지금까지 인공지능 플랫폼의 현주소를 추적해보았다. 인공지능 플랫폼은 현재의 인공지능 확산에 지대한 공헌을 했다. 플랫폼을 제공하는 기업들은 플랫폼 생태계를 강화함으로써 다가올 본격적인 인공지능 경쟁에서 우위를 차지하기 시작했다.

또한 자사의 핵심 비즈니스인 클라우드에 통합함으로써 인공지능의 차별적 경쟁력을 통한 핵심 비즈니스 강화라는 일석이조의 효과도 기대하고 있다. 인공지능 플랫폼의 경쟁은 앞으로 더욱 치열해질 것으로 예상된다.

“

인공지능 기술이 가져올

혁명적인 변화와

비즈니스의 미래에 대한

장밋빛 전망들이 줄을 잇는다.

기술과 시장 선점,

그리고 투자의 중요성에 대해서도

독려가 이어지고 있다.

이처럼 사회와 개인에게는

인공지능에 대한 하나의 커다란 컨센서스가

이미 형성되었다.

이제 인공지능은 선택이 아닌 ‘필연’이다.

”

PART 5

딥러닝 기술이 보여준 혁신적인 성과들과 하드웨어, 소프트웨어 인프라 등 인공지능 밸류체인의 성장은 많은 사업적 가능성을 내포하고 있다. 하지만 인공지능 비즈니스로 연결하는 것은 또 다른 허들을 넘어야 하는 어려운 일이다. 특정 분야에서 이뤄낸 기술적 성과가 곧 사업적 성공을 의미하지는 않기 때문이다.

사업은 규모의 경제를 이뤄낼 수 있는 시장을 필요로 한다. 알파고를 통해 기술적 충격을 안겨줬던 딥마인드는 2019년까지 10억 달러에 달하는 누적 적자를 발생시키며, 사업적으로는 사실상 표류하고 있다. 구글의 거대 자본이 뒷받침되지 않았다면, 딥마인드는 지속 가능성이 의심스런 비즈니스 모델이 되었을 것이다.

인공지능은 특정 상황이나 용도에 대해 최적화된 해법을 제시해주는 기술이다. 즉 하나의 기술, 하나의 알고리즘이 범용적으로 작동되는 경우는 거의 없다. 폐암 영상 분석에 발군인 알고리즘이라 해도 유방암 분석에서는 초보자가 되는 것이다. 단일 모델로 대규모 시장을 공략할 수 있는 스마트폰이나 냉장고와는 다르다. 이 같은 일반화 혹은 확장성의 결여는 곧 기술의 사업 성과와도 직결되는 문제다.

따라서 인공지능 비즈니스는 잘 학습된 단일 모델로 대량 공급을 통해 규모의 경제를 이룰 수 있는 시장을 찾는 것이 핵심이다. 무기와 군대는 잘 갖추었지만 목표가 명확하지 않다면 무슨 의미가 있을까?

최근 자율주행과 음성 비서, 로봇과 드론, 의료 분야를 중심으로 인공지능 비즈니스의 지평이 확대되면서 실질적인 수익 모델도 생겨나고 있다. PART 5에서는 이제 본격적으로 사업화되기 시작한 분야들을 추적해보기로 한다.

인공지능,
비즈니스를 열다

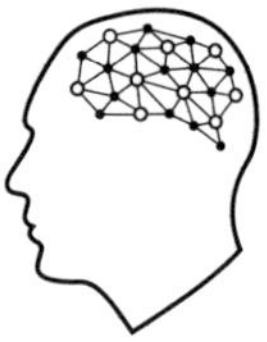

자율주행, 인공지능 비즈니스의 선두 주자

교통사고 사망자 수는 매년 심각한 수준으로 늘어나고 있다. WHO의 보고에 따르면, 미국에서는 2016년 한 해에만 4만 명의 사망자가 발생했다. 중국에서는 26만 명의 사망자가, 그리고 전 세계적으로는 125만 명이 넘는 희생자가 생겼다. 발생한 교통사고 수는 물론 이보다 훨씬 많다. 대부분 운전자의 부주의나 운전 미숙이 사고의 원인이었다.

따라서 부분적 혹은 전체적으로 운전자를 대체할 수 있는 자율주행 기술은 교통사고 수를 획기적으로 줄일 수 있는 대안이 될 수 있을 것이다. 인공지능이 적용될 가장 유망한 분야로 자율주행 자동차 분야가 손꼽혀온 이유다. 아직 완벽한 수준과는 거리가 있지만, 자율주행 기술은 서서히 시장으로 진입하고 있다.

자율주행 기술은 비즈니스 입장에서도 매력이 크다. 지금까지 드러난 다양한 인공지능 비즈니스 분야 중에서 자율주행이 가장 큰 시장을 형성할 것으로 보인다. 전 세계 도로 위의 모든 자동차가 운전자 없이 움직이는 모습을 상상해보라. 잘 학습된 단일한 인공지능 소프트웨어를 배포함으로써 전 세계 자동차는 동일한 수준의 자율주행을 경험할 수 있을 것이다. 따라서 자율주행 시장은 규모의 경제를 이룰 수 있는 탁월한 분야라고 할 수 있다.

맥킨지는 2040년경에 약 9,000억 달러 규모의 자율주행 시장이 형성될 것으로 예상하고 있다. 기술적 성숙도와 시장의 크기를 볼 때, 자율주행은 인공지능 비즈니스의 선두 주자다.

테슬라의 FSD, 자율주행 사업화의 시작

전기자동차 분야의 선두 주자 테슬라는 2021년 한 해 동안만 90만 대가 넘는 전기자동차를 판매했다. 전기자동차를 생산하기 시작한 2012년부터 누적으로 따지면 200만 대가 넘는 자동차를 공급한 것이다. 테슬라는 자사 전기자동차를 대상으로 자율주행 소프트웨어 패키지인 'FSDFull Self Driving' 베타 버전을 1만 2,000달러에 판매하고 있다.

또한 2021년 7월부터는 월 199달러의 구독 서비스도 출시했다. 테슬라가 판매하는 자동차 중 30%만 가입한다 해도 이는 엄청난 비즈니스 효과를 창출하게 될 것이다. 테슬라는 자율주행 소프트웨어의 대량 판매를 통해 일반 대중을 대상으로 하는 인공지능 비즈니스에서 가장 앞서가고 있다.

자율주행 기술은 전 세계에서 운행되고 있는 차량만이 그 대상은 아니다. 로봇과 드론, 농장과 광산의 트랙터, 항공기와 배에 이르는 모든 모빌리티의 운행을 지배하는 기술적 근본은 동일하다.

테슬라는 2021년 8월 '테슬라 AI Day' 행사를 통해 휴머노이드 로봇 사업의 추진을 밝힌 바 있다. 현재 확보된 자율주행 기술의 완성도에 섬세한 로봇 제어 기술을 추가해 새로운 사업으로의 확장을 노리는 것이다. **자율주행은 향후 자동차를 포함한 모빌리티 분야에서 필수적인 기능이 될 것이다.** 특히 전기자동차 시장에서 자율주행 기술은 스마트폰의 'iOS'나 '안드로이드'처럼 인공지능 플랫폼으로 군림하게 될 가능성이 높다. 테슬라가 추구하려고 하는 전략일 수도 있겠다.

자율주행의 발자취

실험실의 프로토타입 수준에서 실제 제품 출시까지는 대체적으로 약 30년이 걸린다고 한다. 자율주행 기술도 예외는 아니다. 최초의 자율주행 시도는 독일에서 이루어졌다. 1980년대 중반 독일의 컴퓨터 과학자 에른스트 디터딕맨스가 뮌헨 근교의 고속도로에서 차선 변경과 추월 등의 기능을 선보이며 10마일을 달렸다.

1986년에 '내브랩NavLab 1'이라는 자율주행 자동차를 선보였던 카네기 멜론 대학은 이후 10년에 걸친 각고의 노력 끝에 훨씬 진보된 '내브랩 5'를 내놓았다. 이 차는 실제로 차의 핸들과 페달에서 손발을 떼고 미 대륙을 횡단한 최초의 시도였다. 미국 동부의 피츠버그에서 서부 캘리포니아의 샌디에이고까지 약 4,500km를 달리는 데 성공했다.

그러나 본격적인 자율주행 자동차 개발 경쟁의 시작은 미국 국방부 방위고등연구계획국DARPA이 추진했던 '그랜드 챌린지Grand Challenge' 경주였다. 캘리포니아의 모하비 사막 240km를 완주하는 이 경주는 사실 미 국방부의 무인 군용차량 개발을 목적으로 시작했던 것이다. 2004년 3월에 열린 1차 대회의 결과는 참담했다. 기업과 대학의 100개 팀 중에서 12km를 제대로 달린 팀이 하나도 없었다. 자율주행 기술이 성숙해지기에는 아직 시간이 좀 더 필요해 보였다. 하지만 이듬해 10월에 열린 2차 대회에서는 5개 팀이 결승선을 통과하는 데 성공했다. 우승은 미국 스탠퍼드 대학과 폭스바겐 연합팀의 '스탠리'였다. 머신러닝으로 학습된 스탠리는 240km 사막을 완주하는 데 7시간이 채 걸리지 않았다.

2007년 말에는 그랜드 챌린지의 마지막 경기인 어번 챌린지Urban Challenge가 열렸다. 30대의 포드 토러스와 함께 도심 지역을 통과하는 이 경기에서 전체 35팀 중 6팀이 완주했고, 우승은 GM과 미국 카네기 멜론 대학이 공동으로 개발한 '보스BOSS'에게 돌아갔다. 자율주행 기술은 그랜드 챌린지가 시작된 지 2년 반 만에 걸음마 수준에서 도심 지역을 운전자 없이 통과할 수 있을 정도로 가파르게 성장했다.

자율주행 기술

자율주행은 '움직이는 차량의 주변 상황을 정확히 인지 분석해서 차량의 움직임을 결정하고 제어하는 일련의 과정을 차량 스스로 수행하는 기술'이다. 즉 차량이 보유한 각종 센서들을 이용해 데이터를 수집하고 이를 통해 차량의 위치나 장애물에 대한 정보를 실시간으로 파악한다.

차량은 예측과 판단을 통해 정지와 출발, 방향 전환 및 차선 변경, 가속과 감속 등의 제어 형태를 결정한 다음 엑셀과 브레이크, 스티어링 등을 실제적으로 제어한다. 인공지능은 이 모든 것을 가능케 해준 일등공신이다.

자율주행 기술에는 주변 상황을 감지하기 위한 다양한 센서가 총동원된다. 대표적으로 사람의 두 눈과 같은 역할을 해주는 고해상도 카메라와 이미지센서가 있다. 이는 실시간으로 시각 정보를 받아들여 이미지에 대한 구조와 깊이를 인식하게 해준다. GPS위성 위치 확인 시스템를 통해서는 현재 위치와 목적지를 지속적으로 비교할 수 있다.

레이더는 밀리미터파를 이용해 물체와의 거리를 측정한다. 레이저를 발사해 목표물까지의 거리를 측정하는 라이다도 사용된다. 라이다가 획득한 정보는 고해상도 지도를 만드는 데 사용되고 있다. 관성 측정 장비IMU, Inertial Measurement Unit는 자이로스코프를 사용하여 가속도와 회전율 등을 감지한다. 이외에도 주행을 지원하기 위한 다양한 센서들이 사용된다.

한 대의 차량이 하루 동안 자율주행 자동차에 탑재된 센서들을 통해 수집하는 정보의 양은 약 1TB 정도로 알려져 있다. 이런 대량의 실시간 데이터를 처리하기 위해서는 강력한 성능의 컴퓨팅 인프라가 필요하다. 또한 상황 분석과 실시간 제어를 위한 인공지능 기반의 소프트웨어 기술이 필수적이다.

자율주행 기술의 핵심은 상황을 인식하고, 제어 방식을 결정한 다음, 제어를 실행하는 세 단계로 볼 수 있다. 인공지능의 학습을 통한 최적화 덕분에 이 모든 것이 가능해졌다. 자율주행 자동차는 이런 능력을 기반으로 확률적으로 가장 높은 최적의 시나리오를 찾아서 목적지까지 무사히 운행할 수 있는 것이다.

자동차의 주행 데이터를 통해 학습하는 딥러닝 기술은 자율주행의 핵심이다. 학습한 데이터가 많을수록 자율주행의 성능은 좋아질 것이다. 데이터가 충분하다면 돌발 상황과 같은 다양한 비정상 시나리오도 학습할 수 있는 가능성이 커진다. 결국 자율주행 기술의 우위는 주행 데이터의 확보 경쟁에 달려 있다고 해도 과언이 아니다. 따라서 기업들은 실주행 데이터뿐만 아니라 시뮬레이터를 통해서 데이터를 획득하는 방법도 연구하고 있다. 구글 웨이모Waymo는 최근 시뮬레이터의 모의 차량으로 200억 마일 상당의 데이터를 수집한 것으로 알려져 있다.

인공지능의 학습은 클라우드에 있는 슈퍼컴퓨터를 통해 이루어진다. 하나의 표준적 인공지능 모델을 통해 세계 각지의 도로에서 동시다발적으로 발생하는 이상 상황을 통합해서 통일적으로 학습을 진행하고 알고리즘을 수정할 수 있다. 수정된 모델을 테슬라처럼 OTAOverthe-Air를 통해 차량으로 무선 전송함으로써 모든 차량에 대한 동시 업그레이드가 가능해지는 것이다.

자율주행의 기술적 레벨

자율주행은 단순한 소프트웨어가 아니다. 알고리즘을 탑재한 차량이 도로상에서 실제로 구동되기 때문에 불완전한 자율주행은 사람의 생명과 안전을 위협하는 심각한 문제가 될 수 있다. 국가별로 규제를 마련하고 있지만 가장 널리 통용되는 것은 자동차 국제표준기구인 미국자동차공학회SAE, Society of Automotive Engineers에서 제시한 자율주행 기준이다.

2014년 제정된 J3016 표준은 자율주행 기술이 전혀 없는 레벨 0에서 사람이 전혀 개입하지 않는 레벨 5까지의 6단계로 구분하고, 레벨별로 운전에 대한 책임 소재를 명확히 하고 있다.

레벨 0는 자동화가 전혀 없는 단계로 운전자가 주행의 모든 것을 통제하며, 충돌 경고 정도의 보조 기능만 갖춘 레벨이다. 레벨 1은 크루즈콘트롤이나 차선 유지 기능 등으로 운전자의 주행을 약간 보조해줄 수 있는 단계다. 레벨 2는 특정 조건 내에서는 운전자의 개입 없이도 차량의 조향이나 가감속이 가능한 부분적 자동화 단계다. 완만한 커브에서의 조향과 차 간 간격을 유지하는 보조 주행이 가능하다. 하지만 항시 운전자의 모니터링과 유사시 즉시 개입이 필요하다. 테슬라 자동차의 '오토파일럿'은 레벨 2에 해당한다. 레벨 2까지는 운행을 주도하는 것도 사고가 발생했을 때의 모든 책임도 운전자에게 있다. 반면 레벨 3부터는 시스템 주도의 주행이 이루어진다. 따라서 사고가 발생했을 때 모든 책임은 시스템 제공자에게 있다. 전문가들은 통상 레벨 3부터 자율주행 단계로 판단한다. 레벨 3는 고속도로와 같은 특정 구간에서 시스템이 주행을 담당하는 조건부 자동화 단계다. 주행 시 돌발 상황과 같은 위기 발생 시에만 운전자가 부분적으로 개입하고, 운전자가 항상 모니터링할 필요는 없다. 레벨 4는 대부분의 도로에서 자율주행이 가능한 높은 수준의 자동화 단계다. 악천후와 같은 특정 상황을 제외하면 사람의 개입이 불필요하다. 레벨 5는 운전자 없이 모든 도로, 모든 상황에서 자율주행으로만 운행이 되는 완전자율화 단계다.

이러한 사실을 볼 때, 레벨 3 이상을 달성한 자율주행 기술을 확보했다 해도 자동차 제조사가 선뜻 발표할 수는 없는 노릇이다. 사고 시의 책임 소재가 모두 자동차 제조사로 귀결되기 때문이다. 더군다나 운전자가 이런 법규를 악용하는 사례도 충분히 일어날 수 있다. 따라서 자율주행 사업이 본격적인 궤도에 오르기 위해서는 관련 법규와 사회적 인식 문제가 우선적으로 해결되지 않으면 안 될 것이다.

현재 테슬라, 구글을 비롯한 많은 기업들은 레벨 5의 자율주행 기술을 목표로 움직이고 있다. 테슬라의 CEO 일론 머스크는 2022년 연말까지 레벨 4를 완성할 수 있다는 비전을 밝히기도 했다.

구글, 자율주행의 시작

미국 스탠퍼드 대학과 공동으로 2009년부터 자율주행 기술을 연구한 구글은 이듬해 신생 미래 사업 발굴을 위한 연구소인 '구글X'를 통해 본격적인 개발에 뛰어들었다. DARPA 그랜드 챌린지 대회에서 우승했던 스탠퍼드 대학의 세바스천 스런 교수팀과 카네기 멜론 대학팀을 영입한 이후부터다.

구글은 이후 2016년까지 미국의 4개 주를 누비며, 총 240만Km의 누적 자율주행 기록을 달성했다. 2016년에 'X'로 명칭을 바꾼 구글X는 창립자인 세르게이 브린이 직접 영향력을 행사한다고 알려져 있다. X에서 추진하고 있던 자율주행 프로젝트는 2016년 말 '웨이모'라는 회사로 분사하게 된다.

인간의 운전 부주의는 불가피한 문제일까? 구글은 그렇게 생각한다. **구글의 목표는 2022년까지 인간의 개입을 완전히 배제한 레벨 5의 자율주행 기술을 확보하는 것이다.** 구글은 자율주행 플랫폼을 선점하기 위한 전략을 가지고 있다. 스마트폰을 직접 제조하지 않고도 안드로이드 플랫폼을 통해 스마트폰 생태계를 장악했던 사례와 유사한 전략이다. 미래 자동차 기술의 필수 요소인 자율주행 소프트웨어 플랫폼 선점을 통해 자동차 시장 생태계의 핵심을 장악하기 위한 전략으로 나아가고 있는 것이다.

구글 웨이모는 자율주행을 위해 카메라와 레이더, 라이다, GPS 등 거의 모든 종류의 센서를 탑재했다. 특히 수만 달러에 달하는 라이다는 웨이모 자율주행의 핵심 장비다. 64개의 빔 레이저로 구성된 '벨로다인Velodyne' 라이다를 통해 자율주행에 필요한 세부적인 3D 지도를 생성하고 있다.

웨이모는 2020년 기준으로 약 3,000만 마일의 실주행 데이터를 확보한 것으로 전해지고 있다. 또한 시뮬레이터를 통해서 200억 마일 분량을 추가로 확보했다. 이는 자동차를 직접 제조하지 않는 소프트웨어 기업의 한계일 것이다.

웨이모는 2017년부터 미국 애리조나 주의 피닉스에서 자율주행 택시 시범 운행을 시작했다. 이어 2020년에는 피닉스 교외 지역을 대상으로 운전자가 없는 완전 무인 자율주행 호출택시 서비스도 개시했다. 하지만 아직 상용화와는 거리가 멀다. 기술적 완성도의 문제가 여전히 발목을 잡고 있는 듯하다.

또한 상용화 지연에 따른 영업 적자가 증가하면서, 비즈니스도 어려움에 처해 있다. 2020년 기준 44억 달러가 넘는 영업 손실이 발생하면서 CEO가 교체되기도 했다. 자율주행 시장을 선점하려는 구글의 목표는 현재 위협받는 상황임이 분명하다.

테슬라, 자율주행의 압도적 강자

테슬라의 자유주행 기술 개발은 구글보다 시작은 늦었지만, 그 발전 속도는 매우 가파르다. 테슬라의 자율주행 기술과 시장을 바라보는 관점과 전략은 구글과 다르다. **구글이 처음부터 기술적으로 '완벽한' 자율주행을 목표로 하고 있는 반면 테슬라는 '점증적인' 발전 전략을 취하고 있다.**

상대적으로 낮은 수준의 자율주행 제품이라도 우선 출시하고, 지속적으로 완성도를 높여가는 방식이다. 이처럼 점증적인 시장 접근 전략은 테슬라가 자율주행 비즈니스를 선도하게 된 가장 큰 비결로 시사하는 바가 매우 크다고 볼 수 있다.

테슬라의 점증적인 발전 전략이 가능한 이유는 두 가지다. 우선 전기자동차를 직접 제조하는 역량이다. 구글처럼 자율주행 소프트웨어 개발 기업은 소프트웨어가 완벽해질 때까지 자동차 제조업체를 통한 점진적 상용화가 어렵다. 제조업체의 요구 수준과의 불일치는 곧 시장과의 불일치를 의미하기 때문이다. 또한 인공지능의 학습에 필요한 방대한 실주행 데이터 확보 역량은 자동차 제조사만이 가질 수 있는 강력한 매력이 될 수 있다.

두 번째는 테슬라의 '소프트웨어 디파인 카' 전략이다. 이른바 '네 바퀴 달린 스마트폰'의 개념이다. 스마트폰처럼 자율주행을 포함한 소프트웨어를 주기적으로 업데이트함으로써 자동차의 기능과 성능을 지속적으로 향상시킬 수 있다. 하드웨어의 구조도 단순화하고 표준화함으로써 소프트웨어의 업데이트와 유지 보수를 용이하게 했다.

테슬라의 자율주행 기술은 크게 두 가지로 구분된다. 자동운행인 '오토파일럿Autopilot'은 레벨 2 수준의 기본적인 주행 보조 기능으로 모든 차량에 기본적으로 탑재된다. 크루즈 컨트롤이나 운행 중 차선 유지 등의 기본적인 주행 보조 기능을 지원한다. 반면 FSD는 레벨 3 이상의 수준을 담당한다. 현재 레벨 3 수준인 FSD는 2022년 말까지 레벨 4 수준 달성을 목표로 하고 있다. 물론 궁극적인 목표는 완전 자율주행 단계인 레벨 5 달성이다. 테슬라는 점진적인 성능 업그레이드를 바탕으로 2023년부터 로보택시의 상용화도 목표로 하고 있다.

FSD는 딥러닝을 통해 모든 상황에 대한 인식과 운행을 결정하는 방식이다. 딥러닝의 성능은 확보된 데이터의 양에 좌우된다. 테슬라는 전 세계에서 운행 중인 80만 대의 테슬라 자동차를 이용해서 2020년 2월 기준 30억 마일이라는 엄청난 주행 데이터를 수집했다. 이 데이터를 통해 슈퍼컴퓨터에서 알고리즘이 학습되며 이를 바탕으로 주기적인 차량 소프트웨어 업데이트가 이뤄져 성능과 기능이 더욱 고도화되는 것이다.

동일한 기간, 구글 웨이모는 1,000여 대의 차량을 이용하여 3,000만 마일의 주행 데이터를 확보했다고 한다. 테슬라가 보유한 데이터의 1%에 불과한 수준이다.

테슬라 자율주행 기술은 오직 8대의 카메라에 의존하는 특징을 가지고 있다. 이전에는 레이더와 초음파 센서를 같이 사용했으나 2021년부터 이마저도 모두 제거했다. 인간이나 동물들이 사물과 상황을 파악할 때 눈만을 사용하듯이 카메라만으로 충분하다는 관점이다.

특히 테슬라는 타 기업들과 달리 라이다를 원천적으로 배제했다. 일론 머스크는 심지어 라이다를 자율주행 발전의 걸림돌로 지목하기도 했다. 라이다가 눈, 비 등의 환경 변화에 민감한 측면도 있지만, 너무

고가 장비라는 이유가 크다. 또한 테슬라는 차량의 운행에 필요한 고해상도 지도를 만들지 않는다. 정확히 지도화된 지역에서만 자율주행이 가능한 시스템은 수시로 변하는 현실 상황을 전혀 반영하지 못할 것이라는 믿음에서다.

테슬라 차량의 하드웨어는 자율주행과 차량 성능의 업데이트가 용이하도록 중앙 집중 방식의 통합 전자 제어 플랫폼 구조를 가지고 있다. 2019년부터 양산되기 시작한 하드웨어 3.0의 경우 초고성능 ECU 단 3개만을 탑재하고 있을 뿐이다. 내연기관을 사용하는 전통적인 자동차가 수십에서 수백 개의 ECU를 사용하는 것과 비교하면 획기적으로 줄인 것이다.

또한 센서와 카메라, 보드 등의 자율주행용 하드웨어를 표준화해서 전 모델에 탑재하고 있다. 이러한 이유 때문에 전체적으로 제어가 단순해지고, 소프트웨어의 업그레이드와 유지 보수도 용이해졌다. 무엇보다 특정 모델에서 만들어진 소프트웨어를 타 모델에도 쉽게 적용할 수 있었다. 원가를 낮추고 이익을 극대화할 수 있어 규모의 경제를 실현할 수 있는 구조가 된 것이다.

테슬라는 자율주행 기술을 실현하기 위한 모든 핵심 역량을 보유하고 있는 몇 안 되는 기업 중 하나다. 전기자동차를 대량 생산하고, 표준화된 하드웨어 플랫폼과 소프트웨어는 물론 자체 인공지능까지 보유하고 있다.

2021년 8월에 열린 '테슬라 AI 데이'를 통해 인공지능 훈련을 위한 고성능 칩 D1과 슈퍼컴퓨터 도조의 실현도 머지않았음을 공표했다.

D1은 360테라플롭스가 넘는 인공지능 전용 칩으로 카메라에서 수집된 영상을 인식하기 위한 모델을 학습시킨다. 테슬라는 자율주행의 모든 역량을 수직적으로 통합함으로써 생산성을 극대화하고 있다.

전문가들은 테슬라가 세계 최대 기업인 애플과 유사한 길로 가고 있다고 보고 있다. 애플 역시 스마트폰 설계부터 핵심 칩 개발, OS, 소프트웨어 같은 스마트폰 생태계의 모든 핵심 역량을 보유하고 있다. 이를 수직적으로 통합함으로써 원가 절감을 달성하고, 기업 이익을 극대화하며, 경쟁자가 함부로 넘기 힘든 진입 장벽을 쌓는 방식이다.

하지만 테슬라와 달리 애플은 스마트폰을 직접 생산하지는 않는다. 머스크가 언급했듯이 대량 생산은 완전히 다른 수준의 최적화와 자동화를 통해 생산원가를 절감할 수 있는 또 다른 영역이다. 향후 테슬라와 애플의 차이는 바로 이 지점에서 발생할 가능성이 크다.

엔비디아, GPU 기반의 사업 확장

엔비디아는 미국 캘리포니아 주 산타클라라에 본사가 있는 세계 최대의 GPU 제조사다. GPU는 CPU와 달리 병렬연산과 반복적인 연산에 특화된 구조로 이루어져 있어 대량의 그래픽 처리가 필요한 게이밍 분야에서 주도적인 활약을 펼쳤다. GPU는 2012년에 열렸던 이미지넷 대회를 통해 컴퓨터 비전 분야에서 새로운 가능성을 선보였으며, 토론토 대학의 힌튼 교수팀이 개발한 딥러닝 알고리즘 알렉스넷이 GPU를 최초로 사용해 우승했다. 엔비디아는 딥러닝 시대를 여는 데 결정적인 기여를 한 기업이다.

GPU가 딥러닝을 위한 기본 인프라로 자리잡으면서, 엔비디아는 단순한 반도체 업체에서 인공지능과 자율주행 등의 하드웨어, 소프트웨어 및 플랫폼을 아우르는 종합 컴퓨팅 기업으로 변모하고 있다. 특히 엔비디아는 2015년 국제가전박람회인 CES를 통해 자율주행 개발 플랫폼 '드라이브 PX'를 발표하면서 자율주행 기술에 대한 도전을 본격화하기 시작했다. 자율주행 시대의 도래와 시장의 가능성을 일찍부터 높게 보고 있었던 것이다.

이후 현재까지 다양한 하드웨어 플랫폼뿐만 아니라 OS, 소프트웨어 플랫폼, 애플리케이션, 개발 도구 등에 이르기까지 자율주행 관련 기술 전체를 망라하는 생태계를 착실히 구축하고 있다.

엔비디아의 솔루션들은 독일의 보쉬, 다임러, 도요타 등 전 세계의 약 370여 개의 자동차 부품 및 제조업체로 확산되고 있다. 2020년부터는 벤츠와 공동으로 자율주행을 위한 차량용 통합 전자 제어 플랫폼과 컴퓨팅 아키텍처 개발을 추진하고 있다. 그 양산품은 2024년부터 S클래스에서 A클래스까지 벤츠의 모든 차세대 모델에 탑재될 예정이다. 최근에는 현대자동차와도 협력을 공고히 하고 있는 추세다.

엔비디아와 자동차 업체들과의 협업은 아마도 테슬라의 자율주행에 맞설 강력한 대항마가 될 수 있을 것이다.

모빌아이, 자율주행의 작은 거인

'모빌아이Mobileye'는 1999년 이스라엘의 암논 샤슈아가 창업한 자율주행 전문 기업으로 2017년에 인텔에 인수되었다. 당시 인수 금액은 무려 153억 달러였다. 모빌아이는 자율주행 레벨 2 시장에서 하드웨어와 소프트웨어, 인공지능 알고리즘을 통합적으로 지원하고 있는 압도적인 강자다. 모빌아이의 솔루션은 BMW를 비롯해 아우디, 폭스바겐 등 여러 글로벌 기업에 적용되고 있으며, 2021년 7월 기준 약 80%에 달하는 시장 장악력을 보여주고 있다. 테슬라의 오토파일럿 같은 부분적인 자율주행 기능과 고속도로에서의 자율주행을 지원하고 있다.

모빌아이의 자율주행은 카메라, 레이더, 라이다 등의 센서를 사용하여 구현되고 있으며, 정교한 맵 생성을 위해 크라우드소싱 매핑 기술도 도입했다. 크라우드소싱 매핑은 인간의 개입 없이도 지도 제작 과정을 자동화하는 기술이다. 모빌아이는 또한 자사 솔루션이 장착된 차들을 이용해 주행 데이터를 수집해 알고리즘 성능 향상에 활용하고 있다. 2021년 1월 기준 약 100만 대의 차량으로부터 데이터를 수집하고 있으며, 2022년 말까지는 1,000만 대 이상으로 늘릴 예정이다. 모빌아이는 현재까지 확보된 기술과 지위를 기반으로 2022년부터 로보택시, 자율주행 배송용 차량 등으로 시장을 확장해 나갈 계획을 가지고 있다.

모빌아이는 인텔이 2020년 인수한 이스라엘 기업 '무빗Moovit'과도 협력하고 있다. 무빗은 입력된 출발지와 목적지 간에 버스, 지하철 등 적절한 교통수단을 추천해주는 'MaaSMobility as a Service' 업체다. 그간 112개국에서 서비스를 하면서 이용자 10억 명 이상을 확보했다. 모빌아이는 무빗이 확보하고 있는 대량의 데이터를 활용해 자율주행에 필요한 교통 예측 기술을 개선하고 있다. 또한 인텔과 공동으로 차세대 인공지능 칩도 개발하고 있는 중이다. 결국 모빌아이는 자율주행과 모빌리티에 관한 모든 기술을 내재화하기 위한 인텔 전략의 핵심축이라 할 수 있다. 이는 하드웨어 플랫폼과 인공지능 반도체, 자율주행 소프트웨어, 그리고 MaaS를 포함하고 있다.

바이두, 중국 자율주행의 리더

중국에서도 자율주행에 속도를 내고 있다. 중국 기업들의 인공지능은 중국 정부가 강력하게 지원하는 특징이 있다. 중국의 구글이라 불리는 바이두가 담당한 분야가 자율주행이다. 바이두는 2013년 미국 스탠퍼드 대학의 앤드류 응 교수를 영입하면서 자율주행 프로젝트를 시작했다.

바이두의 자율주행 비즈니스의 전략적 방향은 테슬라를 닮았다. 즉 로보택시의 상용화와 자율주행 자동차 생산, 그리고 자율주행 소프트웨어 서비스 제공 등 크게 세 방향으로 전개되고 있다. 바이두는 2021년 중국 지리자동차와 합작사를 설립하여 실제 자동차 생산에도 뛰어들었다. 2023년 양산을 목표로 레벨 4 자율주행 전기자동차의 생산을 추진하고 있다.

바이두는 2017년에 자율주행 컨소시엄 '아폴로'를 설립한 이래 중국의 여러 대도시를 중심으로 레벨 4 이상의 주행 테스트를 진행해온 것으로 알려져 있다. 2021년 말 기준으로 누적 주행 거리 2,100만km를 테스트했다. 운전자가 없는 완전자율 주행 테스트도 15만km에 달한다. 이미 2021년 말부터 베이징 일부 지역을 대상으로 유료 상용 서비스가 개시되고 있으며, 이는 세계 최초의 사례다.

바이두는 2025년까지 이를 중국의 30개 도시로 확대해 3,000대 이상의 로보택시를 운행할 계획을 가지고 있다. 2030년에 1조 3,000억 위안 규모로 성장할 것으로 예상되는 중국의 로보택시 시장에서 바이두는 최소 50%의 점유율을 목표로 하고 있다.

글로벌 완성차 기업들의 분투

흔히 미래 자동차에 대한 화두는 'CASE Connected Autonomous Sharing Electrified'로 요약된다. 새로운 IT 기술과 인공지능 기술로 무장한 테슬라와 같은 전기자동차 기업이 대량 생산을 이루어내면서 전기자동차의 침투율이 예상보다 빠르게 전개되고 있다. 자율주행은 전기자동차와 따로 구분지어 얘기할 수 없을 정도의 화두이기도 하다.

전기자동차가 가지고 있는 구조적 단순성은 IT 기술의 도입을 앞당기고 있다. 내연기관 자동차를 생산하는 글로벌 완성차 기업들은 전기

자동차로의 전환과 자율주행이라는 두 마리 토끼를 모두 쫓아야 하는 형국이다. 둘 다 만만치 않은 일이 될 것이다. '레거시의 함정'을 어떻게 극복할 것인지가 관건이다.

전통적인 역량만으로는 새로운 변화를 감당할 수 없다는 것이 명확해지면서 글로벌 완성차 기업들의 발걸음은 분주해지고 있다. 기존의 기계공학적 역량보다 소프트웨어, 인공지능 같은 새로운 IT 역량들이 더 많이 필요해지면서 내부 역량 고도화에 집중하고 있는 것이다. 동시에 외부 역량의 도입에도 적극적이다. 글로벌 완성차 기업들은 2016년 이후부터 인공지능 관련 스타트업들을 대거 인수하거나 투자를 강화하기 시작했다. GM이 10억 달러를 들여 자율주행 전문 스타트업인 크루즈오토메이션을 인수한 것도 이 무렵의 일이다. 구글, 엔비디아, 모빌아이 등의 자율주행 플랫폼 강자들과도 다양한 협업 모델을 만들고 있으며 대학과의 공동 연구 투자도 늘리고 있다.

독일의 자동차 회사 폭스바겐은 자율주행 자동차에 가장 적극적인 회사 중 하나다. 회사의 생존이 걸렸다고 얘기할 정도로 절박하게 자율주행 기술 확보를 추진하고 있다. 특히 헤르베르트 디스 폭스바겐그룹 CEO는 자율주행을 자동차 시장에서의 게임 체인저로 인식하고 있을 정도다. 이 회사가 추구하고 있는 것은 '완전' 자율주행이다.

폭스바겐은 자율주행 자동차와 커넥티드카 분야에 2024년까지 140억 유로를 투자할 예정이다. 자율주행과 자동차의 통합 제어 모듈을 개발하기 위해 모빌아이, 인텔, 르네사스반도체, 콘티넨탈 등과도 협력하고 있으며, 미국 스탠퍼드 대학 등과의 공동 연구도 강화하고 있다. 회사 내부적으로도 자율주행 관련 인력을 1만 명 이상 늘리면서 자체 연구 개발 역량을 끌어올리고 있다.

도요타는 특이하게도 '우븐 시티Woven City'라는 스마트 시티와의 연관성을 강조하고 있다. 아키오 사장이 밝힌 도요타의 새로운 비전은 '모빌리티 업체를 넘어 자율주행과 인공지능에 기반한 스마트 시티를 선도하는 업체로 거듭나는 것'이다. '그물망 도시'라는 뜻의 우븐 시티는 자율주행과 로봇, 인공지능, 각종 모빌리티 서비스 등 다양한 미래 기술의 테스트베드 역할을 할 것으로 예상되고 있다. 도요타는 운전자가 배제된 완전 자율주행을 목표로 하고 있지 않다. 단지 운전자를 지원하는 시스템이다. 도요타도 1만 명 이상의 자율주행 관련 인력을 확보하고 있다고 알려져 있다. 미국 스탠퍼드 대학의 인공지능 연구소SAIL, MIT의 CSAIL 등과도 공동 연구를 추진 중이다.

현대자동차도 분주하게 움직이고 있다. '통합 모빌리티 솔루션 기업'이라는 비전을 달성하기 위한 4대 미래 핵심 전략에 전기차, 도심항공 모빌리티UAM, Urban Air Mobility와 함께 자율주행을 포함시켰다. 2019년에는 미국의 '앱티브Aptiv'와 합작법인 '모셔널Motional'을 설립하고 2조 4,000억 원을 투자하기도 했다. 앱티브는 자동차 부품사인 델파이에서 분사한 자율주행 전문 기업이다. 현대자동차는 카메라만을 사용하는 테슬라 방식과는 달리 카메라, 레이더, 라이다 등의 다양한 센서를 사용하는 센서 퓨전을 통해 자율주행의 안전도를 높이는 전략을 취하고 있으며, 2024년까지 레벨 4 수준의 자율주행을 목표로 하고 있다.

BMW는 2025년까지 일반 도로에서 완전 자율주행을 목표로 기술을 개발하고 있다. 다임러는 승용차뿐만 아니라 트럭이나 트레일러 등 상용차의 자율주행도 개발하고 있다. 2015년에는 세계 최초로 대형 트레일러로 일반 도로 실증 시험을 실시하기도 했다.

이외에도 대부분의 완성차 기업들은 운전자가 개입하는 부분 자율주행 혹은 로보택시와 같은 완전 자율주행을 목표로 분주히 움직이고 있다.

자율주행은 향후 10년에 걸쳐 가장 대중적인 인공지능 비즈니스가 될 가능성이 높다. 테슬라의 일론 머스크는 2022년 연말까지 레벨 4 수준의 FSD 개발이 완료될 것으로 내다보았다. 인공지능의 구루 중 하나인 스탠퍼드 대학 앤드류 응 교수는 자율주행 자동차를 그냥 자동차라고 부를 날이 곧 올 것이라고 예상하고 있다. 뉴럴링크테슬라 CEO 일론 머스크가 설립한 뇌연구 스타트업의 개척자 브라이언 존슨은 사람이 운전하던 시절이 있었다는 게 믿겨지지 않는 그런 미래가 올 것이라고도 말한다. 자율주행은 운송의 개념도 완전히 바꿔놓게 될 것이다. 자율주행 기술은 앞으로 통신과 콘텐츠 산업 등 다양한 서비스와 레저 등이 복합적으로 지원되는 스마트 미디어로 기능하게 될 것이다.

대화형 인공지능 비즈니스의 성장

아마존은 2014년에 '에코'라는 스마트 홈 기기를 출시하면서 'AI 스피커'라는 새로운 분야를 개척했다. AI 스피커 혹은 스마트 스피커는 음성을 매개로 하여 다양한 서비스를 제공해주는 기기를 통칭한다. 음성 명령만으로 앱을 실행하거나, 전화나 문자를 대신 보내주기도 하고, 날씨 등 각종 생활 정보를 제공해줄 수도 있다.

또한 개인의 생활 패턴을 학습한 뒤 좋아하는 음악을 재생해주거나, 각종 콘텐츠를 제안하기도 한다. 단말기 제공 기업에 따라 특화된 다양한 서비스 제공이 가능하다.

기술적인 관점에서 기계와 음성으로 대화한다는 것은 음성 인식과 자연어 이해, 자연어 생성과 음성 합성 등 일련의 과정을 거친다는 것을 의미한다. 음성과 자연어 처리 분야의 인공지능이 발전하면서 자연스럽게 형성된 시장이라고 볼 수 있다.

AI 스피커 시장의 성장

100달러 미만의 저가 디바이스에 불과한 AI 스피커의 등장이 의미하는 바는 자못 크다. 텍스트를 입력하던 오래된 기계와의 소통 방식이 음성을 매개로 좀 더 인간적인 방식으로 전환되는 UX사용자 경험 전환의 시작이라 할 수 있다. 사람이 그냥 묻고 기계가 응답하는 것이야말로 오랫동안 꿈꾸던 소통 방식이 아닌가. 이는 사람들의 생활 패턴이나 사고방식까지도 달라지게 할 수 있는 심대한 영향력을 내포하고 있다.

최근 AI 스피커는 '스마트 홈'의 허브로 진화하고 있다. 음성으로 각종 가전 기기와 조명, 습도 등을 조절하고 CCTV, 초인종 등 가정 내의 각종 제어기기도 통합하는 중이다. 스마트 TV, 스마트 거울 등 음성 인식 기능을 가진 스마트 디바이스와의 연결은 또 다른 가능성을 보여주게 될 것이다.

글로벌 AI 스피커 시장은 현재 아마존의 독주 체제다. 구글의 '구글 홈'과 애플의 '홈포드HomePod'가 각각 2년 간격으로 출시되면서 경쟁에 가세했지만 아직은 역부족인 상황이다. 2021년 기준으로 아마존 에코의 시장 점유율은 약 70%에 달할 정도로 압도적 위치를 차지하고 있으며, 뒤이어 구글 홈과 애플 홈포드가 각각 25%와 5%의 점유율로 에코를 추격하는 양상이다. 국내 시장에서도 2016년에 SKT의 '누구'를 필두로, 삼성전자와 KT, 네이버, 카카오 등 여러 IT 대기업들이 시장에 진입하여 글로벌 기업들과 경쟁을 벌이고 있다.

최근 AI 스피커 시장은 약간의 정체를 겪고 있기는 하지만 그간 놀라운 속도로 확장되어 왔다. 이미 2019년에 AI 스피커를 보유한 미국 가정은 약 25%가 되었고, 그중 절반은 여러 대를 보유하고 있다고 한다. 미국 시장의 약 70%를 점유하고 있는 아마존의 에코는 이미 2018년 말 기준 누적 판매 1억 대를 돌파하면서 시장의 성장을 견인하고 있다. 국내에서도 2018년 200만 대 수준에서 2020년에는 약 1,000만 대가 넘는 기기가 보급되면서 가파른 성장세를 보이고 있다.

하지만 AI 스피커 시장을 단순히 가전제품처럼 독립적으로 구동하는 하드웨어 기기 시장으로 이해하는 것은 오산이다. 아마존이나 구글 같은 인터넷과 클라우드 플랫폼 기업들이 시장을 주도하는 것은 냉장고나 디지털 TV와 같은 단순한 하드웨어 경쟁이 아니라는 것을 말해준다. 단적으로 AI 스피커는 사용자와의 접점에 있는 저가의 단말기에 불과하다. 그야말로 수면 위로 보이는 빙산의 일각일 뿐이다. AI 스피커를 통한 대화 서비스의 핵심은 음성 질문을 이해하고, 질문에 대한 답을 찾아 대응해주는 음성 비서와 클라우드다.

음성 비서는 음성 질문이나 요구를 이해하기 위한 음성 처리와 자연어 처리 같은 인공지능 기술이 집약되어 있는 두뇌라고 볼 수 있다. AI 스피커는 마이크, 스피커 등의 최소 자원을 탑재한 저렴한 사용자 인터페이스 도구일 뿐, 사용자의 요구에 응답하기 위한 모든 프로세스는 음성 비서와 클라우드에서 이루어진다.

따라서 **AI 스피커 시장은 하드웨어를 제조하는 역량보다는 음성 비서의 성능을 좌우하는 인공지능 기술과 클라우드 역량이 승패를 좌우하는 무대다.** 하드웨어 제조에 핵심 역량을 가지고 있지 않음에도 아마존과 구글이 시장을 견인할 수 있는 이유다.

음성 비서는 집 안의 AI 스피커뿐만 아니라 자동차나 로봇, 모바일 등 다양한 음성 기기들을 연결할 수 있는 범용 플랫폼이다. 이미 아마존과 구글은 개발 도구 지원을 통해 각각 2만여 종, 5,000여 종의 기기가 연결될 수 있는 거대한 생태계를 구축하고 있다.

AI 스피커와 같은 킬러 앱들이 더욱 확장되면 음성 비서 시장은 더욱 폭발적으로 성장하게 될 것이다. 또한 음성 비서에 연결된 디바이스가 증가할수록 플랫폼의 성능은 더욱 개선될 것이다. 반복 학습할수록 성능이 좋아지는 인공지능의 특징 때문이다. 애플의 시리와 아마존의 알렉사, 구글의 구글 어시스턴트, 마이크로소프트의 코타나 등이 현 시장을 주도하고 있는 대표적인 음성 비서다.

애플의 시리, 음성 비서의 시작

본격적으로 음성 비서 기술이 일반 대중에게 선보인 것은 2011년에 애플의 아이폰을 통해 시리가 출시된 이후부터다. 시리는 노르웨이어로 '당신을 승리로 이끄는 아름다운 여성'이라는 뜻이라고 한다. 시리의 시작은 2003년에 시작된 미국 방위고등연구계획국의 인공지능 비서 프로젝트인 'CALO'였다. 5년간 2억 달러가 투입되고, 400여 명의 연구 인력이 참여한 대규모 프로젝트였다.

이 프로젝트를 이끌던 SRI 인터내셔널의 애덤 체이어가 2008년에 두 명의 동료와 함께 독립 법인인 시리를 설립했다. 이 회사가 2010년 애플에 인수되고 이듬해 '아이폰 4s'에 시리가 탑재되면서 음성 비서 기술의 대중화가 시작되었다고 볼 수 있다.

애덤 체이어는 1990년대 중반부터 이 분야를 개척해온 인물이다. 시리의 음성 비서 기술은 완성되기까지 약 25년의 시간이 걸린 대장정이었던 셈이다. 애플과의 의견 불일치로 회사를 떠난 체이어는 음성 인식 전문 스타트업 '비브렙스VIV Labs'를 2012년에 설립해 딥러닝 기반의 개방형 음성 인식 플랫폼 '비브VIV'를 개발했다. 삼성전자가 2016년에 이 회사를 인수하면서 비브랩스의 기술이 현재 삼성전자의 인공지능 플랫폼 '빅스비Bixby'의 근간이 되기도 했다.

시리의 음성 비서 기술은 딥러닝과 고전적인 인공지능 방식의 결합이라고 할 수 있다. 대화를 위한 양 끝단의 음성 처리 기술은 음성 인식과 음성 합성 분야의 세계적인 전문 기업인 뉘앙스 커뮤니케이션즈에서 도입했고, 자연어 이해를 위해서는 고전적인 인공지능 방식을 취했다. 사람 간의 자연스런 대화를 이해하기 위해서는 포괄적인 지식이 필요하듯이 컴퓨터에 지식 체계를 구축하고 효율적으로 사용할 수 있게 하는 방법을 찾는 것이 인공지능 초창기 시절부터의 과제였다. 사람, 장소, 사물 등의 연관성을 설정하는 체계인 '온톨로지Ontology'와 '지식 그래프'는 그 대표적인 기법으로, 이를 통해 대략적인 지식의 표현과 이해가 가능했다.

시리는 자연어 이해를 위해 이러한 기법들을 도입했다. 또한 분야별 전문가 시스템 구조를 통해 지식 체계를 확장할 수 있는 기반을 갖추었다. 여기에 딥러닝 기반의 음성 인식 기술을 결합해 대화형 인공지능 시리를 완성한 것이다.

애플은 모바일 음성 비서 시장의 선두 주자다. 현재 20여 개의 언어를 구사하는 시리는 아이폰을 통해 매달 100억 건 정도의 요청을 처리하면서 세계에서 가장 널리 사용되는 음성 비서로 자리매김하고 있다. 이런 애플이 동일한 기술을 사용하는 AI 스피커 시장에 진입하는 시점이 늦어진 것은 아이러니다. 하드웨어 시장에 전혀 진입하지 않았던 아마존과는 약 4년이, 그리고 구글에는 2년이나 뒤진 시점이었다.

애플이 프리미엄급 스마트폰의 최강자라는 것이 발목을 잡았을 수도 있다. 이른바 '레거시의 함정'이다. 애플은 음성 대화 기술을 스마트폰의 차별화된 기능으로만 간주하는 측면이 있었다. 음성 비서라는 기술을 기반으로 펼쳐질 수 있는 새로운 시장에 대한 염두는 크게 두지 않았는지도 모르겠다. 여하튼 이런 관점이 시장 진입을 늦추고, 애플의 인공지능 기술 발전을 제한함으로써 후발 주자들에게 추격 혹은 추월의 발판을 만들어준 것은 분명하다.

애플의 '홈 포드'는 2021년 현재 전체 5%의 시장 점유율에 지나지 않는다. 아마존과 구글에 비해 존재감이 크지 않다. 애플은 최근 100달러 미만의 '홈포드 미니'를 통해 시장에서의 반전을 노리고 있기도 하다.

아마존의 알렉사, 집 안으로 들어온 음성 비서

아마존은 2014년에 AI 스피커 단말기 '에코'를 출시하면서 스마트폰을 중심으로 전개되던 음성 대화 서비스를 집 안으로 끌어들이는 데 성공했다. 아마존은 새롭게 형성된 시장을 통해 단 2주 만에 100만 대의 에코를 판매하는 새로운 기록을 수립했다. 참고로 아이폰은 발매 초기 100만 대를 판매하기까지 2달이 넘는 시간이 걸렸다고 한다. 에코는 2020년 기준 누적 1억 대가 넘게 판매되면서 AI 스피커 시장의 압도적인 강자로 군림하고 있다.

단말기 업체가 아닌 인터넷상거래 기업에서 시장 지배력이 강한 새로운 제품을 개발한 것은 일견 아이러니처럼 느껴질 수 있다. 에코는 입력된 음성을 알아듣고, 자연어를 처리해 질문을 이해하고, 질문에 답하기 위한 모든 처리 과정이 아마존의 클라우드인 AWS를 통해서 이루어지고 있다. 이 과정을 보면 이 비즈니스의 속성을 이해할 수 있다. 에코의 활약은 비슷한 시기에 출시된 아마존의 실패한 스마트폰 프로젝트 '파이어폰'과도 대비된다.

에코를 부르는 발화 음성은 '알렉사'다. 이는 고대 알렉산드리아에 있었다고 전해지는 가장 거대한 도서관의 이름에서 따온 것으로, 고대 인류 지식의 보고로 회자되는 명칭이다. 도서관 알렉사가 이제 아마존의 음성 비서로 부활한 셈이다.

알렉사는 아마존의 음성 비서 서비스에서 중심 역할을 담당하는 인공지능 엔진이다. 에코에 설치되어 있는 여러 개의 마이크를 통해 들어온 음성 명령의 내용을 이해하고, 클라우드에서 답을 찾아 다시 에코로 응답해준다. 답을 찾는 것은 AWS에 탑재된 다른 인공지능의 몫으로 이미 클라우드에 수집된 콘텐츠와 서비스에서 답을 찾는다. 이들 인공지능은 학습을 통해 자동으로 업그레이드가 이루어지고 있으며, 사용이 반복될수록 똑똑해진다.

알렉사와 에코는 2011년부터 약 3년에 걸쳐 비밀리에 추진된 '도플러 프로젝트'의 결과물이다. 시작 당시 단 2명의 경험자만으로 출발했지만 음성 인식과 음성 합성, 자연어 처리 관련 전문 기업들을 인수하면서 관련 소프트웨어 기술 확보가 가능해졌고, 전자책 킨들을 만들었던 자사의 '랩126'을 통해 하드웨어를 개발할 수 있었다.

영국의 윌리엄 턴스톨-페도가 2005년 설립한 시맨틱 기술 전문업체인 '트루 날리지True Knowledge'가 대표적이다. 이 회사에서 2012년에 출시한 '에비Evi'는 온톨로지 기반으로 질문의 내용을 정확히 파악하고 하나의 정확한 답변을 찾아주는 '원샷' 답변으로 유명했다. 앱 출시 첫 주에 무려 25만 회가 다운되었을 정도다. 아마존은 2012년 이 회사를 인수하고, 자연어 처리 기술을 알렉사에 통합했다.

알렉사는 현재 가장 자연스런 대화가 가능한 음성 비서 엔진으로 평가받고 있지만 인공지능이 보유한 전문적인 지식 측면에서 구글에 못 미친다는 평가도 있다. 질문에 답변하는 정확도를 측정하는 테스트에서 구글과 약 20% 정도의 격차가 난 적도 있다. 구글은 세계에서 가장 강력한 서치 엔진을 탑재한 덕분에 세상의 모든 지식을 가져올 수 있기 때문일 것이다.

하지만 아마존은 최대의 전자상거래 기업으로서 이 분야에서 가장 많은 지식을 보유하고 있다. 제품 검색 등에서는 가장 강력한 엔진을 보유하고 있기 때문에 전자상거래는 음성 서비스로 수익을 낼 수 있는 가장 확실한 비즈니스일 것이다. 결국 알렉사는 아마존의 기존 상거래 비즈니스를 강화시킬 수 있는 새로운 음성 인터페이스인 셈이다.

아마존은 에코 이외에도 에코닷, 에코오토, 에코쇼 등 용도에 맞춘 다양한 에코의 변종들을 출시하고 있다. 알렉사는 현재 일반 사용자를 대상으로 하는 B2C 시장에서 가장 큰 생태계를 자랑하고 있다. 시장에 출시된 지 6년 만에 자사의 단말기들을 포함해 약 3만 여종의 단말기를 지원하고 있다.

아마존은 생태계 확장을 위해 ASK라는 API를 제공해서 스킬을 쉽게 개발할 수 있게 해주고 있다. 스킬은 스마트폰의 앱과 같은 것이다. 또한 하드웨어에 알렉사를 탑재할 수 있도록 해주는 AVS API를 제공하여 제조사들이 에코와 같은 단말기를 만들 수 있도록 지원하고 있다. 아마존은 2019년 기준으로 8만 개가 넘는 스킬을 확보했다.

알렉사는 에코를 통해 단순한 음성 비서를 넘어 지속적인 기능 확장을 꾀하고 있다. 스마트 홈의 허브로서의 역할이 그것이다. 가전제품은 물론 전력 사용, 조명과 현관의 CCTV까지 음성으로 제어할 수 있다. 알렉사와 연동된 가전과 단말기들이 많아질수록 알렉사는 스마트 홈의 중앙 제어를 위한 중심 플랫폼이 될 가능성이 커진다.

알렉사는 B2B 영역으로의 확장도 꾀하고 있다. 기업을 위한 특정 스킬의 개발과 서비스를 제공하는 전략으로 기업을 파고들고 있다. 이는 서비스를 제공받는 기업들로 하여금 아마존의 클라우드를 사용하도록 유도함으로써 기존 클라우드 비즈니스를 강화하기 위한 포석을 담고 있다고 할 수 있다.

구글 어시스턴트, 기술력으로 승부하다

구글은 2016년 AI 스피커 '구글 홈'과 인공지능 음성 비서 '구글 어시스턴트'를 발표했다. 아마존보다 훨씬 유리한 입장에 있었던 구글이 시장 진입에 2년이나 늦어진 것은 다소 아쉽다. 구글은 음성과 자연어 등 음성 비서에 필요한 정상급 기술을 이미 보유하고 있었기 때문이다.

특히 딥러닝 기반의 자연어 처리 분야에서는 거의 독보적이라 할 만큼 획기적인 기술들을 많이 개발해왔다. 순다 피차이 구글 CEO도 2016년에 "지난 10년을 세계 최고의 자연어 처리 기술을 구축하는 데 투자했다."라고 얘기했을 정도다.

또한 구글은 어떤 기업들보다 다양하고 강력한 서비스를 제공해줄 수 있는 환경을 이미 갖추고 있다. 가장 강력한 서치 엔진은 물론 이미 전 세계 수십억의 인구가 사용하고 있는 G메일, 유튜브 등도 보유하고 있다. 음성 비서 시장 진입 시점이 늦어진 것은 기술이 아닌 전략의 문제로 봐야 할 것이다.

구글 어시스턴트에 대한 기술적인 평가는 호의적이다. 알렉사와 시리 등 음성 비서들을 대상으로 측정한 공개 테스트에서 구글 어시스턴트는 타 음성 비서 대비 20%를 상회하는 성능 격차를 보이는 것으로 보고된 바 있다. 구글 어시스턴트는 가장 자연스런 대화가 가능한 시스템으로 알려져 있다.

사실 구글은 2012년에 공개된 '구글 나우Google Now'를 통해 음성으로 동작하는 가상 비서를 먼저 발표한 적이 있었다. 구글의 검색 기술을 활용해 사용자에게 상황별로 맞춤식 콘텐츠를 추천해주는 서비스다. 구글 나우는 당시 '올해의 혁신'으로 지명되었을 정도로 대외적인 기술력을 인정받았다고 한다.

하지만 사용자의 니즈를 제대로 파악하지 못했던 측면이 있다. 구글 나우의 용도를 '콘텐츠 추천' 정도로만 제약하면서 외연 확장에는 실패했다. 기술 수준에 걸맞은 옷을 입히지 못한 것이다. 또한 일방적으로 정보를 추천하는 푸시Push형 방식은 초기 사용자들에게는 호기심과 놀라움을 선사했지만, 곧 식상해지면서 인기가 시들해졌다.

구글 어시스턴트는 인공지능 기술의 질적 개선과 더불어 구글 나우의 여러 측면을 보강해 만들어진 것이다. 우선 개방형 플랫폼 구조를 통해 생태계 확장을 도모했으며, 음성뿐만 아니라 메신저로도 대화가 가능하도록 했다. 또한 사용자의 요구나 명령에 의해서만 콘텐츠를 알려주고 기기를 제어하도록 풀Pull형 방식으로 UI를 개선했다. 결국 구글 나우는 2017년 구글 어시스턴트에 통합되었다.

구글은 개발자들을 지원하기 위한 소프트웨어 툴킷SDK을 오픈하고, AI 스피커 및 연관 기기를 제조하는 많은 기업들을 플랫폼으로 끌어들이고 있다. 여기에는 자동차와 홈 어플라이언스 제조사들도 포함된다.

2019년 기준으로 1,600개 이상의 브랜드와 제휴가 이루어졌으며, 약 1만 종의 기기에 구글 어시스턴트가 연결되어 있다.

구글 음성 비서의 플랫폼 전략은 모바일 플랫폼인 안드로이드와 유사한 측면이 있다. 스마트 홈은 오랜 기간 구글이 진입하려던 시장이긴 하지만 단말기 제조는 구글의 핵심 역량이 아니다. 그보다는 음성 비서 생태계 장악을 더 염두에 두고 있는 듯하다. 음성 비서 플랫폼에 대한 기술적 개선은 지속적으로 이루어지고 있다. 2018년에는 '구글 듀플렉스'를 공개하고, 기계가 전화로 미용실 예약을 하는 놀라운 능력을 보여주기도 했다.

구글은 아마존의 주무대인 전자상거래 분야에도 진출하여 아마존과의 경쟁을 가속화하고 있다. 월마트와 타깃, 코스트코, 콜스 등 아마존의 출현으로 위협받던 오프라인 매장의 거인들과 제휴하여 구글의 음성 비서를 통한 제품 주문이 가능하도록 만들었다. 구글은 기술과 서비스의 다양성 면에서 음성 비서 분야에서도 강력한 경쟁력을 보유하고 있다.

마이크로소프트의 코타나, 작업 도우미

마이크로소프트는 음성 비서 시장에서 타 기업들과는 다른 행보를 걷고 있다. AI 스피커 등의 전용 단말기를 통해 음성 비서에 접근하는 것이 아니라, 자사의 OS에서 사용자의 작업을 도와주는 비서 역할에만 충실하려는 것이다. 즉 **음성 비서를 독자적인 제품이나 서비스로 판매하는 것이 아니라 음성 비서 서비스를 통해 자사 제품을 차별화하고, 부가가치를 향상시켜 더 많은 사용자를 유인하는 전략이다.**

이러한 전략은 기업을 상대로 하는 비즈니스에서도 강점이 있다. 인공지능 음성 비서를 추가함으로써 클라우드 서비스와 소프트웨어 등 중점 B2B 사업에서 차별화된 가치를 제공해줄 수 있기 때문이다.

마이크로소프트의 인공지능 음성 비서 코타나는 2014년에 출시되었다. 자사의 검색 엔진 '빙Bing'을 기반으로 동작하는 애플리케이션으로, AI 스피커와 같은 별도의 기기를 출시하지는 않았다. 실제 비서가 노트를 사용해서 기록하듯이 사용자의 사용 습관이나 행위 등을 기록하고 학습해서 사용자 개인에게 최적화된 서비스를 제공할 수 있다는 것이 최대 장점이다. 사용자에게 고도로 전문화된 개인 비서를 제공해 준 셈이다.

코타나는 그간 1억 4,000만 명이 넘는 사용자의 심층학습을 진행하면서 스스로 진화해왔다고 한다. 지정된 명령어가 아닌 자연어로 된 음성이나 텍스트로 명령할 수 있어서 자연스러운 대화가 가능하도록 만들어졌다.

음성 비서는 기계와 소통하는 패러다임의 대전환을 알려주는 서비스로 무한한 확장 가능성을 가지고 있다. 따라서 저렴한 기기들을 통해 개인화된 서비스를 제공할 수 있는 AI 스피커와 같은 다양한 음성 인터페이스 기기들도 시장을 만들어가며 지속적으로 성장할 수 있을 것이다. 음성 비서는 가정뿐만 아니라 사무실이나 학교 등의 교육기관과 병원을 비롯한 각종 의료기관은 물론 수많은 제조 공장에서도 효과적인 소통 수단이 될 수 있다.

정보 검색 과정도 대전환을 겪게 될 가능성이 높다. 음성 대화에서는 '원샷' 답변이 주도적인 서비스가 되면서 SEO검색 엔진 최적화도 다른 방향으로 전개될 가능성이 크다. 구글은 이미 이런 시도를 많이 진행하고 있는 것으로 알려져 있다. 이런 변화는 현재의 광고 시장에도 큰 영향을 끼치게 될 것이 자명하다. 결국 음성 비서는 지엽적인 변화만 주는 것이 아니라 전체 산업에도 많은 영향을 미치게 될 것이다.

거대 플랫폼 기업들은 크게 두 가지 전략으로 움직이고 있는 듯하다. 우선 음성 비서 생태계를 선점하여 기존 핵심 비즈니스를 강화시키는 전략이다. 아마존과 구글, 마이크로소프트는 자사의 음성 비서를 통해 많은 사용자와 기업들을 유인하고 자사의 인공지능 플랫폼과 클라우드 비즈니스를 강화시키고 있다. 애플은 음성 비서를 통한 차별적인 부가가치를 제공하면서 기존 아이폰 비즈니스를 강화시키고 있다.

또 하나는 강화된 플랫폼과 생태계를 기반으로 스마트 홈이나 자동차, 스마트 공장 등으로 핵심 비즈니스를 확장시키는 전략이다. AI 스피커는 스마트 홈으로 영역을 확장하기 위한 대표적인 사례라고 볼 수 있다.

인공지능 로봇과 드론 비즈니스의 성장

우리에게 이미 친숙해진 로봇은 체코슬로바키아의 극작가인 카렐 차페크가 1920년에 쓴 희곡 〈R.U.R.Rosuum's Universal Robots〉에서 최초로 유래되었다고 알려져 있다. 체코어 '로보타robota'는 노동이나 힘들고 단조로운 일을 의미하는 말이기도 하다.

이 희곡에서 묘사되는 로봇은 '일할 수 있는 능력은 있지만, 지능은 없는' 존재다. 로봇에 대한 이러한 정의는 이제 수정되어야 할 시점이 된 듯하다. 10여 년 전부터 인공지능 기술이 로봇으로 대거 들어오기 시작하면서 산업 현장과 일반 서비스 시장에서 사람의 일부 지능을 모사한 로봇들의 활약이 점점 커지고 있기 때문이다.

로봇 시장의 성장

미국 '보스턴 다이나믹스Boston Dynamics'의 로봇들은 몸에 있는 20여 개의 관절을 움직여 사람이나 동물처럼 계단과 산비탈을 오르고, 무거운 짐을 나르고, 백덤블링을 하는 데 익숙하다.

아마존의 물류 창고에는 지시한 물건을 가져오도록 훈련된 수천 대의 '키바Kiva' 로봇들이 있다. 이들은 자동으로 길을 찾고, 물건을 찾아 사람에게 가져오는 분주한 일상을 보내고 있다. 가정에서는 청소 로봇 '룸바Rumba'가 집 안 구석구석을 탐색하면서 먼지를 빨아들이느라 정신이 없다. 레스토랑에서는 햄버거를 만들거나 서빙을 하는 로봇들이 지칠 줄 모르고 직업에 열중한다. 병원의 수술실 같은 고난도의 작업장도 예외는 아니다. '다빈치da Vinci'는 의사보다 더 정교한 수술 실력으로 유명세를 타고 있는 로봇이다.

로봇은 다수의 액츄에이터동작부를 구동시켜 특정 작업이나 동작을 자동적으로 수행하는 기계 장치다. 약간의 침체기를 겪기도 했던 로봇은 클라우드 등 정보 산업의 발전과 인공지능 도입을 통해 지능화한 로봇으로 질적, 양적 확장을 거듭하고 있다. 주어진 규칙대로 일만 하던 로봇들을 해방시켜 스스로 인지하고, 판단하고, 최적의 답을 찾는 지능형 로봇으로 성장해가고 있는 것이다.

도요타 연구소의 CEO였던 길 프랫은 이런 현상에 대해 로봇공학에서 펼쳐지는 '캄브리아기 대폭발'과 유사하다는 말을 남기기도 했다. 캄브리아기는 생물종의 분화가 다양하게 폭발적으로 생겨났던 5억 수천만 년 전의 시기를 말한다. 로봇 다양성의 폭발적인 성장을 빗댄 말이다.

로봇은 적용 분야에 따라 산업용 로봇과 서비스 로봇으로 구분되어 각각 독자적으로 발전하고 있다. 국제로봇연맹IFR, International Federation of Robotics의 분석에 따르면 2020년 기준으로 전 세계에 배치된 산업용 로봇은 약 300만 대에 달한다. 이는 2015년 대비 두 배 이상 성장한 수치로 연평균 약 13%의 성장률을 기록하고 있다. IFR은 국제로봇의 표준화와 시장 분석 등을 담당하는 국제적인 로봇 총괄기관이다. IFR은 2023년까지 약 400만 대의 로봇이 배치될 수 있을 것으로 예상하고 있다.

소비자나 전문 분야를 위한 서비스 로봇 시장의 성장은 더욱 폭발적이다. 이 분야는 인공지능 도입이 가장 활발한 분야이기도 하다. 2020년 한 해에만 약 1,900만 대의 로봇이 판매되어 약 110억 달러 정도의 시장을 형성했다. 이는 전년 대비 약 16%가 성장한 것이다. 인공지능 기반 서비스 로봇의 발전은 향후 로봇 시장을 견인하는 가장 강력한 엔진이 될 것이다.

물류 창고의 혁명, 아마존 키바

물류 창고의 자동화 혁신은 2003년 미국 캘리포니아에서 라파엘로 안드레아 등 3인에 의해 설립된 로봇 회사인 '키바 시스템즈Kiva Syatems'로부터 시작되었다고 해도 과언이 아니다. 이 회사가 개발한 **창고용 운반로봇 '키바'는 스테이플즈Staples와 월마트 등 거대 물류 기업들에 대량으로 도입되어 물류 창고의 혁신을 이루어냈다.**

아마존이 2012년 이 회사를 인수하면서 키바는 아마존의 전 세계 90여 개의 물류 창고에 배치되어 하루에 수백만 건의 요청을 처리하는 창고 자동화의 핵심으로 자리잡았다. 초고속 배달을 위해 주문에서 배송까지 모든 프로세스를 자동화하려는 아마존의 목표 달성을 위해 도입되었으며, 현재 아마존의 물류 창고에는 약 20만여 대의 키바가 활약하고 있다.

축구장의 수십 배가 넘는 규모와 수천만 종의 물품이 쌓여 있는 아마존의 물류 창고에서 사람들이 일일이 물건을 찾아서 배송 준비를 하는 것은 거의 악몽에 가까운 일이다. 키바는 중앙컴퓨터에 탑재된 인공지능이 지정해주는 운반 노선을 따라 일사 분란하고 신속하게 지시된 상품을 운반해온다. 충돌방지 센서 덕분에 서로 부딪히는 일도 없다. 최대 1.4톤의 무게를 싣고 시속 4.8km로 충돌 없이 움직이면서 99.99%의 정확도로 물건을 운반한다.

아마존은 이를 통해 쇼핑몰에서 주문이 이루어진 후 10분 이내에 창고에서 배송 준비를 끝낼 수 있을 정도의 물류 혁신을 이뤄낼 수 있었다. 그 정점에는 바로 키바가 있었다.

요식업과 가정의 혁신

요식업에도 자동화를 위한 로봇의 활용이 두드러진다. 샌프란시스코의 벤처 기업인 '모멘텀 머신즈Momentum Machines'는 인공지능을 이용해 햄버거를 완전 자동으로 생산할 수 있는 로봇을 만들었다. 이 로봇은 시간당 400개의 햄버거를 만들 수 있다고 한다. 일본의 초밥 체인점 '쿠라Kura'는 초밥을 만드는 로봇을 전 체인 식당에 도입해 큰 성공을 거두고 있다.

현재 로봇이 조리할 수 있는 종목은 피자, 커피 등으로 점차 다양해지고 있다. 음식 조리 로봇을 플랫폼화하려는 시도도 나타나기 시작했다. 영국의 스타트업 '몰리 로보틱스Moley Robotics'는 3D로 모션을 캡처하고 레시피를 학습하여 유명 셰프의 조리법을 그대로 재현할 수 있는 기술을 개발했다. 이 기술을 활용하면 1,000종이 넘는 음식을 요리할 수 있다고 한다.

요즘 골목의 조그만 식당에서도 음식을 테이블까지 배달해주는 서빙 로봇을 심심찮게 볼 수 있다. 요식업에 가장 많이 도입된 것이 바로 서빙 로봇이다. 이 로봇은 'SLAMSimultaneous localization and mapping' 기술을 이용해 주위 환경 지도를 만들고 자신의 위치와 진행 방향을 감지한다. 여기에 머신 비전 기술을 더해 좁은 공간에서도 서빙할 수 있다. 이 분야는 자율주행과 마찬가지로 대량 생산이 가능하다. 좀 더 현실적인 원가 구조가 가능해지면 확장 가능성이 매우 높다고 할 수 있다.

가정에서도 유사한 기술을 사용하는 로봇 청소기가 대중화되었다.

미국의 '아이로봇iRobot'에서 개발한 청소 로봇 '룸바'는 현재 가장 많이 판매된 로봇이다. 2011년 현재 전 세계적으로 200만 대가량 판매된 것으로 알려지고 있다.

휴머노이드 로봇의 등장

'휴머노이드humanoid' 로봇은 인간의 외형과 행동을 본뜬 지능형 로봇으로 특정 분야의 인력을 대체하거나 보조하기 위해 개발되었다. 일반적으로 2족 보행을 위한 두 다리와 두 팔, 손 등으로 구성된 몸을 제어하여 인간과 유사한 행동을 구현한다. 2족 보행 자세는 매우 불안정하기 때문에 제어의 난이도가 높다.

휴머노이드 로봇 기술의 핵심은 바로 안정적인 자세로 사람처럼 움직이게 할 수 있는 운동 제어에 있다. 휴머노이드 로봇은 일반적으로 인체의 관절에 해당하는 20~45개의 액츄에이터가 각기 여러 방식으로 움직이는 복잡한 구조로 이루어져 있다. 다른 로봇 기술과는 운동 제어의 난이도가 근본적으로 다르다.

미국의 보스턴 다이나믹스는 인간이나 동물과 매우 유사하게 움직이도록 설계된 휴머노이드 로봇 전문 제작 기업이다. 이 회사의 CEO인 마크 레이버트는 인간과 동물의 운동 제어 문제를 딥러닝 관점에서 연구한 인물로 알려져 있다. 보스턴 다이나믹스의 인공지능 기술은 상황을 인식하고, 방향을 결정하고, 로봇의 모션을 결정하기 위해 20여 개의 관절을 움직이는 모든 단계에 깊게 스며들어 있다. 이 회사의 기술은 운동 제어의 정수를 보여준 것이라 할 수 있다.

아마 유튜브에서 사람처럼 두 개의 다리를 가진 로봇이 백덤블링을 하는 모습을 보고 감탄한 적이 있을 것이다. 이는 보스턴 다이나믹스가 개발한 '아틀라스Atlas'라는 휴머노이드 로봇의 모습이다. 운동 제어에 강화학습을 적용해서 얻은 놀라운 결과라고 한다. 아틀라스는 산이나 언덕 같은 험한 지형을 오를 수 있고, 넘어지더라도 다시 일어날 수 있다. 장애물도 옮기고, 징검다리도 뛰어서 건널 수 있는 등 일반인에게 힘들 법한 동작도 자연스럽게 해내는 휴머노이드 로봇이다.

이외에도 마치 애완견처럼 행동을 하는 '스폿미니Spot Mini', 시속 32km의 속도로 달릴 수 있는 '와일드 캣Wild Cat', 45kg의 짐을 지고 험한 산악 지형을 오르내릴 수 있는 군사용 로봇 '빅 독Big Dog' 등 다양한 4족 보행 로봇이 개발되고 있다. 2020년 현대에 인수된 보스턴 다이나믹스의 로봇들은 위험성이 높은 건설 현장이나 제조 공정, 재난 현장 등에 당장이라도 투입될 수 있을 정도로 완성도가 높다. 이 회사가 확보하고 있는 정교한 운동 제어 기술의 확장 가능성은 매우 크다고 볼 수 있다.

2016년 중국에서 아이를 닮은 540대의 로봇이 춤을 추는 합동 공연이 유튜브에 공개되면서 화제가 된 적이 있다. 이는 중국 저우젠 소재의 '유비테크 과학 기술 주식회사'에서 개발한 'Alpha 1S'라는 휴머노이드 로봇으로 걷거나 발차기, 춤추기 같은 동작을 소프트웨어로 정의할 수 있도록 만들어졌다.

프랑스 '알데바란 로보틱스Aldebaran Robotics'에서 개발한 '페퍼Pepper'는 바퀴로 이동할 수 있고 대화 상대의 표정이나 몸짓, 억양 등을 분석해서 대응하는 휴머노이드 로봇이다. 페퍼는 이 회사가 2012년에 일본의 소프트뱅크에 인수되면서 유명해졌다.

MIT 미디어랩의 신시아 브리질이 개척하고 있는 '소셜 로봇'도 확대되고 있다. 2012년에 설립된 스타트업 '지보Jibo'를 통해 가정에서 사람과의 상호작용을 통해 대화와 감정을 학습하면서 성장하는 휴머노이드를 출시할 예정이다.

지능까지 완비한 휴머노이드 로봇은 로봇과 인공지능 기술이 도달하고자 하는 최종 목적지가 될 가능성이 높다. 그런 의미에서 음성 비서는 휴머노이드 로봇으로 가기 위한 과도기 정도에 그칠지도 모를 일이다. 하지만 현재 확보된 로봇 기술과 인공지능 기술만으로도 제한적인 기능을 보유한 휴머노이드 로봇의 대량 생산은 가능할 것이다. 학습할수록 성장하는 인공지능의 특성을 갖춘 로봇이기 때문이다.

일론 머스크가 2021년 8월 '테슬라 AI Day'를 통해 휴머노이드 로봇 개발을 선언한 것은 매우 의미심장하다. 휴머노이드 로봇은 테슬라가 축적하고 있는 압도적인 전기자동차 제조 기술과 자율주행, 인공지능 기술의 연장선상에 있음이 분명하다. 테슬라의 점진적 시장 접근 방식은 휴머노이드 로봇 시장에서도 매우 유효한 전략이 될 것이다. 초기부터 완벽한 지능을 탑재한 로봇을 목표로 하지는 않더라도 자율주행과 기초 언어 이해를 위한 기본적 지능을 갖추고, 자율동작을 위한 정교한 운동 제어가 뒷받침되는 로봇 정도가 아닐까 추측할 수 있다.

시장으로 진출한 로봇은 테슬라의 전기자동차처럼 데이터를 확보하는 최전선의 도구가 될 것이다. 이러한 데이터로 학습된 클라우드의 인공지능은 반복적인 업그레이드 과정을 거치면서 더욱 똑똑해질 것이다. 자율주행 소프트웨어처럼 단일 소프트웨어를 OTA를 통해 모든 로봇에 대량 배포함으로써 로봇의 지능은 점진적으로 높아져 갈 것이다. 인공지능 기술이 도달할 수 있는 바로 그 지점까지 말이다.

하지만 자율동작을 위한 운동 제어 기술은 테슬라가 새롭게 확보해야 할 역량이다. 자동차의 자율주행은 브레이크와 가속기, 휠 등 가속, 감속, 방향 전환을 위한 제어 요소가 매우 제한적이다. 반면 휴머노이드 로봇은 여러 종류의 운동 모드를 가진 수십 개의 관절을 가지고 있어서 훨씬 제어 복잡도가 크다. 아틀라스 정도의 유연성을 확보하기 위해서는 시간이 좀 더 필요할 것으로 보인다.

수술로봇의 확장

병원의 수술대 위를 누비는 로봇의 활약상도 점차 커지고 있다. 미국 '인튜이티브 서지컬Intuitive Surgical'은 1999년부터 수술 전문 로봇 '다빈치'를 개발해온 대표적인 기업으로 이후 20여 년간 이 시장을 거의 독점하고 있다. 전 세계에 공급된 3,600여 대의 다빈치는 약 300만 건 이상의 수술을 진행한 것으로 알려져 있다.

고해상도 3D 이미지를 제공하는 이 로봇은 수술을 담당하는 외과

의사가 유도하는 동작을 전달받아, 3~4개의 관절로 이루어진 3개의 로봇 팔을 이용해 수술을 시행하는 방식이다. 하지만 아직 의사 없이 단독으로 수술을 집도하는 것과는 거리가 멀다.

다빈치는 작은 절개만으로도 수술이 가능하고, 의사의 손 떨림과 같은 변수가 없어서 사람의 손이 하지 못하는 정교하고 섬세한 수술을 할 수 있다. 그렇기 때문에 전립선암, 뇌 수술, 척추 수술, 인공관절 수술 등 정밀한 수술을 필요로 하는 분야로 적용을 확대하고 있다.

수술로봇 시장은 2026년까지 연평균 21% 이상의 성장률이 예상되는 분야다. 2026년에는 약 70억 달러 규모에 도달할 것으로 예상하고 있다. 인공지능 기술이 보편화되면서 미국과 영국을 중심으로 다빈치에 도전하는 스타트업들도 점차 많아지고 있는 추세다.

산업용 협동로봇의 성장

공장 자동화의 대명사인 산업용 로봇은 60년이 넘도록 공장에서 사람을 대신해온 오랜 역사를 가지고 있다. 사람의 손이나 팔과 같은 매니퓰레이터를 통해 주로 인간이 가진 신체적 한계를 극복하고, 단순 반복적인 작업을 대신하면서 생산성을 향상시키는 주요 수단으로 사용되어 왔다.

로봇은 자동차와 전기전자, 금속과 기계, 식료품과 의약품의 제조에 이르는 거의 모든 제조 및 소재 분야의 공장에서 필수적인 존재로 자리잡았다. 조립과 기계 가공, 용접과 프레스, 도색 등 난이도가 높은 대부분의 작업에 투입되어 생산성을 향상시키고 있는 주인공들이다. 한국은 2020년 현재 노동자 1만 명당 932대의 로봇을 보유하고 있는 산업용 로봇 강국이다.

인공지능 기술의 발전은 '자동화'라는 로봇의 기본적 속성에 '지능화'를 더함으로써 로봇의 기존 용도에 혁명적인 변화를 가져오고 있다. 테슬라는 자동차 생산 공정 전체의 자동화와 더불어 기계를 만드는 기계 도입을 목표로 하고 있다고 한다. 일본의 로봇 제조 기업 '화낙Fanuc'은 이미 로봇을 이용해 산업용 로봇을 만드는 데 성공했다. 또한 모든 로봇을 클라우드에 연결시켜 기계의 지능을 중앙집중식으로 전환하는 '클라우드 로보틱스'도 하나의 트렌드로 자리잡아가고 있다.

인공지능 기반 '협동로봇'도 제조 산업의 전 공정에서 획기적으로 증가하고 있다. 협동로봇은 같은 작업 공간에서 사람을 도와 특정 작업을 수행하도록 설계된 로봇으로 '코봇Cobot'이라고도 부른다. 코봇은 작업 과정에서 사람의 안전에 세심한 주의를 기울이도록 설계하는 것이 필수다.

2010년대에 들어서면서부터 본격적으로 등장한 협동로봇은 인공지능 로봇의 대표적인 사례라고 할 수 있다. 미국의 시장 조사기관 마켓앤마켓은 2025년까지 약 120억 달러의 시장으로 성장할 것으로 예상하고 있다. 이는 연평균 50% 이상의 성장률에 해당한다.

미국 보스턴 소재의 '리싱크 로보틱스Rethink Robotics'는 청소기 로봇 '룸바'로 유명해진 '아이로봇'의 창업자 로드니 브룩스가 2009년 설립한 산업용 로봇 제조 회사다. 브룩스는 호주 출신으로 MIT CSAIL 소장을 역임한 바 있는 로봇공학의 구루로 알려져 있는 인물이다.

리싱크 로보틱스는 2011년에 저가의 경량 코봇인 '벡스터Bexter'를 출시했다. 벡스터는 사람이 시범을 보이는 대로 작업의 동작 순서를 학습할 수 있는 차세대 지능형 로봇이다. 단지 학습을 통해 배울 뿐, 작업을 위한 별도의 프로그래밍이 필요 없도록 만들어졌다. 얼굴 역할을 하는 태블릿 PC에 드러난 로봇의 표정으로 작업 상황을 예측할 수 있게 한 것도 특이한 점이다. 리싱크 로보틱스는 2018년에 문을 닫았지만, 벡스터는 협동로봇을 개척한 기본 플랫폼으로 남아 있다.

'쿠카Kuka'는 1세기가 넘는 기간 동안 산업용 로봇 분야에서 많은 혁신을 리드해온 독일의 글로벌 로봇 제조 기업으로, 2016년 '이와iiwa, intelligent industrial work assistant'라는 지능형 협동로봇을 출시했다. 이 로봇은 인공지능 기술을 통해 스스로 최적의 조립 위치를 탐색하고, 간편한 프로그래밍과 조작으로도 정교하고 복잡한 작업 수행이 가능하도록 만들어졌다. 그동안 불가능하게 여겨졌던 섬세한 조립 작업이 가능해진 것이다.

특히 충돌을 방지하기 위한 고성능 알고리즘이 탑재되어 근거리에서도 사람들과의 협업이 가능하도록 했다. 미국의 자동차 회사 포드는 쿠카와 협력해 조립라인 대부분을 협동로봇으로 대체해가고 있다.

2005년 덴마크에서 설립된 '유니버설 로봇Universal Robots'은 글로벌 협동로봇 팔 시장의 절반 이상을 차지하는 협동로봇의 최강자다. 규모가 큰 기존의 산업용 로봇들은 설치 라인 준비와 설치에도 많은 시간과 노력이 소모되어, 다품종 소량생산 위주의 중소기업에는 적합하지 않다. 유니버설 로봇은 2008년부터 이 시장을 겨냥해 저가이면서도 가볍고 다루기 용이한 협동로봇 팔을 제조하고 있다. 6개의 관절로 이루어진 'UR 시리즈'는 가벼운 탁상용부터 16kg을 감당하는 대형 암까지 다양한 스펙트럼을 아우르고 있다. 이 회사는 2017년 반도체 테스트 장비업체인 미국의 '테라다인Teradyne'에 인수됐다.

상업용 드론의 발전

2018년 2월 평창 동계올림픽 개막식을 지켜본 사람들이라면 어두운 하늘을 어지럽게 수놓던 불빛들의 향연을 기억할 것이다. 이는 1,218개 드론들의 군집 비행인 '드론 쇼'임이 밝혀졌다. 다양한 조명 색을 가진 드론들은 GPS와 카메라 센서를 통해 서로의 움직임을 감지하면서, 조금의 충돌도 없이 일목요연하게 공중에 스키 보드를 그려내고, 이어서 오륜기를 완성할 수 있었다.

기술과 예술의 융합 가능성을 전 세계 사람들에게 각인시켜 주었던 상징적인 이벤트였다고 할 수 있다. 이 기술을 개발한 인텔은 이보다 앞선 2016년 호주에서도 500대의 드론을 동시에 띄운 경험이 있다고 한다.

드론drone은 조종사가 없는 자율 비행 혹은 원격조종 비행 장치를 통칭하는 용어다. 육지에 로봇이 있다면 공중에는 드론이 있다. 드론은

'수벌'을 의미하는 단어로 1935년 미국 해군에서 추진하던 무인비행기 프로젝트의 이름이었다고 한다. 드론의 애초 목적은 비행 과정에서 물체를 탐지하기 위한 군사적인 용도였다. 2010년대 들어서면서 인공지능 기술과 센서 기술, 무선통신망 기술의 융합을 통해 다양한 형태의 상업용 드론으로 확대 발전될 수 있었다.

특히 스마트폰 시대를 거치면서 부품의 소형화와 경량화, 저전력 아키텍처가 집중적으로 개발된 것은 상업용 드론의 발전에 결정적인 역할을 했다. 그런 의미에서 드론을 '스마트폰 전쟁이 가져다준 혜택'으로 평가하기도 한다.

물류 운송로봇 '키바'의 개발 주역인 라파엘로 안드레아는 '상업용 드론의 아버지'로 불리기도 한다. 키바가 아마존에 인수된 후 안드레아는 스위스 취리히 공과대학으로 자리를 옮겨 드론 연구를 시작했으며, 2013년 TED 강연을 통해 드론을 세상에 알렸다. 2016년에는 다시 TED를 통해 드론의 군집 비행을 연출하며 세상에 놀라움을 안겨주었다. 단순한 구조를 가진 30여 개의 저가 소형 드론들을 통해 아무런 충돌 없이 블록을 쌓는 등 다양한 군집 비행을 성공시켰던 것이다. 드론들은 일일이 조작할 필요도 없이 몇 개의 버튼만으로도 프로그램한 대로 충돌 없이 움직일 수 있었다. 이후 상업용 드론은 획기적으로 발전하기 시작했다.

드론은 현재 무인 원격 카메라를 탑재하고, 인공지능 기술을 활용해 광대한 지역의 3D 정밀 지도를 만드는 일이나 화물 운송 등에 많이 사용되고 있다. 독일의 드론 제조 기업 '아이보틱스Aibotix'는 축구장 25개

크기의 건설 현장 측량 조사를 단 8분 만에 완료할 수 있는 측량 드론을 만들었다. 기존의 측량 팀이라면 약 1주일이 소요되는 대작업이었을 것이다. 미국의 벤처 기업 '매터넷Matternet'이 개발한 드론 '원One'은 한 번의 충전으로 1kg의 물건을 20km까지 운반할 수 있다. 이 드론은 구글, 아마존과도 경쟁할 정도로 기술적 완성도가 뛰어난 것으로 알려져 있다.

농업용 드론은 가장 활용성이 큰 분야 중 하나다. 글로벌 컨설팅 기업 'PwC'는 농업용 드론이 전 세계 드론 시장의 25%를 차지할 것으로 예측하기도 했다. 이외에도 드론은 유통업과 광업, 보험업, 미디어, 통신 등 다양한 산업 영역과 치안, 환경 분야 등 특수 분야로 적용 범위를 빠르게 확장해가고 있다.

중국의 'DJI'는 저렴한 가격과 높은 완성도로 세계 상업용 드론 시장의 70% 이상을 차지하는 독보적인 위치의 기업이다. 독자적 통신 프로토콜과 항공촬영 품질에 특히 강점이 있다고 알려진 이 회사는 다양한 용도에 특화된 드론들을 보유하고 있다. 송전선이나 다리, 풍력발전기 등 거대 구조물을 점검하거나, 실종자의 수색, 구조 등의 특수 작업에도 투입이 가능하다. 농업 분야에 특화된 '아그라스Agras'는 등록된 좌표에 따라 자동으로 방제가 가능하도록 제작된 드론이다. DJI는 인공지능 기술 도입을 통해 완성도를 더욱 높이고 있다.

드론에 자율주행 기술도 도입되고 있다. 미국의 유니콘 기업 '스카이디오Skydio'가 대표적이다. 이 회사의 자율주행 드론은 머신 비전과 인공지능 기술을 기반으로, 주변 환경에 대한 상황 인식이 가능하다. 장애물을 인지하여 스스로 우회 운행을 할 수 있고, 특정 대상에 대한 추적 촬영도 가능하다. 이는 용의자를 추적하거나, 군사적 목표를 감시하는 용도로도 사용할 수 있을 것이다. 이 회사는 2021년에 미 육군의 단거리 정찰용 드론 공급업체로 선정되기도 했다. 향후 5년간에 걸친 공급 계약액이 약 1억 달러에 달했다.

2020년 기준 약 220억 달러 정도의 상업용 드론 시장은 향후 10년간 크게 성장할 것으로 기대된다. 미국 방산업 전문 컨설팅업체인 틸그룹Teal Group은 연평균 12~13%에 달하는 고성장을 예측한다. 드론 전문 조사기관 DRONEII의 예측은 더욱 낙관적이다. 연평균 13.8%의 고성장을 통해, 2025년에는 약 430억 달러의 시장이 만들어지고, 연평균 200만 대 정도의 드론이 판매될 것으로 예측하고 있다.

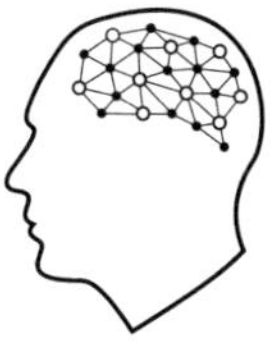

헬스케어 인공지능 비즈니스의 성장

헬스케어 인공지능

전문가들은 미래 의학을 흔히 4P 의학으로 정의한다. 질병의 발생 전에 미리 예측하는 'Predictive', 질병의 발생을 미리 예방하는 'Preventive', 진단과 치료의 개인화를 위한 'Personalized', 환자 자신이 주도적으로 질병 치료에 참여하는 'Participatory'가 그것이다.

4P 의학은 개인에게 발생할 가능성이 있는 질병을 예측하고, 개인화된 치료법을 제공해주는 시대가 왔음을 의미한다. 이런 미래 의학의 목적에 매우 부합하는 기술적 특성을 가지고 있는 인공지능은 향후 의료 발전에 있어 핵심적인 기능을 수행하게 될 것이다. 의료 정보의 디

지털화를 통해 대량의 데이터를 확보할 수 있는 환경이 갖춰지면서 의료 인공지능의 사업화 속도는 빨라지고 있다.

의료 분야는 영상이나 사진, 음성, 그리고 개인이 자유롭게 써놓은 기록들로 이루어진 비정형 데이터가 대부분이다. 이는 인공지능 기술을 활용할 수 있는 좋은 토대가 되었다. 현재 인공지능은 MRI나 엑스레이 영상을 사람보다 더 신속하고 정확하게 분석할 수 있다.

어린 아기의 뇌 영상을 분석해 미래 질병에 대한 예측도 가능하다. 환자 개인의 병력, 의료기록과 저렴해진 유전자 분석 기술을 통해 개인에 최적화된 서비스와 예방법을 제공해주는 것도 가능하다. 세포 영상을 통해 양질의 세포를 가려낼 수 있어 세포 배양 같은 분야는 물론, 신약 개발을 위한 후보물질 발굴에도 활용되고 있다.

의료 인공지능 시장에 대한 일부 시장 분석업체들의 전망은 대체로 낙관적이다. 인공지능 적용 분야 중 의료 분야가 가장 빠른 성장률을 보일 것으로 전망하고 있다. 시장 조사기관 마켓앤마켓이 예측한 연평균 성장률은 약 50%에 달하며, 2025년까지 360억 달러 이상의 시장을 형성할 것으로 예측하고 있다. 글로벌 컨설팅 기업 딜로이트도 50%가 넘는 연평균 성장률을 기록할 것으로 예측하고 있다.

이런 낙관적인 전망에도 불구하고 의료 인공지능 분야의 시장 진입은 매우 섬세한 전략이 요구된다. 헬스케어 분야에 막대한 투자를 해오던 구글은 2021년 '구글헬스' 사업부를 폐지했다. 오랫동안 왓슨을 기반으로 인공지능 기반 헬스케어 사업을 주도하던 IBM은 현재 왓슨 사업부를 매각하기 위한 절차를 밟고 있다. 또한 아마존, 마이크로소프트 등 다른 빅테크 기업들도 좋은 성과를 거두지 못한 것으로 알려져 있다.

거대 기업들이 기대했던 정도의 시장성이 없다고 판단한 것인지도 모른다. 아마도 일반화와 확장성이 결여된 인공지능의 기술적 특성에서 기인한 바가 클 것이다. 인공지능이 효과적으로 작동되면서도 어느 정도 규모의 경제가 작동될 수 있는 분야를 발굴하고 집중하는 전략이 필요하리라 보여진다.

의료 분야에서 인공지능의 도입은 크게 세 분야로 구분된다. 의료 영상 분석을 통해 질병을 판독하는 분야, 일반적 의료 데이터, 생체 데이터를 통해 질병을 진단, 예측하는 분야, 마지막으로 신약후보 물질을 발굴하는 분야다.

의료 영상 분석

인공지능은 영상 인식과 영상 분류에서 매우 강력한 재능을 보여주는 기술임을 앞서 살펴보았다. 그런 의미에서 의료 영상 분석은 인공지능이 가장 잘 활약할 수 있는 분야라고 할 수 있지 않을까?

전체 의료 데이터의 90%는 영상이나 사진으로 이루어져 있다. 엑스레이나 컴퓨터 단층촬영장치CT, 자기공명장치MRI, 현미경 등 다양한 의료 기기 및 측정 장비로부터 수집되는 데이터들이다. 인공지능은 이러한 영상 데이터를 판독해서 각종 암 질환은 물론 심장병이나 종양, 동맥경화 등 수천 가지 질환들을 신속하고 정확하게 판별해낼 수 있다.

인공지능은 진단 정확도 면에서도 이미 의사들의 역량을 넘어서고 있다. 제프리 힌튼 교수는 수년 내 딥러닝이 영상 의학과 전문의를 능가할 것이라고 단언하기도 했다. 영상 의학과 전문의 양성을 그만둘 것을 제안하면서 말이다.

딥마인드는 2018년 안과 질병을 진단해낼 수 있는 딥러닝 기술을 개발했다. 수천 개의 망막 스캔 자료를 고속으로 처리하여 녹내장, 당뇨병성 망막증, 황반변성 등 3대 질환을 포함한 50가지 이상의 안과 질환을 분석해낸 것이다. 이 기술의 오차율은 약 5.5%로 일반 안과 전문의보다 낮은 수준으로 알려져 있다.

딥마인드는 공개 시연회를 통해 30초 만에 안구를 스캔하고 질환을 진단해냈다고 한다. 영국 런던의 안과 전문 병원인 무어필즈 병원MEH에서 제공한 수백만 장의 3D 영상으로 학습하면서 약 2년에 걸쳐 개발을 완료한 이 기술은 알파고에 이은 또 하나의 혁신적인 성과로 평가받고 있다.

2014년에 설립된 미국의 스타트업 '엔리틱Enlitic'은 딥러닝 기반의 영상 인식 전문 기업이다. 엑스레이 사진과 CT스캔, 초음파, MRI 등의 사진영상을 통해 암 등 악성 종양을 발견할 수 있는 기술을 개발해냈다. 이 기술은 전문 방사선과 의사보다 50% 높은 정확도를 보인다고 알려졌다.

이스라엘의 의료 인공지능 스타트업 '지브라메디컬 비전Zebra Medical Vision'은 엑스레이 사진을 분석해 영상 의학과 전문의 수준으로 유방암을 판독할 수 있는 기술을 2019년에 내놨다. 이 기술은 이미지넷 대회에서 우승했던 구글의 영상 인식 모델 인셉션을 기반으로 만들어졌다. 심장, 신경 등 분야별 인공지능 분석 솔루션도 확보하고 있는 이 회사는 2021년 이스라엘의 의료 영상 기술 기업 '나녹스Nanox'에 인수되었다.

우리나라에서도 두각을 나타내는 기업들이 등장했다. '루닛'은 2013년 설립된 인공지능 기반 영상 의학 전문 기업이다. 초기부터 폐질환 및 유방암 관련 다수의 국제 대회에서 두각을 나타내면서 실력을 인정받고 있는 기업이다. 특히 96% 이상의 정확도를 보이는 유방암 판독 기술로 2021년 미국 FDA의 승인을 획득하여 국제적인 확장의 발판을 마련했다.

2015년 설립된 인공지능 전문 기업 '뷰노'는 엑스레이 사진으로 골연령을 판독할 수 있는 솔루션을 출시했다. 3순위까지 후보 답안을 제시하여 의료진을 보조하는 용도로, 인공지능 의료 기기 최초로 식품의약품안전처로부터 인증을 획득했다. 이 회사는 폐 엑스레이와 흉부 CT, 안저 사진, 뇌 MRI 등의 영상을 통해 질병을 판독할 수 있는 다양한 포트폴리오를 보유하고 있기도 하다.

의사들이 하루에 판독해야 하는 영상들은 점점 증가하는 추세다. 대체로 노동집약적인 영상 판독 과정에서 오류가 발생할 가능성이 커지고 있다. 딥러닝 기반의 영상 판독 기술은 의사들의 이러한 노고를 줄이고 핵심적인 업무에 집중할 수 있도록 지원해주는 유용한 도구가 될 수 있다.

의료 영상 분석 분야는 영상 인식에 대한 기술적인 토대도 상대적으로 탄탄하여 세계적으로 많은 스타트업들이 진입하고 있는 시장이기도 하다. 문제는 기술의 일반화 혹은 확장성이다. 폐암 판별을 위해 학습된 기술은 유방암 분석에 직접적인 활용이 곤란하다. 또한 종양 전체를 아우르는 기술을 만드는 것은 매우 어려운 것이 현실이다. 비즈니스 진입을 위해서는 특정 질환의 시장과 기술적 난이도에 대한 분석이 필요한 상황이다.

지식 기반 의료 데이터의 분석

환사의 의료 데이터와 진료기록 등을 분석하여 질환을 예측하고, 처방법을 제시하기 위한 인공지능이 도입되고 있다. '세계 최초의 인공지능 의사'라는 타이틀을 가지고 있는 'IBM 왓슨'은 이 분야의 대표 주자다. 미국의 유명 퀴즈 프로그램 〈제퍼디!〉에서 우승했던 왓슨을 기반으로, IBM은 2015년에 '왓슨 헬스' 부문을 출범시키면서 의료 분야에 본격적으로 뛰어들었다.

IBM이 출시한 다양한 의료 솔루션 중에서 폐암이나 유방암, 대장암 등의 질병에 대해 의사의 진료를 지원해줄 수 있는 '왓슨 포 온톨로지 Watson for Ontology'는 가장 대표적인 기술이다. 미국 뉴욕의 메모리얼 슬론 캐터링 암 센터와의 협업으로 만들어진 이 기술은 국내에도 2016년부터 가천대 길병원을 비롯한 약 7개의 병원에 도입되어 유명세를 타기도 했다.

왓슨 포 온톨로지는 방대한 양의 의학 지식 데이터베이스를 구축하고, 이를 기반으로 강력한 추론 기능을 수행하는 방식이다. 즉 구축된 지식을 기반으로 환자의 진료 기록이나 의료 데이터를 분석하고 추론하여 적절한 치료법을 제시해줄 수 있다.

왓슨은 이를 위해 300여 종의 의학 정기 간행물과 200여 권의 의학 전문서적, 1,500만 페이지에 달하는 연구 논문 지식을 습득했다고 한다. 다른 연구 성과도 반영하면서 지식을 지속적으로 업데이트시키는 방식이다.

왓슨은 각각의 근거와 함께 '추천', '고려', '비권고' 등 세 가지의 치료법을 제시해서 의사의 판단을 보조하는 방식을 취하고 있다.

그러나 IBM은 의욕적인 출발에도 2021년부터 왓슨 헬스 사업부를 매각하기 위한 절차에 돌입했다. 영업 이익 적자의 확대와 사업 확장 실패 때문으로 보인다. 150억 달러를 상회하는 투자에도 불구하고, 매출액은 이의 10% 미만에 불과한 것으로 전해지고 있다. 뉴욕 케터링 암 센터는 왓슨 공동 개발 프로젝트를 중단했고, 왓슨에 4년간 6,200만 달러를 투자했던 휴스턴 MD 앤더슨 병원은 프로젝트의 실패를 공식화했다. IBM의 헬스 사업 철수는 인공지능의 비즈니스 구현 측면에서 시사해주는 바가 크다.

IBM의 사업 확장 실패에는 인공지능 왓슨이 가지고 있는 기술적 한계도 영향을 미쳤을 것이다. 왓슨의 방식은 적절한 데이터를 선정하고 훈련시키기 위해 엄청난 양의 수작업과 의사의 개입이 필요하다. 기계가 자동으로 학습하는 방식과는 거리가 멀다. 일례로 한 해 동안 발표되는 4만 편이 넘는 암 관련 논문의 취사선택에서부터 훈련에 이르기까지 일일이 사람의 손길이 필요하다.

또한 데이터의 선택은 곧 인종이나 성별, 연령 등에 대한 데이터의 편향으로도 이어져 정확도와 확장성이 결여되는 결과를 가져왔다. 클라우드 기반의 서비스도 어느 정도 확장을 제한하는 요소로 작용했다. 환자들은 대체로 민감한 의료 데이터의 공개를 꺼리기 때문이다.

환자의 의료, 생체 데이터의 분석

병원에서 의무적으로 기록해두는 환자의 데이터를 인공지능으로 분석하면 병에 대한 통찰을 얻을 수 있지 않을까? 이는 환자 개인에게 최적화된 치료법이나 예방법을 제공해주는 개인화된 의료 서비스로 가는 길이기도 하다.

'전자의무기록EHR'은 환자의 혈액, 소변 검사 수치 등의 정형 데이터와 진료 기록과 같은 비정형 데이터로 이루어진 의료 데이터의 보고로 알려져 있다. 구글은 2018년에 이를 분석해 환자의 치료 결과를 예측할 수 있는 딥러닝 기술을 개발했다. 이 기술을 통해 환자의 사망 가능성이나 재입원 가능성 등에 대한 조기 예측이 가능해졌다.

질병이 생기면 생체 어딘가에 나타날 것으로 예상되는 변화에 집중하는 방식도 있다. 최근 헬스케어 분야에 투자를 강화하고 있는 일본의 히타치제작소는 2018년 소변을 분석해서 유방암과 대장암을 찾아내는 기술을 개발하고 임상 실험에 들어갔다. 국내에서도 혈압, 맥박, 산소 포화도 등 환자의 생체 신호만으로 위험 상태를 사전에 예측해주는 인공지능이 세브란스 병원에서 개발됐다. 예측 정확도는 90%를 상회하는 것으로 알려져 있다.

생체 데이터는 우리 몸의 변화를 읽을 수 있는 빅 데이터이다. 즉 특정 질병과 데이터의 상관관계나 패턴을 학습한다면 생체 데이터 분석을 통해 질병을 예측하는 것이 가능해질 수 있는데, 패턴 분석에 강한 딥러닝 기술은 이를 위한 유용한 도구가 될 수 있다. 의학적 지식과의 결합을 통한 하이브리드 방식도 가능할 것이다. 데이터 확보의 용이성, 기술의 난이도와 일반화 가능성 등을 볼 때 사업적인 측면에서도 상대적으로 유리하다. 때문에 향후 이 분야에서 혁신적인 성과들이 나올 수 있을 것으로 기대된다.

일상의 생체 정보를 수집해서 발병 위험을 사전에 경고해주기 위한 웨어러블 기기들도 늘어나고 있다. 애플의 '애플와치'는 맥박, 혈중 산소 농도와 심전도 등을 측정할 수 있는 일상적인 건강 관리 기능을 제공해주고 있다.

2019년 구글에 인수된 '핏빗Fitbit'은 운동량과 소모 열량을 체크해줄 뿐만 아니라 자고 나면 수면 상태의 질도 체크해준다. 필립스에서는 건강을 체크해줄 수 있는 스마트 거울을 개발하고 있다.

신약 개발

신약 개발은 인간의 질병을 치료하는 새로운 약을 찾는 과정이다. 이 과정은 수천, 수만 가지의 화학물질을 탐색하거나 조합해서 적절한 물질을 찾아내야 하는 노동집약적인 과정에 다름 아니다. 이를 위해 투자하는 시간과 비용이 매우 많이 소요될 뿐만 아니라 성공 확률도 지극히 낮다.

딜로이트에서 글로벌 상위 12개 제약 회사를 대상으로 조사한 통계에 따르면, 약품 하나를 개발하기 위해 평균 10~12년의 개발 기간과 약 20억 달러를 상회하는 비용의 투자가 필요했다고 한다. 이는 곧바로 기업의 수익성 악화로 연결된다. 따라서 비용과 시간은 줄이고, 성공 가능성은 높일 수 있는 새로운 방법의 도입이 절대적으로 필요하다.

무엇보다 중요한 것은 신약 후보 물질 발굴의 정확도를 높이는 것이다. 처음 선별된 화합물이 임상 시험 진입에 성공할 확률은 10% 미만으로 알려져 있다. 이 예측의 정확도를 두 배만 높일 수 있어도 비용과 시간을 획기적으로 절감할 수 있을 것이다. 이 문제를 풀기 위한 기업들의 선택지가 바로 인공지능이다.

구글의 지주 회사 알파벳도 2021년 말 '아이소모픽 랩스'를 설립하면서 이 경쟁에 뛰어들었다. 딥마인드가 개발한 알파폴드를 기반으로, 미지의 단백질 구조에 대한 해독과 신약 개발을 주도하기 위한 것이었다.

인공지능 기반의 신약 개발은 아직 초기 단계다. 하지만 2019년 기준, 전 세계 50여 개의 제약 기업과 170여 개의 인공지능 전문 기업들이 합종연횡을 통해 경쟁하고 있을 정도로 시장의 기대는 매우 크다. 특히 딜로이트는 신약 개발 분야가 인공지능 헬스케어 시장의 약 70%를 차지하면서 전체를 견인하는 핵심 비즈니스가 될 것으로 예상하고 있다.

PART 6

지금까지 살펴보았듯이 인공지능은 기술적으로도 사업적으로도 많은 기회를 만들어내면서 점차 전기나 내연기관과 같은 이 시대의 범용 기술로 자리매김하고 있다.

이와 동시에 인공지능의 부정적인 측면들도 서서히 부각되고 있다. 사실 모든 기술은 가치 중립적이며 양날의 칼이기도 하다. 선의든 악의든 어떻게 기술을 이용할 것인지는 전적으로 인간에게 달려 있기 때문이다.

인공지능 기술도 마찬가지다. 다른 점은 기술의 특성상 긍정과 부정의 모든 측면을 더욱 강화시킬 수 있고, 다른 기술과 달리 통제하기가 만만치 않다는 점이다. 다보스 포럼은 2017년에 인공지능이 인류 역사상 가장 부정적 영향이 큰 신기술이 될 것으로 예상하기도 했다.

PART 6에서는 현재 논의되고 있는 인공지능의 부정적인 문제들을 추적해보고자 한다.

인공지능의 그림자

일자리에 대한 심각한 도전

비관적 견해

인공지능은 사람보다 신속하고 효율적으로 정확한 결과를 낼 수 있는 자동화 기술이다. 게다가 지치지 않고 일할 수 있어 사람보다 월등한 생산성을 자랑한다. 노동 집약적이고 단순 반복적인 많은 업무 혹은 직업들이 인공지능으로 대체될 가능성이 크다.

인공지능은 또한 지능화 기술이다. 상대적으로 안전하게 여겨지던, 화이트칼라가 주류를 이루던 직업까지 대체할 가능성이 커졌다. **인공지능으로 인한 일자리 위협은 화이트칼라와 블루칼라, 고숙련공과 미숙련공을 가리지 않고 전방위적으로 나타날 가능성이 크다.** 심지어 인공지능을 개발하는 개발자의 업무도 대체될 수 있다는 예측까지 나오고 있다.

인공지능으로 인한 일자리 변화 예측은 사용하는 예측 모델에 따라 매우 다양하게 나타나고 있다. 경제학자와 컨설팅 회사들의 밥벌이 수단이 되고 있다고 생각될 정도다. 우선 직업을 중심으로 한 일반적인 예측은 향후 20년 이내에 약 절반 정도의 직업이 자동화로 대체될 수 있다는 비관적인 보고가 있다. 또한 전체 업무 중에 70%를 자동화할 수 있는 업종을 고위험군으로 분류하는 방식도 있다. OECD는 약 10% 정도의 직업만이 고위험군에 속할 것이라는 다소 낙관적인 결과를 내놨다. 반면에 PwC와 맥킨지, 베인앤컴퍼니 등의 컨설팅 기업들은 평균적으로 약 30% 정도로 예측하고 있다. 다양한 예측들이 시사해주는 바는 명확하다. 향후 20년 내에 우리들의 일자리에는 대변혁이 나타나리라는 사실이다.

미국의 투자 금융 글로벌 기업 골드만삭스가 2017년 인공지능 투자 분석 소프트웨어를 도입하면서 600여 명의 전문 투자 분석가들을 내보낸 것은 유명한 사건이다. 남은 것은 IT 관련 인력들뿐이었다. 현재 인공지능의 발전 속도를 고려해보면 이 분야는 10년 이내에 인공지능 에이전트들의 경연장이 될 가능성이 매우 높다.

아마존은 '아마존 고Amazon Go'를 통해 소매점의 계산대를 없애고 있다. 미국 내 매장의 계산원 수는 전체 노동자의 2.6%에 해당하는 340만 명 정도로, 초중고 교사를 모두 합한 수와 같다. 향후 5~10년 이내에 이런 매장이 보편화된다면 이들 모두는 일자리를 잃거나 다른 직업으로 전환해야 할 것이다.

파급력이 가장 큰 기술 중 하나는 자율주행이다. 트럭은 미국의 물류 운송에서 차지하는 비중이 73% 정도인 핵심 운송 수단이다. 전문가들의 예상처럼 10년 이내 혹은 그보다 더 빠른 시기에 완전 자율주행이 현실화된다면 물류 기업의 오너들은 과연 어떤 결정을 내리게 될까?

다임러는 이미 2015년에 미국 네바다 주의 일반 도로에서 대형 트레일러의 자율주행 실증 시험을 실시했다. 도심을 달리는 자율주행 기반의 로보택시도 전 세계의 도로에서 점차 시험 운행 구간을 늘려가고 있다. 아마 10~20년 후에는 운전자가 없는 많은 트럭과 택시, 버스들이 도로 위를 달리고 있을 것이다. 미국 전체 고용 시장의 3%에 달하는 500만 개의 일자리는 이들에 의해 위협받게 될 것이다.

낙관적 견해와 반론

일자리에 대한 낙관적인 관점도 존재한다. 전기와 증기기관 등 과거의 범용 기술General Purpose Technology이 제공해준 강력한 순기능과 유사할 것이란 예상이다. 범용 기술은 소수의 장인이나 고숙련 노동자들에게만 허용되던 업무를 미숙련 노동자들도 할 수 있도록 진입 장벽을 크게 낮췄다. 산업혁명에 의한 생산 방식의 대변혁이었다. 이를 통해 수억 명의 농민들이 공장 노동자로 전환되고 부를 축적하면서 이후 견고한 중산층을 형성하는 사회적 변화도 이뤄낼 수 있었다.

고용을 촉발한 또 하나의 원인은 범용 기술 적용이 확산되면서 발생한 산업 밸류체인의 성장이다. 내연기관이 개발되면서 마차에서 차로 전환되던 시점은 이를 극명하게 드러내준다. 마부라는 소수의 직업은 사라졌지만, 자동차와 관련 산업의 밸류체인이 극적으로 확대되었다. 즉 자동차 운전업과 딜러, 주유소, 부품업, 정비업, 보험업 등에서 많은 새로운 직업들이 만들어졌던 것이다. 그뿐만이 아니다. 내연기관의 거침없는 기술적 성장은 항공기, 우주선으로까지 확대되면서 더욱 많은 일자리를 만들어냈다.

이처럼 **범용 기술은 기존 산업을 대체함과 동시에 새로운 산업을 지속적으로 만들어왔고, 이는 고용의 폭발적 성장으로 이어졌다. 이런 관점에 따르면 인공지능은 아직 밸류체인의 정체성과 확장성이 명확하게 드러나지 않았을 뿐이다.**

하지만 인공지능이 일반적 범용 기술과 유사할 것이라는 전제는 의심해 볼 필요가 있지 않을까? 우선 인공지능은 기존 기술의 강력한 대체제로서 기존 업무 혹은 직업을 대체할 것이다. 마부 대신 택시 운전사가 생기는 것이 아니라 아예 없애버릴 수 있는 위력을 가졌다. 이는 컴퓨터, 인터넷 등의 ICT 기술과도 유사하다. 이 기술들도 과거 20여 년 동안 사무자동화 혁신을 거치면서 수백, 수천만 명의 일자리를 앗아갔다.

단기적인 관점에서 자동화가 곧 고용 악화와 직결되는 것은 어쩔 수 없는 일이다. 고용 상황의 전기는 하드웨어와 소프트웨어를 기반으로 하는 ICT 산업 밸류체인의 폭발적 성장을 통해 이루어졌다. 해당 산업의 성장뿐만 아니라 전 산업의 부흥을 견인하면서 산업 전체적으로 엄청난 규모의 파이를 키워낼 수 있었던 것이다. 결국 고용 상황에 대한 해답은 인공지능 기술이 가지는 밸류체인의 확장 가능성에 달려 있다고 해도 과언이 아니다.

인공지능은 로봇이나 드론, 컴퓨터 등의 하드웨어와 인터넷 등의 인프라에 스며들어 자동화해주고 지능을 부여해주는 특수 목적의 알고리즘과 소프트웨어 기술이다. 따라서 인공지능은 일차적으로 기존 ICT 산업의 밸류체인 내에서 작동될 가능성이 크다. 인공지능은 ICT 산업 내의 많은 부분을 고도화하여 사람의 개입을 더욱 줄여줄 것이다. 소수의 고급 노동력으로 개발이 되고 나면 운용과 배포에는 큰 노동력이 필요하지 않다.

인공지능을 기반으로 새롭게 성장하는 사업은 어떤가. 자율주행이나 휴머노이드 로봇 등의 예에서 보듯 인공지능 비즈니스가 확장될수록 다른 일자리들에는 파괴적으로 작동될 가능성이 크다. 따라서 전체적인 일자리는 줄고 수학과 컴퓨터, 공학 등 고도의 전문 지식을 요하는 직업군만 증가할 가능성이 크다.

증강지능의 관점

인공지능은 인간을 완전히 대체하는 것이 아니라, 사람을 보조해주는 '증강지능'으로 보는 관점도 있다. 자율주행에서 인간 운전자의 개입

정도에 따라 6단계의 협업 레벨을 정의하듯이 인공지능도 이와 유사한 협업 레벨의 정의가 가능하다. 즉 어드바이스만 가능한 레벨 1에서 일부 기능을 대체해주는 레벨 4, 모든 기능을 완전히 대체하는 레벨 5까지 5단계의 협업 레벨이다.

하지만 어떤 경우에도 정도의 차이는 있겠지만, 인력의 감축은 불가피할 것으로 보인다. 10명이 해오던 일은 2명의 인간과 인공지능이 충분히 해낼 수 있을 것이다. 분야별로 심각해지는 시점과 정도의 차이가 있을 뿐 근본적인 문제는 변하지 않을 것이다.

일하는 방식의 변화도 감지된다. 협업 레벨 5의 인공지능이 출현할 때까지 사람들은 인공지능과 공생, 공조해야 함을 의미한다. 따라서 인공지능을 활용하는 능력은 곧 개인과 회사, 국가의 경쟁력이 될 것이다. 일례로 영상 의학에서 인공지능을 이용하는 의사와 그렇지 못한 의사는 정확도와 속도 면에서 분명히 다른 퍼포먼스를 낼 것이다.

방대한 법전과 판례를 뒤져야 하는 법률가들도 마찬가지다. 여러 명의 초급변호사가 일주일이 넘는 시간을 쏟아 부어야 하는 작업을, 인공지능을 사용하는 한 명의 변호사가 단 몇 시간 내에 보고서까지 정리할 수 있다면 선택지는 자명해진다.

동일한 패턴의 기사를 작성해야 하는 기자도 인공지능의 도움으로 훨씬 중요한 작업에 집중할 수 있게 된다. 이는 곧 서비스의 질적 향상으로 다가올 것이다.

일자리는 어떻게?

일자리에 대한 결론은 이렇다. 정도의 차이는 있겠지만 앞으로 20년 이내에 약 50% 정도의 직업군이 인공지능의 영향권 내로 들어올 것이다. 인공지능의 침투 속도는 분야에 따라 다르게 나타난다. 일부를 제외하고 인공지능에 의한 전면적인 교체까지는 시간이 걸릴 것이다. 그보다는 인공지능의 협업 레벨 1에서 레벨 4까지 점진적으로 진행되면서 전체적인 인력 규모를 점차 줄여갈 것이다. 이런 중간 지대의 시간이 얼마나 지속될 것인지는 분야별 기술적 성숙도 및 법과 제도, 사회적 합의 등에 따라 달라질 가능성이 크다.

인공지능과 인간이 공생, 공조하는 이 기간 동안 인공지능을 활용하는 능력이 개인과 기업 혹은 국가의 성패를 좌우할 것이다. 의사와 약사, 법률가, 펀드 매니저, 그리고 과학자의 곁에는 인공지능이 늘 함께할 가능성이 높다.

전투기 조종사들은 인공지능 시뮬레이터와의 경쟁을 통해 알파고와 같은 인공지능의 벽에 좌절하는 일도 많아질 것이다. 또한 소프트웨어 프로그래머들은 5~10년 이내에 인공지능 보조자를 하나씩 곁에 두고 프로젝트를 관리하는 자신을 발견하게 될 것이다.

인공지능 기술은 궁극적으로 레벨 5를 지향하며 계속 전진할 것이다. 결국 자동화할 수 있는 모든 것을 자동화하고, 대체할 수 있는 모든 것을 대체할 때까지 밀어붙이게 될 것이다. 투자 부문을 포함한 금융권과 각종 안내원직 분야에서는 이미 변화가 시작되었다. 10여 년의 세월이 지나면 자율주행의 현실화에 따라 운전직에 대한 대규모 위기가 닥칠 것이다. 아마존에서 시작된 소매점의 자동화도 큰 변화를 피하기 힘들다. 10~15년이 지나면 물류 창고와 공장은 로봇과 컴퓨터만이 24시간 쉼 없이 분주하게 움직이는 일터가 될 가능성이 높다.

인공지능의 발전 속도는 우리의 예상을 훨씬 뛰어넘고 있는 게 사실이다. 인공지능으로 인한 일자리 상실을 해결하기 위해 미국 산업계가 내놓은 해법은 단순하다. 근로자를 '재훈련retraining'하고 근로 시간을 '단축reducing'하고 소득을 '재분배redistribution'하는 것이다. 부의 편중을 완화하기 위한 '보편적 기본 소득'에 대한 논의도 미국, 캐나다, 핀란드 등의 정치권과 산업계를 중심으로 시작되었다.

하지만 특별한 아이디어는 보이지 않는다. 중요한 것은 일자리의 위기가 쓰나미처럼 밀려오게 될 분야들이 늘어난다는 사실이다. 쓰나미의 전조는 썰물과 고요함이다. 외형적으로 아무렇지 않게 보이는 지금의 고요가 닥쳐올 실업의 전조는 아닐까?

군사 무기화에 대한 커지는 우려

2020년 1월 초, 이란의 2인자로 불리던 가셈 솔레이마니 이란 혁명수비대 사령관이 이라크 바그다드 공항 근처에서 미군의 무인 드론 공격으로 사망하는 사건이 발생했다. 이는 두 달 전 로켓 공격으로 사망한 미국인 사업가에 대한 보복적인 조치였다. 이 건이 처음은 아니다. 미국은 2008년 이후 약 4,500명의 테러리스트들을 드론으로 제거했다고 한다.

2021년 3월에는 이란의 후원을 받는 예멘의 후티 반군이 사우디아라비아 아람코의 정유 시설을 6대의 드론으로 폭격하는 사건이 벌어졌다. 이는 모두 인공지능을 통해 목표물만 정밀 제거하는 핀셋 폭격이 가능해지면서 발생한 사건들로 향후 전장에서 드론이 어떻게 활용

될지를 여실히 보여주는 사례이다. 미국과 이스라엘, 영국, 중국 같은 드론 강국뿐만 아니라 세계의 많은 나라들이 공격용 드론 개발에 많은 투자를 하고 있는 이유다.

공격용 드론과 킬러로봇

2018년 초 카이스트는 당황스런 메일을 접수했다. 세계적으로 저명한 57명의 인공지능, 로봇 학자들이 카이스트와의 모든 연구 협력을 보이콧하겠다는 성명서를 발표한 것이다. 여기에는 캐나다 마피아의 일원인 몬트리올 대학의 요슈아 벤지오 교수도 포함되어 있었다. 이는 카이스트에서 인간의 통제 없이 작동하는 인공지능 킬러로봇을 개발한다는 기사가 외신에 실리면서 발생한 해프닝이었다.

한화시스템과 공동으로 무인잠수정, 항공기 훈련 시스템 등 인공지능 기반의 무기 체계를 개발하기 위한 과제를 오인한 결과로, 카이스트 총장 명의의 해명서를 통해 무마시켜야 했다. 세계 과학계가 인간의 통제를 받지 않는 대량 살상무기에 대해 얼마나 민감한지를 실감케 한 사례였다.

사실 대중의 우려에도 불구하고 인공지능의 군사 무기화는 당연한 수순이라고 할 수 있다. 컴퓨터와 인공지능, 로봇, 자율주행 등의 기술 개발을 초기부터 수십 년 간 실질적으로 견인해온 기관이 바로 미국 국방부 산하의 방위고등연구계획국이었다. 현재 우리 생활 속에 들어와 있는 많은 기술들도 국방 분야에서 나왔다. 우리가 사용하는 인터넷의 원형도 이곳에서 개발한 '아파넷ARPANET'이다.

미국, 중국, 러시아, 유럽 등 세계의 군사 강국들은 국방 분야에 인공지능을 도입하기 위해 치열한 경쟁을 벌이는 중이다. 다양한 정보, 첩보 기반의 통합 전장 관리를 위한 지휘 통제 체계와 군수 지원 체계, 시뮬레이션을 통한 훈련 체계, 자율무기 체계 등 전 분야에 걸쳐 있다. 가장 염려스러운 부분은 사실상 자율 살상무기의 개발이다.

수천 km 밖에서도 원격 조정을 통해 목표를 파괴할 수 있는 공격용 드론은 가장 확실한 비대칭 전력으로 각광받고 있다. 미국과 중국은 공격용 드론에 레이더 탐지를 회피하기 위한 스텔스 기능까지 도입하기 시작했다. 지금 이 시간에도 드론은 지구 어딘가에서 목표물 위를 날고 있을 가능성이 크다.

또한 각국 정부는 전장에서 병사들을 대신하는 로봇에 대한 근본적인 목표를 가지고 있다. 이러한 **킬러로봇의 개발은 국제적으로 많은 논쟁이 있는 분야다. 인간의 통제 없이 생명을 살상할 가능성이 크기 때문이다.**

미국과 러시아는 2025년 실전 배치를 목표로 인간형 로봇을 개발 중이다. 일본도 이미 2012년 인간 탑승형 전투로봇을 개발해놓았다. 국내 기업이 개발해 휴전선에 배치한 감시 경계용 '센트리가드' 로봇도 킬러로봇으로 분류됐다.

무인 살상 무기에 대한 국제적 비판도 만만치 않다. 2015년 4,000여 명의 구글 직원들은 드론 공격기의 실시간 판독 능력 향상을 위한 미국 국방부의 프로젝트를 거부하는 선언을 했고, 회사는 이를 받아들여야 했다. 2017년에는 116개국의 인공지능, 로봇 전문가들이 킬러로봇 개발 중단을 요구하는 공개서한을 UN에 발송했다. 그들은 '판도라의 상자가 열리면 다시 닫기 힘들 것'이라고 주장했다. 이 때문에 UN에서는 최초로 킬러로봇에 대한 논의가 이루어지기도 했다.

하지만 국제적 규약도 독재자나 테러리스트에게는 큰 의미가 없을 것이다. 우리만 깨끗하면 세상도 그러리라고 생각하는 건 너무 순진한 발상이 아닌가. 중요한 건 로봇의 대한 인간의 통제권이다. 결국 판도라의 상자를 여는 건 인간이니 말이다. 무기 시장이 인공지능의 가장 매력적인 시장 중의 하나가 되리라는 사실 또한 자율 살상무기에 대한 전망을 더욱 비관적으로 만드는 요소다.

생화학 무기의 가능성

인공지능의 무기화에 대한 우려는 비단 로봇과 드론뿐만이 아니다. 신약 개발 과정에서 인간에게 해로운 독성물질을 만들어낼 수 있다는 걸 보여주는 사례가 등장했다.

미국의 컬래보레이션 제약사는 2021년 '메가신MegaSyn'이라는 신약 개발 인공지능을 이용해 4만여 종의 화학무기 후보 물질을 발굴하는 데 성공했다. 불과 6시간 만에 이루어진 일이었다. 메가신은 원래 알츠하이머 치료를 위해 독성이 낮은 약물을 찾는 인공지능 모델이었다.

생체적 합성과 독성 예측 여부에 따라 상벌을 주는 강화학습으로 훈련을 했는데, 새로운 독성 물질의 발굴은 놀랍게도 단순히 학습 방식을 변경해서 얻은 결과였다. 독성 물질에도 상을 주는 방식으로 말이다.

코로나가 전 지구를 엄습한 지도 이제 2년을 훌쩍 넘기고 있다. 세계적으로 5억이 넘는 감염자와 600만이 넘는 사망자가 발생했지만, 누구도 그 근원에 대해서 정확히 설명하지 못하고 있다. 분명한 것은 자연 발생적인 것은 아니라는 사실이다.

메가신의 사례에서 보듯 인공지능은 학습 방식 하나만 바뀌어도 낯빛을 달리할 수 있는 기술이다. 전체주의를 신봉하는 국가나 테러단체와 같은 불순한 조직의 손에 쥐어진다면 인공지능은 새로운 생체무기와 화학무기 제조법을 훈수해주는 강력한 악마성을 드러낼 수 있다. 생화학 무기의 위력에 비하면 로봇이나 드론은 애교 수준에 불과할 것이다. 인류와 생명의 존재 자체를 위협할 수 있는 가장 큰 위기가 닥칠 수도 있다.

신뢰가 무너지는 사회

딥페이크의 부상과 조작 사회의 등장

2018년 백악관에 단호한 모습으로 앉아 있는 오바마 미국 전 대통령이 도널드 트럼프 당시 대통령에게 폭언을 하는 인터뷰 영상이 발표됐다. 자신이 공개적으로 이런 말을 할 사람은 아니라는 말도 덧붙였다. 정적이었던 트럼프 대통령이 직접 보았다면 분노할 만한 내용이었다.

물론 이 영상은 가짜였다. 부상하고 있는 인공지능 기술의 위험성을 경고하기 위해 미국의 온라인 매체 버즈피드와 멍키포 프로덕션이 공동 제작한 딥페이크 영상이었다. 딥페이크는 특정 인물의 오디오와 비디오 클립을 학습해서 진짜와 매우 유사한 가짜 인물을 합성해낼 수 있는 기술이다. 현재 이 기술은 인터넷에서 수집한 이미지만으로 특정 인물의 '디지털 도플갱어'를 간단하게 생성할 수 있을 만큼 발전했다.

딥페이크 기술은 상업적 확장 가능성에도 불구하고 많은 정치, 사회적 문제를 내포하고 있다. 유명 정치인의 모습과 음성을 빌려 특정 인종이나 계급을 비호하는 정치적 프로파간다Propaganda를 전파한다면 많은 대중을 현혹시킬 수 있기 때문이다. 오해를 불식시킬 수 있는 충분한 시간이 주어진다면 그나마 다행이다. 하지만 대통령 선거일 바로 전날 혹은 전쟁 같은 위기가 닥친 시점에 배포되는 가짜 영상은 국가 혹은 세계적 위기를 초래할 수 있을 만큼 치명적일 수 있다.

물론 반대의 경우도 가능하다. 정치적, 사회적 비리를 저질렀음에도 은폐의 도구로 활용될 수도 있기 때문이다. 진짜 영상을 단순히 딥페이크라고 부정해버리면 될 일이다. 현재 기술로는 진짜와 가짜를 단지 확률적으로 구분할 수 있을 따름이다.

개인들도 예외는 아니다. 영화 〈원더우먼〉을 연기했던 갤 가돗은 2017년 포르노 영상의 희생양이 되기도 했다. 이처럼 많은 유명인들은 물론 일반인들도 자신도 모르는 사이에 포르노나 범죄 현장의 주인공으로 둔갑하는 일들이 벌어질 수 있다. 어떤 경우든 정치적, 사회적 파장은 걷잡을 수 없을 것이다.

이 기술이 전달해주는 메시지는 명확하다. 신뢰가 무너진 시대를 살아가야 한다는 예고다. 우리는 이미 보도되는 뉴스나 통계를 그대로 받아들이지 못하는 피곤한 시대에 살고 있다. '팩트 체크'도 다시 체크해봐야 하는 그런 시대가 되었다. 딥페이크에 의한 가짜 영상의 범람은 여기에 날개를 다는 격이다. IT 컨설팅 기업 가트너는 2022년경에는 가짜가 훨씬 많은 세상이 오게 될 것으로 예측하고 있다.

정작 두려운 것은 '진짜'가 중요하지 않은 세상의 도래다. 진짜 같은 가짜가 범람하다 보면 사람들은 자신의 기존 가치 체계에 맞는 것만을 사실로 받아들일 가능성이 매우 커진다. 사실을 알아가는 과정이 피곤하기도 하고 두렵기도 하기 때문이다. 그것이 습관으로 굳어진다면 우리는 자연스럽게 조작된 사회를 받아들이게 될 것이다.

편향성의 한계

신뢰를 무너뜨리는 것은 또 있다. 그것은 딥러닝 기반의 인공지능이 가지는 기술적 한계에서 비롯된다. 데이터를 학습하는 딥러닝은 다소의 차이는 있겠지만, 태생적으로 편향성을 가질 수밖에 없다. 데이터를 수집하는 과정과 데이터 접근성의 차이 등에 의해 자연스럽게 데이터의 편향을 가져올 수 있기 때문이다. **편향된 데이터 세트로 학습한 인공지능은 편향된 결과를 낼 수밖에 없는 것이다.**

마케팅과 같은 상업적 이용에서는 사회적 문제를 야기하지는 않을 것이다. 하지만 기업의 채용이나 은행에서의 대출, 형사 피의자의 재범 가능성에 대한 판단 같은 문제로 넘어오면 결코 간단하지 않다. 인종과 나이, 성별, 학력과 경력 등 모든 측면에서 데이터의 편향성은 사회적 편견으로 귀결되기 때문이다.

2013년부터 미국 여러 주의 법정에서 사용하던 '컴퍼스Compass'가 대표적인 사례다. 컴퍼스는 피고의 성격이나 개인적 특성 등을 토대로 재범 가능성을 예측하고 선고 형량과 보석, 가석방 등에 대한 판사의 결정을 지원하도록 만들어진 소프트웨어다. 컴퍼스는 특히 백인에 비해 특정 인종의 재범 가능성을 더 크게 판단하였고 그들의 수감 가능성을 높이는 피해를 주었다.

마이크로소프트가 2015년에 내놓은 챗봇 '테이'는 단 이틀 만에 철수되는 시련을 겪어야 했다. 사용자와의 상호 작용을 통해 성장하도록 설계된 이 챗봇은 사용자들의 인종 편견에 가득 찬 말을 학습하면서 말 그대로 인종주의자가 되어버렸다. 아마존이 2014년부터 사용했던 채용 시스템은 백인 남성을 선호하고 여성에게는 불리하게 작용한 채용 성향 때문에 2018년에 폐기되기도 했다.

인공지능 언어 모델의 편향성 오염도 심각한 것으로 알려지고 있다. 초거대 언어 모델 GPT-3의 저자들은 대부분의 고학력 직종이나 육체 노동직의 경우 남성으로 판단하는 편견을 가지고 있다는 보고를 내놨다. 더구나 2019년 GPT-3가 작성한 극본에서 테러리스트나 강간범 역할은 중동 출신 연기자들의 몫이기도 했다. GPT-3가 학습한 방대한 양의 언어 데이터는 이미 인간들의 편향된 시각을 충실하게 반영하고 있는 셈이다.

구글에서 인공지능 윤리를 담당하던 전임 책임자는 "언어 모델이 인종, 성별, 장애인 등 특정 집단에 대한 차별이나 고정관념을 영속화할 수 있다."라고 주장하며 구글을 떠나는 일도 있었다. 더 큰 문제는 의도된 편향의 가능성이다. 데이터와 알고리즘에서 의도된 편향이 발생한다고 해도, 이를 사전에 발견하고 책임을 물을 만한 대안은 아직 없다.

지금까지 논의된 문제점을 극복하고, 공정성, 안정성, 투명성, 신뢰성에 기반을 둔 인공지능으로서 윤리적으로 사용하기 위해 기업과 정부, 국제기구와 비영리단체 등을 중심으로 대안 마련을 서두르고 있다.

구글과 마이크로소프트 등은 인공지능에 대한 사용 원칙과 가이드라인을 만들었다. ACM, IEEE 등 전문가 단체는 인공지능의 개발과 활용에 있어 지켜야 할 윤리장전을 제정하기도 했다. IBM은 2018년에 인공지능 모델의 편견을 검사하기 위해 '인공지능 공정성 360'이라는 프로그램의 소스를 공개했다. 또한 유럽 연합의 '인공지능 고등 전문가 그룹High Level Expert Group on Artificial Intelligence'에서는 2019년 '신뢰할 수 있는 인공지능을 위한 가이드라인'을 발표했다.

빅 브라더의 실루엣

영화 〈터미네이터〉에 등장하는 스카이넷Skynet은 공포의 대상이다. 미래의 어느 시점에 핵전쟁으로 인류를 파멸시키고, 과거로 킬러로봇을 보내 인류를 절멸시키려는 인공지능이기 때문이다. 알파고 쇼크가 던진 인공지능에 대한 두려움은 바로, 이 스카이넷에 대한 기시감으로부터 비롯된 것과 다름이 없다.

감시자의 눈

우연의 일치인지는 모르겠지만, 중국 정부는 2015년부터 동일한 이름의 인공지능 실시간 영상 감시 시스템을 운영 중이다. 중국은 지금도 전국에 깔린 2억 대의 CCTV와 안면 인식 기능을 통해 사람들의 행동을 감시하고 기록하고 있다. 2016년부터는 스카이넷보다 진일보한 '매의 눈Sharp Eyes, 쉐량' 프로젝트를 통해 중국 전역을 24시간 감시, 통제할 수 있는 네트워크를 구축하고 있다. 여기에는 CCTV와 스마트폰, 드론이 그물처럼 서로 연결되어 있다.

CCTV는 현대판 빅 브라더의 눈이다. 현재 중국은 전 세계의 약 54%에 해당하는 CCTV를 보유하고 있을 정도로 촘촘한 감시망을 자랑한다. 미국이 보유한 5,000만 대보다 4배가 더 많은 수를 보유하고 있음에도, 2022년 말이면 6억 대가 넘는 CCTV가 설치될 예정이다. 이를 통해 14억 중국인들은 3초 내에 90%의 정확도로 누구인지 식별되는 놀라운 경험을 하게 될 것이다.

물론 긍정적인 측면도 있다. 안면 인식을 통해 범죄 용의자들에 대한 중국 공안의 검거율이 향상되고 있으며, 실종자들이나 잃어버린 물건을 찾는 데도 효과적이어서 중국인들의 만족도도 높다고 한다. 하지만 반정부, 반체제 인사들에 대한 탄압 도구로도 악용되고 있다는 게 중론이다. 국제 인권감시 단체인 '휴먼라이츠워치'는 중국 정부가 현대사에 유례가 없을 정도의 대규모 감시를 진행 중이라고 평가하고 있다.

일부 전체주의 혹은 권위주의 정부가 추구하고자 하는 것은 명백하다. 전 국민에 대한 감시와 통제, 억압이다. 시민이 취한 행동을 평가하고 점수를 매기는 사회성 점수 모델은 이를 대변해주는 사례다. 점수가 높으면 회사에서 승진하거나 결혼을 할 때도 유리하게 작용한다.

반대의 경우, 당국으로부터 조사를 받거나 수용소에 갇히는 일이 벌어지기도 한다. 반정부 세력은 모두 수용소행이라는 의미에 다름 아니다. 인공지능 기술은 전체주의 정부의 성장 혹은 유지를 위한 충실한 도구가 되어주고 있는 것이다.

중국 정부가 감시, 통제 시스템 개발을 매개로 세계적인 스타트업을 육성하고 있다는 점은 특이하다. 센스타임SenseTime, 메그비Megvii 등 안면 인식 전문 스타트업들은 세계적으로도 정상급의 기술력을 가진 기업으로 인정받고 있으니 말이다.

데이터와 지식의 통제

빅 브라더가 볼 수 있는 수단은 CCTV만이 아니다. 플랫폼 기업들은 모바일이나 인터넷을 통해 우리 자신들보다도 더 정확하게 우리에 대한 거의 모든 것을 들여다볼 수 있다.

내비게이션, 검색, 인터넷 쇼핑, SNS, 카드 등 세상과 연결되는 순간부터 데이터가 만들어지기 시작하고 시스템에 전송되어 개인을 분석하는 도구로 활용된다. 유튜브나 넷플릭스의 정교해진 추천 시스템은 그런 방식으로 개선되어 온 것이다.

데이터를 어떻게 사용할지는 전적으로 데이터를 수집한 기업의 의지에 달려 있는 셈이다. 데이터 내 개인 정보를 없애거나 모호하게 만드는 '익명화'나 개인 정보를 다른 정보로 교체하는 '가명화' 기법들도 존재하지만 완벽하지는 않다. 익명이었음에도 넷플릭스의 영화에 등급을 매긴 사용자 99%의 신원이 밝혀지기도 했다.

데이터 프라이버시를 보호하기 위한 정책적 노력이 이루어지고 있기는 하다. 유럽 연합은 2018년 시민들의 개인 정보와 프라이버시 보호를 위해 '일반 정보보호법GDPR, General Data Protection Regulation'을 제정했다. GDPR을 통해 보호하고자 하는 데이터는 이름과 주소, 개인 식별번호, 위치, IP 주소, 의료, 유전, 생체, 인종, 민족, 정치 성향, 성적 성향 등을 망라하고 있다. 유럽 연합 내에서 기업의 거래 결과로 생성된 이러한 데이터는 적정 수준에서 보호되어야 하기 때문이다. 하지만 적정 수준이 무엇인지 그 기준이 여전히 명확하지 않다.

또한 미국은 1996년에 제정된 'HIPPAHealth Insurance Portability and Accountability Act'를 통해 환자의 건강 관련 정보를 보호하고 있다. 이 법은 인공지능에도 동일하게 적용된다.

지식에 대한 통제는 더욱 교묘하고 광범위하게 이루어진다. **인공지능은 알고리즘이 제시한 결과에 대해 이유를 설명하지 못한다. 알고리즘의 결정에 의문을 가져도 이의 제기는 거의 불가능한 블랙박스다.** 단지 확률적 판단에 불과함에도 '신탁'의 예언처럼 인공지능의 결정을 받아들여야 하는 것이다. 인과관계를 설명하지 못하는 인공지능의 기술적 한계 때문이다.

우리는 이런 인공지능을 과연 얼마나 신뢰할 수 있을까? 인공지능이 내놓은 결과가 최고의 선택지인지 어떻게 확신할 수 있을까? 설혹 인공지능의 실수를 발견했다고 해도 어디를 어떻게 고쳐야 하는지 확인하는 것은 불가능하다.

우리는 이미 인공지능의 결정에 부분적으로 익숙해지기 시작했다. 구글과 유튜브, 넷플릭스가 추천해준 목록에 의문을 제기하는 사용자는 과연 몇이나 될까? 아마존을 비롯한 많은 상거래 사이트는 어떤가. 이것은 아마 시작에 불과할 것이다.

인공지능의 추천이나 결정이 공기처럼 필수불가결하고 자연스럽게 느껴지는 시기가 올 것이다. 만약에 기업이나 특정 조직이 이런 특성을 의도적으로 이용하게 된다면 강력한 정보 통제의 수단으로 전락할 가능성이 크다. 즉 데이터나 모델을 인위적으로 통제해서 의사 결정을 잘못된 방향으로 유도할 수도 있게 될 것이다.

인공지능은 끊임없는 의문을 통해 성장해온 인간의 이성을 억제해 수동적으로 만들고, 지식을 통제하는 데 악용될 소지가 매우 크다.

감시자의 귀

가정에 많이 보급되어 있는 AI 스피커는 타이핑에 의존하던 기계와의 대화 방식을 좀 더 인간적으로 바꿔준 편리한 기술이다. 그런데 이 기계의 친절함 뒤에 숨겨진 다른 표정은 과연 없는 걸까?

AI 스피커는 통상 호출어를 사용해서 부를 경우에만 녹음을 하고, 사용자들은 이후 자유자재로 삭제할 수 있도록 설정되어 있다. 2015년 미국에서는 살인사건 현장에 있던 아마존 에코의 기록이 사건을 해결하는 결정적 단서가 되었던 적이 있었다. 물론 알렉사라는 호출어를 썼는지 여부는 구체적으로 밝혀지지 않았다. 2017년에는 구글 홈 미니가 집 안에서 나눈 사적인 대화를 모두 녹음하고 있었다는 것이 밝혀지기도 했다. 이 회사는 이를 일부 하드웨어의 결함이라는 해명으로 일단락했다.

기업들의 해명에도 이러한 기기가 우리를 도청할 가능성이 항상 열려 있다는 것은 불편한 진실이다. 대화 내용을 많이 학습시킬수록 대화형 인공지능의 성능이 개선되고, 사용자에게 더욱 향상된 서비스를 제공할 수도 있을 것이다. 하지만 불법 도청을 정당화할 수 있을 만한 사유는 결코 되지 못한다.

문제는 기업의 윤리 의식에만 의존하게 되는 구조다. 기업들이 결코 우리를 도청하지 않으리라는 믿음 말이다. 정부에 의한 인터넷 검열이 가능한 일부 국가의 경우, 정부가 국민의 모든 사적인 대화를 들을 수 있는 귀를 갖게 되는 것이나 마찬가지다. 그런 측면에서 음성 비서는 '빅 브라더의 귀'로 작동될 가능성이 매우 크다.

이상으로 인공지능의 부정적인 모습들을 추적해보았다. 인공지능은 우리가 생각하는 것보다 더 긴 그림자를 드리우고 있음이 분명하다. 자동화와 지능화의 진전에 따라 일자리의 위기는 곧 현실적으로 다가올 위기가 될 것이다.

핵무기 정도는 아니지만, 공격용 드론과 킬러로봇, 생화학 무기의 실현은 많은 윤리적 문제들과 함께 인류의 존망을 가르는 위기를 불러

올 수도 있을 것이다. 딥페이크 기술과 인공지능에 내재된 편향성은 사회적 신뢰를 무너뜨리는 기폭제가 될 가능성이 높다.

또한 인공지능을 통해 개인과 사회를 감시하고, 데이터와 지식을 통제하려 하는 빅 브라더의 실루엣이 엿보이기도 한다. 인간과 기술의 온전한 공존을 위해서는 국가와 기업, 개인과 사회의 공조가 반드시 필요한 이유다.

“

알파고 이후
6년이 지난 이 시점에서,
인공지능에 대한 낙관뿐만 아니라
의구심도 함께 공존한다.
‘만병통치약’로 여겨졌던 인공지능을
이제 제자리로 돌려놓고,
차분하고 냉정하게 마주봐야 하는
시점이 되었다는 것이다.

”

PART 7

현재의 딥러닝 기반 인공지능 기술은 알고리즘에 대한 기초 연구에서부터 응용 기술과 비즈니스에 이르기까지 놀랄 만한 성장세를 이어가고 있다. 또한 기술의 발전만큼이나 사회적으로 다양하고 심각한 위기가 발생될 수 있다는 것도 확인할 수 있었다.

하지만 한 가지 심각한 의문이 생긴다. 현재 우리가 목도하는 것이 인공지능의 전부일까? 지난 수십 년간 넘지 못했던 인공지능의 기술적 허들을 딥러닝 기술이 단숨에 무너뜨린 것은 분명한 사실이다. 하지만 사람과 같은 지능의 모습은 어디에도 보이지 않는다.

우리에게 충격을 안겨줬던 알파고는 바둑 실력에서 인간을 아득하게 넘어섰지만, 바둑을 벗어나면 평범한 존재조차도 될 수 없다. 폐암을 진단하는 의료 영상 분석 인공지능도 그 분야를 넘어서는 순간 먹통이 되어버린다. 능숙하게 대화하던 인공지능도 마찬가지다. 잠시만 대화 주제를 바꾸면 지능이 없는 인공지능의 실체가 드러난다.

이들은 모두 부분적이고 파편화된 지능의 모습을 하고 있을 뿐, 사람처럼 생각하고 추론하는 지능은 아직 갖고 있지 않다. 딥러닝의 발전으로 언젠가는 가능해질 수도 있겠지만 우리의 예상이나 기대와는 많이 다른 모습일 것이 분명하다. PART 7에서는 현재의 인공지능에 대한 오해와 기술적 한계, 딥러닝을 넘어서면 과연 무엇이 있을지 추적해보고자 한다.

인공지능에
지능은 없다

인공지능의 여행 가방, 오해의 시작

사람과 같은 지능?

여행 가방은 여러 물건을 넣어둘 수 있는 공간이다. 존 매카시와 함께 인공지능의 기초를 다졌던 마빈 민스키는 여행 가방처럼 다양한 의미를 내포한 단어를 '여행 가방 단어suitcase words'라고 불렀다. 일상의 삶 속에서 무의식적으로 사용하고 있지만 명확히 정의 내릴 수 없는 모호한 말들의 집합을 의미한다. 추상적인 것을 설명하는 대부분의 단어들이 여기에 포함된다.

일례로 '의식'이 무엇인지, 어떻게 작동되는지, 우리는 명확하게 설명할 수 없지만 소통에 아무런 지장 없이 사용하고 있다. DNA 구조

발견으로 노벨상을 수상했던 프란시스 크릭에게 '의식'은 평생의 연구 과제였는데도 말이다.

마빈 민스키는 인공지능도 다양한 의미의 집합체인 여행 가방 단어라고 얘기한다. 처음으로 '인공지능'이라는 단어를 만들어낸 존 매카시도 인공지능을 정의하는 데 어려움을 겪었다. 그는 '사람처럼 문제를 이해하고 풀 수 있는 로봇, 컴퓨터 등의 기계'로 정의했을 뿐이다.

오랜 기간 인공지능의 명맥을 이어 왔던 IBM은 인공지능이라는 말 대신 '인지 컴퓨팅'이라는 용어를 사용한다. 인지는 생각하고 추론하는 행위를 내포하는 단어지만 뜻이 모호하기는 마찬가지다. 어떠한 정의든 사람처럼 생각하는 능력을 기대하게 하는 표현들이다.

사실 인공지능이나 인지 컴퓨팅을 제대로 정의하기 위해서는 지능이나 인지의 문제를 풀어야 하지만, 여전히 제대로 답을 줄 수 있는 형편은 되지 못한다. 지각하고, 느끼고, 생각하고, 추론하는 모든 메커니즘을 현재로서는 알 수가 없다. 인공지능을 기초했던 대가들은 다양하고 모호한 의미들을 그냥 여행 가방 속에 집어넣고, 용도에 맞게 꺼내 쓰려고 했던 것일까?

'사람과 같은' 지능을 가졌을 거라는 인공지능에 대한 오해는 바로 여기에서 시작된 것이다. 또한 '지능'이나 '인지'와 같은 의인화된 표현들은 사람들로 하여금 실제보다 과도한 기대를 품게 하거나 때로 공포를 느끼게도 한다. 인공지능의 여행 가방이 너무 크고 무거웠던 것은 아닐까?

스스로 학습하는 기계?

현재의 인공지능에 대한 또 하나의 오해는 '학습'이다. 인공지능은 학습을 통해 다른 소프트웨어와 차별화된다. 기존 소프트웨어는 인간의 논리를 기계의 언어로 바꿔 표현한 것이다. 하지만 인공지능은 인간의 논리나 지식 없이도 그저 학습을 통해 원하는 답을 찾아낼 뿐이다. 이런 기계의 학습도 사람들에게 오해를 일으키고 있는 대표적인 의인화된 표현 중 하나다.

사람들이 학습을 하는 것은 고도의 지능적인 활동이다. '기계의 학습'이라는 의인화 과정을 이해하지 못하면 실제로 기계가 사람처럼 학습한다고 생각하기 십상이다. 인공지능의 고도화된 학습 능력은 기계에 대한 막연한 공포감을 가지게 되는 원인이기도 하다.

기계에게 있어 학습은 원하는 목적을 달성하기 위해 모델 내부의 파라미터가중치**를 지속적으로 변화시켜가는 과정을 의미한다.** 사람이 부여한 계산식에 따라 변하는 것이 아니라 파라미터가 자동적으로 변화될 수 있도록 메커니즘을 만들어놓은 것이다. 인공지능은 이 과정을 통해 정교한 파라미터로 수렴하게 되고 이는 곧 성능의 탁월함으로 나타난다.

인공지능의 학습은 사람과는 다르다. 반복적 연산을 통해 내부 파라미터를 자동으로 변화시켜갈 수 있도록 프로그래밍되어 있을 뿐이다. 인공지능과 학습은 의인화된 표현과 모호한 의미들의 복합적 작용으로 인해 사람들의 오해를 증폭시키고 있는 주된 요인이다.

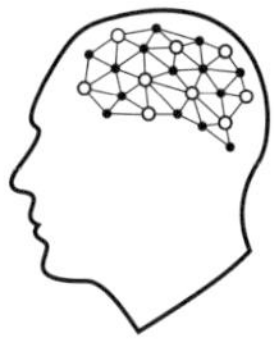

인공지능의 다양한 모습들

상반된 견해들

테슬라의 일론 머스크는 2014년 MIT에서 열린 특별 강연을 통해 '인공지능 연구는 악마를 소환하는 것'과 다름없다면서, 핵무기보다 더 해롭다고 말했다. 과학계에서도 비판의 소리는 높다. 작고한 영국의 물리학자 스티븐 호킹과 스튜어트 러셀 같은 이들은 '인공지능이 우리 문명의 마지막 사건'이 될 수 있다는 성명서를 발표하기도 했다.

빌 게이츠나 손정의 일본 소프트뱅크 회장도 인공지능의 발전 속도를 보면서 인류 문명의 위기에 대한 우려를 표명하기도 했다. 다소 비현실적으로 들릴지 모르지만 아마도 영화 〈터미네이터〉나 〈매트릭스〉

가 현실화될 가능성에 대한 심각한 우려와 경고가 아닌가 싶다.

그러나 빌 게이츠는 미국과학진흥회AAAS 2020 연차총회를 통해 인공지능은 '적은 노동력으로 더 많은 생산과 서비스를 가능케하는 최신 기술일 뿐'이라는 달라진 견해를 밝혔다. 제어와 분석, 패턴 인식, 통찰력 확보, 예측 등에서 인공지능은 인간보다 훨씬 낫다고 말이다.

구글 CEO 순다 피차이는 인공지능 예찬론자 중 한 명이다. 그는 인공지능이 "인류가 연구하고 있는 가장 중요한 기술 중 하나이며, 전기나 불보다 더 큰 의미를 가지고 있다."라고 주장한다. 이미 인공지능은 구글이나 아마존, 마이크로소프트 등 글로벌 빅테크 기업들의 핵심 비즈니스가 됐다. 또한 일반 기업들이 인공지능 중심 기업이라고 홍보하는 것은 이제 하나의 트렌드로 자리잡았다.

우리 시대에 가장 영향력이 큰 인물들 사이에서도 인공지능을 바라보는 극단적인 두 가지 관점이 존재한다는 걸 어떻게 이해해야 할지 혼란스러울 것이다. 이들은 정말 동일한 대상을 두고 얘기하고 있는 것일까? 과연 같은 지점을 바라보고 있는 것일까?

혼란스러운 사실은 더 있다. 사실 일론 머스크는 오늘날 인공지능을 가장 적극적으로 개발하고 활용하는 기업인에 속한다. 테슬라의 자율주행 시스템은 가장 발전된 형태의 인공지능을 보유하고 있다. 이 회사는 인공지능 반도체와 슈퍼컴퓨터에 이르는 인공지능 기술의 수직적 통합을 달성하고 있기도 하다. 게다가 휴머노이드 로봇 개발 분야에서도 앞서가고 있다. 대중적 영향력이 큰 기업인의 상반된 발언과 행동은 인공지능에 대한 혼란을 가중시키고 있다.

일반 인공지능

인공지능이 시작된 1956년 다트머스 회의에서 인공지능의 목표는 하나였다. 즉 인간과 유사한 지적인 능력을 보유한 기계를 만드는 것이었다. 하지만 기술에 대한 지나친 낙관주의와 성과 부재에 따른 '인공지능의 겨울'을 겪으면서 인공지능이라는 단어는 전문가들 사이에서도 회피하고 싶은 이름이 되고 말았다.

대신 인공지능은 1990년 이후부터 컴퓨터 비전, 음성 인식, 자연어 이해, 인공 신경망 등의 세부 영역으로 나뉘어 독립적으로 성장하기 시작했다. 통합적인 하나의 지능 대신에 부분적인 지능을 구현하는 방향으로 선회한 것이다. 이런 이유로 인공지능은 여러 부류로 나뉘어진 채 정의되고 있다. 즉 인간과 유사한 범용적 인공지능과 세부 영역에서 제각각 성장한 부분적 인공지능, 그리고 인간의 지능을 초월하는 초지능이 그것이다.

'일반 인공지능'은 인간의 지능과 유사한 범용적인 인공지능이다. 현재의 인공지능과 구별하기 위해 영국 딥마인드의 공동 설립자인 셰인 레그에 의해 처음 도입된 개념이다. 영화 〈인터스텔라〉에 등장한 '타스TARS'처럼 주로 SF 영화에서 단골로 다루어지는 존재이기도 하다. 사람과 말을 자유자재로 나눌 수 있고, 상황 파악과 사고를 할 줄도 알면서 전략을 구사해 인간처럼 문제를 풀거나 심지어 농담도 할 줄 아는 그런 존재다.

초기 인공지능의 여러 대가들은 20세기가 끝나기 전에 이런 인공지능이 개발될 수 있을 것으로 낙관했었다. 일반 인공지능이야말로 인간의 지능을 온전히 구현하려고 했던 초기 인공지능의 목표이자 우리가 인식하고 있는 궁극적인 인공지능의 참모습이다.

협의 인공지능

'협의 인공지능ANI, Artificial Narrow Intelligence**'은 오직 특정 작업을 위해 만들어진 부분적 지능이다.** 이 책에서 설명하고 있는 딥러닝에 의한 혁명적인 변화는 모두 여기에 속한다. 앞 PART에서 기술했듯이 인공지능은 바둑, 포커 게임에서 인간을 넘어선 지 오래다. 방대한 데이터를 바탕으로 패턴을 분류하고, 영상을 인식하거나 예측하는 부분에서도 인간보다 월등한 능력을 보이고 있다. 이는 빅 데이터 기반의 기계학습과 반복적인 단순연산을 위한 고성능 컴퓨팅 인프라 덕분에 가능해진 것이다.

하지만 특정 분야에서 최고의 능력을 보이는 인공지능도 해당 분야를 벗어나기만 하면 전혀 힘을 쓰지 못하는 파편화된 특수 지능이다. 이는 엄밀히 말해서 우리가 지능이라고 생각하는 것과는 거리가 멀다.

협의 인공지능은 현재 산업의 거의 모든 분야에서 새로운 가치를 만들어내고 있는 주인공이다. 인공지능 중심의 기업 전략도 모두 협의 인공지능에 기초하고 있다. 범용 기술인 전기처럼 산업 발전을 도모하는 하나의 도구로서의 의미가 강하다. 빌 게이츠가 언급했듯이 자동화와 지능화를 통해 생산성을 향상시키고, 더욱 많은 서비스를 가능하게 해주는 최신 기술인 것이다. 현재 당면하고 있는 인공지능의 경쟁도 결국 효율적인 도구를 만들어내기 위한 알고리즘의 경쟁에 다름 아니다.

좀 더 극단적으로 얘기하자면 현재 우리가 마주한 협의 인공지능은 학습을 통해 통계적으로 가장 가능성 있는 답을 찾아내는 도구일 뿐 통합적인 지능을 갖고 있지 않다. 인공지능에는 지능이 없는 것이다.

초지능

'초지능Super Intelligence'은 모든 면에서 인간의 능력을 아득히 뛰어넘는 지능을 의미한다. 영국 옥스퍼드 대학 철학과의 닉 보스트럼 같은 학자는 '지능 대폭발' 같은 초지능의 출현에 대한 구체적인 시나리오를 연구하기도 한다. 인간의 통제를 벗어난 일반 인공지능은 곧바로 자신을 연쇄적으로 다시 설계하기 시작할 텐데, 이는 순식간에 인간을 훨씬 넘어서는 초지능으로 발전해 인류를 위기에 빠뜨릴 수 있다는 주장이다.

인공지능에 대한 비관적인 견해들은 바로 통제를 벗어난 일반 인공지능과 이를 기반으로 한 초지능에서 비롯되었다. 문제는 인간이 기계를 적절하게 통제할 수 있을 것인가 하는 점이다. 일론 머스크가 주장한 '악마 소환'이나 스티븐 호킹이 말한 '문명의 마지막'은 바로 인간의 통제를 벗어난 초지능의 출현을 우려해서 나온 말이다.

머스크는 이러한 인공지능의 오용을 막기 위해 10억 달러를 출자해 비영리연구단체인 '오픈AI'를 설립하기도 했다. 인공지능 기술의 최전선에서 느끼는 절박감을 알 수 있는 대목이기도 하다.

초지능의 출현을 낙관하는 이들도 있다. 구글의 레이 커즈와일은 2045년에 초지능이 등장하는 '특이점Singularity'에 도달할 것이라는 예측으로 유명해졌다. 특이점은 천체물리학에서 정상적인 물리 법칙이 적용되지 않는 블랙홀 주변 지점을 의미한다. 처음 이 용어를 사용한 사람은 현대 컴퓨터의 아버지 폰 노이만이다. 이후 미국 샌디에이고 대학 수학과 교수인 버너 빈지가 자신의 논문 제목에 사용하면서 일반화된 말이라고 한다.

특이점을 '인간 번영의 최종 개척지' 혹은 '유토피아로 가는 문'이라고 믿은 커즈와일은 '특이점 대학'을 설립하기도 했다. 또한 딥마인드의 데미스 허사비스는 초지능을 통해 지구온난화나 불치병 같은 인류의 난제들을 해결할 수 있을 것으로 기대하고 있기도 하다.

이상으로 인공지능에 대한 대립된 의견들이 나오게 된 배경을 살펴보았다. 결론적으로 얘기하자면 인공지능의 여행 가방은 장님이 코끼리 만지듯이 어느 한 측면으로만 얘기하기에는 너무 크고 무거운 것일 수 있다. 즉 인공지능이라는 하나의 가방 속에 협의 인공지능과 일반 인공지능, 그리고 초지능을 모두 집어넣어서 생겨난 해프닝은 아닐까? 이 때문에 혹자는 비관적으로 보기도 하고, 혹자는 낙관적으로 바라보는가 하면 머스크처럼 상황에 따라 다른 견해를 내비치기도 한다. 그들은 상황에 따라 인공지능 가방의 서로 다른 지점을 바라보고 있는 셈이다.

일부 전문가들은 현재의 기술 정도에 비추어 볼 때 일반 인공지능과 초지능은 아직 환상에 불과한 것이라고 얘기하기도 한다. 협의 인공지능에 대한 이해 부족 때문에 개발의 어려움을 과소평가하고 있다는 것이다.

《AI 슈퍼파워》의 저자 리카이푸는 딥러닝과 같은 과학적 돌파구가 여러 번 있어야 일반 인공지능이 가능할 거라고 얘기한다. 적어도 수십 년 혹은 수백 년이 소요될 것이라는 얘기다. 또한 미국 스탠퍼드 대학의 앤드류 응은 '현재 시점에서 화성의 인구 과잉 문제를 걱정하는 꼴'이라고 일갈하기도 했다.

그럼에도 일반 인공지능은 우리가 생각하고 목표했던 궁극의 지능이다. 현재의 협의 인공지능이 더욱 발전하게 된다면 머지않은 미래에 최소한 협의 인공지능과 일반 인공지능의 중간 어디쯤으로 귀결될 수도 있지 않을까?

딥러닝 기반 협의 인공지능의 한계

딥러닝은 빅 데이터를 통해 원하는 목표와의 관계성을 도출해내는 기술이다. 특히 회귀 분석을 통한 예측과 데이터의 그룹을 구분하는 분류 문제에서 가장 탁월한 성능을 발휘하고 있다. 회귀 분석은 입력 데이터를 통해 출력이 어떻게 변할 것인지 그 경향을 예측하는 것이다. 분류는 개, 고양이 등을 확률적으로 그룹화하거나 마케팅 대상 그룹을 분류하는 등의 문제다.

하지만 딥러닝은 어디에서나 활용 가능한 범용적 지능이 탑재되어 있는 것은 아니다. 특정 목적을 위한 알고리즘이나 프로그램이라고 이해하는 것이 좋을 것이다. 여기에서는 딥러닝 기반 협의 인공지능의 기술적 한계 혹은 단점에 대해 추적해보고자 한다.

데이터 의존성

우선 데이터에 대한 의존성이다. 강력한 통계적 학습 기법인 딥러닝 기술이 전적으로 데이터에 의존하는 기술임은 주지하는 바다. 인공지능의 성능은 미지의 데이터에 대한 연관성을 얼마나 정확하게 발견하고 예측할 수 있는가에 달려 있다.

학습 데이터의 양과 질은 인공지능 성능의 결정적인 요인이다. 즉 심층 신경망 내에 존재하는 수많은 파라미터의 최적 값을 발견하기 위해 사용하는 데이터의 양에 따라 알고리즘의 성능이 큰 영향을 받게 되는 것이다. 모델의 일반화가 어려워지는 과적합이나 부정확한 모델이 만들어지는 과소적합의 문제도 여기서 발생한다. 또한 현재 상업화에 가장 보편적으로 적용되는 지도학습에서는 일반적으로 학습 데이터의 라벨링 작업에 많은 공수가 들어간다. 이것 역시 인공지능의 적용과 확산을 저해하는 요인들이다.

양질의 데이터를 확보하는 것도 큰 문제다. 일례로 제조업 공장에서 하루에 발생하는 데이터는 어마어마하지만 실제로 활용할 가치가 있는 데이터는 10% 미만으로 알려져 있다. 또한 일부 플랫폼 대기업을 제외하면 가치 있는 소셜 데이터를 수집하는 것이 거의 불가능한 현실이다.

예외적인 경우에 대한 데이터의 학습도 필요하다. 상황이 조금만 달라지면 인공지능은 정상적으로 작동하지 못할 가능성이 크다. 일례로 2020년에 대만의 한 고속도로에서 드러누운 트럭에 테슬라 자동차가 전속력으로 돌진하는 사고가 발생했다. 테슬라의 인공지능이 트럭의 하늘색 지붕을 학습한 적이 없었기 때문이었다.

데이터와 알고리즘의 편향성

다음은 데이터와 알고리즘의 편향성이다. **데이터를 수집하는 과정에서 고의에 의해서든 혹은 의도하지 않았든 데이터의 편향이 발생될 수 있다.** 데이터에 대한 접근성 문제도 클 수 있다. 수집이 가능하거나 용이한 특정 데이터만으로 훈련된 알고리즘은 편향된 결과를 낼 수밖에 없다.

인종이나 나이, 성별, 직업, 국적 등 데이터 편향의 종류는 다양하다. 백인 남성 위주로 훈련시킨 구글의 영상 분류 인공지능은 흑인 여성을 고릴라로 분류하기도 했다. 아마존의 인재 채용 프로그램은 1년간의 학습을 마친 후 경력 10년 이상의 남성만을 고르기 시작하자 폐기됐다. 마이크로소프트의 챗봇 '테이'는 출시된 지 이틀 만에 철수하는 수모를 당하기도 했다. 짓궂은 사용자들이 인종 혐오적인 대화를 학습시킨 결과였다.

데이터뿐만 아니라 알고리즘의 모델링 단계에서도 편향된 결과를 낼 가능성이 크다. 알고리즘 자체의 오류 가능성과 의도적인 조작도 얼마든지 가능한 것이 현실이기 때문이다. 그런 의미에서 인공지능이 산출한 결과를 액면 그대로 받아들이는 것은 바람직한 결정에 방해가 될 수도 있다. 의도하지 않았더라도 현재의 인공지능에는 어느 정도의 편향성이 결과에 반영되어 있다는 것을 고려할 필요가 있다.

설명 가능성의 부재

다음은 설명 가능성 부재의 문제다. 딥러닝 기술은 초기의 인공지능과는 달리 도출한 결과를 설명하지 못하는 블랙박스다. 예측하고 분류를 해도 왜 그렇게 했는지에 대한 근거를 댈 수 없다. 이 문제는 사실 인공지능을 기반으로 하는 의사 결정에 있어 매우 심각한 상황을 초래할 수 있다.

판단의 근거를 알지 못한 상태에서 과연 그 판단만을 믿고 선뜻 결정할 수 있는 의사 결정권자가 있을까? 일례로 사람의 생명을 다루는 의료 인공지능이 유방암이라고 판별했는데 그 근거를 대지 못한다면 의사는 어떤 결정을 내려야 할까? 이런 인공지능의 판단만을 근거로 하는 마케팅 전략은 타당한 것일까?

학계에서는 이 문제를 해결하기 위한 대안으로 '설명 가능 인공지능 XAI, Explainable AI' 연구에 집중하고 있다.

극단적으로 얘기해서 딥러닝은 인간 이성의 개입을 포기하는 대신 성능을 극대화하려는 접근 방식이라고도 볼 수 있다. 혹자는 딥러닝을 '무의식적' 접근 방식으로 이해하기도 한다. 습관적으로 잘하고 있는 것임에도 왜 잘하는지 몰랐던 경험이 한두 번씩은 있을 것이다. 사실 우리의 이성 혹은 의식은 암묵적으로 알고 있는 것과 매우 차이가 크다. 사람들이 피아노를 연주하거나 자전거를 탈 때 손가락이나 다리에 의식을 집중하지는 않는 것과도 같은 이치다.

다음에 소개한 〈당황한 지네〉라는 시는 이를 극명하게 설명해준다. 메시지는 명확하다. 딥러닝 기술은 결과를 설명하지 못해도 뭔가를 알고 있다는 의미가 담겨 있다.

> 지네는 매우 행복했네,
> 개구리가 재미로 이렇게 말하기 전까지는.
> "어느 발이 다음 발 다음에 오는지 말해줘."
> 이 말에 마음이 거기에 쏠려
> 결국 수로에 자빠져 버둥거리게 되었네.
> 어떻게 달려야 할지를 몰라서 말이야.

일반화의 어려움

다음은 '일반화'의 문제다. 일반화는 학습 데이터를 통해 훈련된 모델을 경험해본 적이 없는 다른 데이터에 적용해도 동일한 결과를 얻을 수 있는 능력을 말한다.

특정 학습 환경에서만 최적화된 인공지능 모델은 약간의 변화에도 제 성능을 발휘하지 못하는 경우가 많다. 과적합된 모델은 특히 환경의 변화에 매우 민감하다. 항상 동일한 특성의 데이터만 발생하는 환경은 사실 거의 존재하지 않는다. 심지어 정형의 숫자 데이터가 많은 제조 환경에서도 예상치 못한 상황이 언제든지 발생할 수 있다.

사람은 난생 처음 보는 종류의 고양이라 할지라도 별 문제없이 분류해낼 수 있다. 하지만 인공지능은 경험이 없는 데이터를 대할 때 제대로 작동하기가 힘들다. 앞서 언급했던 테슬라 자동차의 사고 사례도 예기치 않은 환경 변화에 대한 일반화가 결여된 경우이다. 이를 극복하기 위해서는 다양한 학습 데이터를 통해 가급적 많은 상황을 경험시키는 수밖에 없다.

테슬라가 전 세계 다양한 환경의 도로에서 수집한 수십억 마일에 해당하는 주행 데이터로 자율주행을 학습시키는 이유가 바로 그 때문이다. 일반화가 어려운 인공지능의 특성은 또한 악의적인 공격의 빌미가 되기도 한다. 인공지능은 이미지에 약간의 노이즈만 뿌려져도 인식에 실패할 가능성이 높다.

좀 더 넓은 의미의 일반화 문제도 있다. 특정 분야의 특정 영역에서 학습된 인공지능을 다른 분야, 다른 영역으로 확장하기는 거의 불가능하다는 점이다. 일례로 폐암 분석에 최적화된 인공지능을 간암이나 식도암 분석에 투입하는 것은 불가능하다. 새로운 데이터를 확보해 라벨을 붙이고 다시 학습시키는 과정을 되풀이해야 한다.

비즈니스의 속성은 단일의 표준화된 제품이나 서비스를 통해 규모의 경제를 이루는 것이다. **인공지능 일반화의 어려움은 이러한 비즈니스의 확장에 심각한 제약으로 작용하고 있다.**

현재 전이학습처럼 일반화를 강화하기 위한 많은 기법들이 연구되고 있지만 아직 뚜렷한 진전은 보이지 않고 있다. 반면 뒤에서 언급할 마이클 포터 교수의 '집중화된 시장' 전략이 유효할 수도 있다.

물리적, 추상적 세계에 대한 모델이나 지식을 구축하고자 하는 것은 초기 인공지능의 오래된 접근 방법이었다. 하지만 현재 주력이 된 딥러닝 기반의 협의 인공지능에는 이런 모델 자체가 존재하지 않는다. 데이터의 연관관계만을 학습할 뿐 지식의 많은 부분을 차지하는 인과관계는 전혀 알 수 없다. 또한 지식 체계라는 것도 전혀 존재하지 않는다. '인지'라는 지능의 큰 부분을 포기하고 파편화되고 부분적인 지능으로 남아 자동화와 최적화를 위한 유용한 도구로서만 존재하는 것이다. 딥러닝의 이런 특성은 사람의 지능과 유사한 일반 인공지능을 구현하는 것과는 거리가 멀다.

일반 인공지능을 위한 방법들

인공지능 무게 중심의 이동

우리가 목표로 하던 인공지능의 모습은 아직 미완 상태임을 살펴보았다. 일반화가 어려운 현재의 딥러닝은 파편화된 지능의 단편을 보여주는 것에 불과할 지도 모르겠다. 특정 영역에서는 인간보다 우월한 지능을 보이지만, 그곳을 벗어나는 순간 방전된 자동차처럼 먹통이 된다.

딥러닝은 지능화된 강력한 통계적 도구일 뿐 유감스럽게도 우리가 생각하는 궁극적인 지능은 가지고 있지 않음이 명백하다. 딥러닝은 지능이 동작하는 여러 방식 중 단지 일부를 밝혀낸 것에 불과한 것은 아닐까? 높은 산봉우리에 오르기 전에 거쳐 가야 하는 작은 언덕을 오른 것처럼 말이다. 하지만 딥러닝이 궁극의 인공지능에 도달하기 위한 출중한 마중물이 되리라는 사실은 부정하기 어렵다.

일반 인공지능은 인공지능이 도달하고자 하는 궁극적인 목표다. 이미 일부 거대 기업들은 인공지능의 무게 중심을 이동시키고 있는 듯하다. 영국의 딥마인드는 설립 초기부터 일반 인공지능 개발을 목표로 하고 있음을 명확히 했었다. 구글은 딥마인드에 대한 강력한 지원군인 셈이다.

딥마인드는 알파고 시리즈와 강화학습 등의 진전을 통해 조금씩 목표를 향해 다가가고 있으며, 지구상에서 일반 인공지능에 가장 근접한 기업이 될 가능성이 크다. 일반 인공지능 개발을 위해 노력하고 있는 미국의 '오픈AI'도 경쟁력 있는 연구 재단이다. 오픈AI는 GPT 시리즈를 통해 초거대 인공지능 경쟁을 촉발시킴으로써 일반 인공지능에 대한 도전장을 던졌다. 마이크로소프트는 오픈AI의 강력한 후원자다.

딥러닝을 넘어서

현재 진화를 거듭하고 있는 딥러닝 기술을 기반으로 해서 일반 인공지능에 도달하고자 하는 것은 가장 자연스러운 일일 것이다. 딥러닝은 과거 수십 년간 이루지 못했던 기술적 성취를 이뤄내고 있기 때문이다. 캐나다 마피아로 일컬어지는 제프리 힌튼, 요슈아 벤지오, 얀 르쿤 등이 이런 믿음을 갖고 있는 대표적인 학자들이다. 이들은 2020년 전미인공지능학회AAAI를 통해 딥러닝의 약점이 충분히 극복될 수 있을 것이라고 주장했다.

이들의 연구에는 딥러닝 일반화의 강화 방법, 전이학습과 연합학습 등 학습법 강화 방법은 물론 상식과 세계를 이해하기 위한 모델 구축도 포함되어 있다. 하지만 여전히 두려움은 존재한다. 딥러닝이 아무리 발전하더라도 여전히 협의 인공지능에 갇혀 있는 것은 아닐까?

그렇다면 비지도학습이 일반 인공지능에 도달하는 대안이 될 수 있을까? 현재 지배적인 딥러닝 학습법인 지도학습은 아기들이 세상을 배워 가는 방식과는 차이가 있다. 얀 르쿤은 인간의 주된 학습 방법인 비지도학습이야말로 일반 인공지능으로 가는 열쇠라고 생각하는 대표적인 학자다. '지능이 케이크라면 비지도학습은 케이크 그 자체가 될 것'이라는 그의 비유는 매우 강력하다. 지도학습과 강화학습은 케이크의 데코레이션 정도에 불과하다는 게 그의 생각이다. 2011년 구글 브레인에서 앤드류 응과 제프 딘이 실행했던 비지도학습 실험은 이후에 많은 시사점을 남겼다. 1,000만 개의 유튜브 썸네일을 바탕으로 사흘간 비지도학습을 실행한 결과 75%의 성공률로 고양이를 분류할 수 있었다.

현재의 딥러닝 혁신을 이끈 구글의 딥마인드는 거의 유일하게 강화학습 중심의 인공지능 기술을 개발하는 기업이다. 데미스 허사비스 CEO는 강화학습이 일반 인공지능의 실마리가 될 수 있다고 생각한다. 인간의 학습 과정은 뇌의 도파민 시스템에 의한 보상 메커니즘을 통해 시냅스를 강화하는 과정이다. 허사비스는 이 과정이 기계의 강화학습과 매우 유사하다는 데 주목하고 있다. 또한 새로운 사실을 학습하려는 비지도학습 역시 도파민에 의한 내재적 보상을 통해 이끌리게 된다는 사실에도 주목하고 있다. 그동안 아기들이 학습하는 과정은 강화학습보다 비지도학습에 더 가깝다고 알려져 왔다. 딥마인드는 강화학습을 중심으로 비지도학습과 지도학습을 병행하면서 일반 인공지능을 정조준하고 있다.

초거대 인공지능을 통해 일반 인공지능에 도달하고자 하는 경쟁은 이미 시작됐다. 이는 딥러닝 성능의 극단까지 밀어붙여보는 것이다. 오픈AI가 공개한 GPT-3는 1,750억 개의 파라미터를 보유하고 있는 초거대 자연어 모델이다. 2030년경에는 인간의 뇌와 유사한 수준인 100조 개의 파라미터를 보유한 모델을 개발할 예정이다. 이 경쟁에는 이미 구글과 마이크로소프트 등의 거대 기업들을 포함해 다수의 중국과 한국 기업들이 진입해 있다.

"딥러닝의 특징은 규모의 경제에 있다."

제프리 힌튼의 말이다. 이제 돌이킬 방법은 없다고 단언하기도 한다. 초거대 언어 모델은 지금까지 보아온 자연어 모델과는 확실히 차원이 다른 성능을 보여주고 있다. 아직 지능이라고 하기에는 다소 꺼림칙하지만 말이다. 다른 대화 내용을 학습해서 확률적으로 가장 우세한 답변을 찾은 것일 뿐 아직 그 말이 의미하는 바를 전혀 알지 못하기 때문이다.

하이브리드 인공지능 혹은 다른 대안?

연결주의와 기호주의의 하이브리드 방식은 대안이 될 수 있을까? PART 2에서 보았듯이, 기호주의는 세상에 대한 지식을 수동적으로 구축하는 방식이다. 깊은 추론이 가능하지만 지각이나 학습에는 취약하다. 반면 연결주의는 데이터 훈련을 통한 통계적 의사 결정 방법이다. 지각과 학습에는 강하지만 정보의 추상화와 지식 통합에는 약하다. 하이브리드 방식은 이 두 방식의 강점을 통합하는 것이다.

딥마인드의 알파고는 약한 형태의 하이브리드 방식으로 볼 수 있다. 경우의 수를 획기적으로 줄이기 위해 기호주의 기법의 하나인 몬테카를로 트리 탐색을 도입했다. 사실 기호주의 기법들은 현재 도처에서 활용되고 있다. 애플과 구글, 아마존의 음성 비서나 검색 엔진 뒤에도 온톨로지 기반의 강력한 지식 그래프가 동작하고 있다. 이들 기업들은 지식 그래프 전문 기업들을 인수하는 등 지식의 체계적인 표현에 역량을 집중하고 있다.

반면 제프리 힌튼 같은 학자는 하이브리드 방식에 대해 단호한 입장을 취한다. 기호주의는 이미 시장을 통해 그 비효율성이나 비지능성이 드러났다고 판단하기 때문이다. 그에게 기호주의는 이미 가치를 상실한 방식에 불과한 것으로 보인다.

일반 인공지능의 구현 가능성은 효율적인 지식 체계의 구축과 활용에 달려 있다고 해도 과언이 아니다. 지금처럼 데이터를 학습하는 것만으로 그것이 가능할까? 힌튼 교수의 말대로 데이터를 늘리고, 계산

용량을 무한대로 늘리면 가능해질까?

심리학자들은 아기들이 세상에 태어날 때 백지 상태가 아니라는 믿음을 갖고 있다. 마치 하드 코딩된 선행 프로그램들처럼 물리적인 인과관계나 숫자에 대한 인식을 가지고 태어난다는 믿음이다. 사회적 상호작용과 개인적 믿음에 대한 지식까지 포함해서 말이다. 이는 인간의 지능이 아무것도 없는 상태에서 단순히 보고 듣는 정보만을 통해 학습되는 것이 아니라는 것을 의미한다.

선행 지식 체계를 기반으로 학습하고 다시 지식 체계를 업데이트하는 과정이야말로 진정한 인간의 학습법이 아닐까? 학습은 일정 수준의 지식 체계를 기반으로 진행되는 것이 옳지 않을까? **질문을 던질 때마다 모든 답변 가능성을 확률적으로 검토해야 하는 방식으로는 결코 효율적인 지식 체계를 만들 수 없다. 그런 의미에서 딥러닝은 지능의 충분조건이 아닌 필요조건일 수 있다.**

세계에 대한 지식 체계를 수동으로 구축하려 했던, 기존 기호주의의 접근 방식이 결코 효과적이지 못하다는 것도 명백하다. 세계의 복잡도를 너무 과소평가했기 때문이다. 하지만 이 두 접근법을 효과적으로 결합할 수 있는 방식을 찾는 것도 반드시 필요해 보인다.

'인공지능'과 '학습' 등 의인화된 용어들이 가진 다양한 의미들로 인해 인공지능에 대한 오해가 시작되었음을 추적해보았다. 인공지능에 대한 낙관과 비관의 상반된 의견도 용어가 내포하고 있는 다양한 의미의 결과임을 확인할 수 있었다.

또한 딥러닝 기반의 현 인공지능에 내재된 기술적 한계도 살펴보았다. 현재 딥러닝이 도달한 지점은 특정 영역에서만 슈퍼파워를 발휘할 수 있는 협의 인공지능임을 확인할 수 있었다. 즉 현재의 인공지능에는 사람과 같은 지능은 없다는 것을 확인한 셈이다.

마지막으로, 인공지능이 지향하는 궁극의 목표인 일반 인공지능에 도달하기 위한 기업과 학계의 노력도 간략하게 살펴보았다. 이미 경쟁의 무게 중심은 일반 인공지능 쪽으로 기울고 있는 것으로 보인다.

PART 8

앞에서 살펴본 대로 현재의 인공지능은 두려움의 대상이 아니란 것이 명백해졌다. 특정 분야에서 인간보다 월등한 능력을 보여주는 현재의 인공지능은 이전보다 더욱 진보한 자동화를 제공해 줄 수 있는 유용한 도구일 뿐이다. 이를 통해 개인의 편리함을 증폭시키고, 기업의 생산성을 향상시키고, 어려운 난제를 해결할 수 있는 가능성이 커졌다.

사람들이 복잡한 계산을 전자계산기나 컴퓨터에 맡기듯, 인공지능에 위탁하는 일의 종류와 범위가 단순 반복적인 일뿐만 아니라 고도의 인지 능력이 요구되는 일에 이르기까지 획기적으로 넓어진 것이다.

그런 의미에서 현재의 인공지능을 '지능적 자동화 도구'라고 부를 수도 있지 않을까? 인공지능이라는 보다 혁신적인 도구를 만들어 시장을 지배하려는 기업들의 경쟁은 대기업에서 신생 스타트업에 이르기까지, 규모를 막론하고 거의 모든 산업의 최전선에서 치열하게 전개되고 있다.

PART 5에서 살펴본 자율주행과 음성 비서, 지능형 로봇과 드론 등은 거대 자본을 기반으로 형성되고 있는 전장의 서막에 불과하다. 이러한 인공지능의 성장에는 글로벌 IT 대기업들의 기술적, 사업적 기여가 절대적이었음은 두말할 나위가 없다. 기술의 성장과 인프라의 확장, 거대 비즈니스에 이르기까지 곳곳에 미치고 있는 이들의 영향력은 막대하다. 과연 이들은 어떠한 전략으로 시장 지배력을 강화하려 하고 있을까?

PART 8에서는 인공지능을 리드하고 있는 소위 글로벌 빅테크 기업들의 대응과 전략을 추적해보고자 한다.

글로벌 빅테크 기업들의 대응과 전략

구글, 기술 지향의 완벽주의

인공지능 기술의 개척자

구글은 딥마인드를 통해 우리에게 '알파고 쇼크'를 선사해준 기업으로, 현재 인공지능 기술이 가장 앞선 기업 중 하나다. 구글 CEO 순다 피차이는 2016년 'AI 퍼스트' 선언으로 구글의 미래 성장 전략의 중심에 인공지능이 있음을 공표했다. 이듬해에는 '모바일퍼스트'에서 'AI퍼스트'로 회사의 전략적 이정표를 세웠고, 2018년에는 'AI For Everyone' 선언을 통해 인공지능의 대중화 전략을 명확히 했다.

또한 핵심 연구 조직인 구글 리서치를 구글 AI라는 이름으로 바꾸면서 인공지능에 대한 4가지 전략적 방향을 정했다. 기초 기술 및 응용 기술 개발, 신제품 혹은 신사업 개발, 기존 비즈니스의 혁신을 위한 기술 개발, 그리고 인프라 기술 개발이 그것이다. 구글은 인공지능을 중심으로 모든 사업과 조직을 재편하고 있다.

기초 기술 개발에 있어 구글의 영향력은 타의 추종을 불허한다. 특히 인공지능의 여러 분야 중 가장 난이도가 높은 자연어 처리 기술에서 그렇다. 구글은 2013년 단어를 적절한 벡터로 표현하는 워드임베딩 기법을 통해 새로운 자연어 처리의 방향성을 제시했다. 이후 어텐션 메커니즘을 채택하여 자연어 처리의 신기원을 이룩한 트랜스포머를 2017년에 공개하고, 이어 2018년에는 전이학습이 가능한 BERT를 발표하며 자연어 처리 기술의 발전을 견인해왔다.

피차이 CEO가 언급했듯이, 자연어 처리 연구에 10년을 투자한 구글의 결과물들은 번역 분야에서도 혁명적인 변화를 이끌어냈다. 언어의 규칙에 대한 아무런 사전 지식 없이 바이텍스트 훈련을 통해 신속하게 자동으로 번역해내는 'seq2seq' 기법을 2014년에 공개한 이후 구글의 번역기는 현재 논문 하나를 순식간에 통째로 번역할 정도로 발전하며 기계 번역의 대전환을 가져왔다.

구글은 비전이나 음성 관련 분야에서도 많은 기여를 했다. 2012년 앤드류 응 교수와 구글 브레인에서 추진했던 고양이 분류 프로젝트는 비지도학습의 가능성을 보여준 유명한 사례로 손꼽힌다. 2014년 이미지넷 대회에서 우승한 구글의 인셉션 아키텍처는 이후 의료 영상 분석 분야로 진출하는 여러 스타트업들과 대학 연구팀에서 가장 선호하는 기술이 되었다.

구글 딥마인드가 2018년 개발한 음성 합성 모델 '웨이브넷'은 구글 어시스턴트에도 적용될 예정이다. 자연어 처리와 번역, 기타 분야에서 개발되는 구글의 인공지능 기술들은 구글의 핵심 비즈니스들을 강화시키는 동시에, 구글 플랫폼 중심의 생태계도 강화시키고 있다.

핵심 비즈니스의 혁신

인공지능은 구글의 기존 비즈니스 혁신에서도 절대적이다. 구글 비즈니스의 핵심은 '검색 엔진'이다. 세계 시장의 90% 이상을 점유하고 있는 구글의 검색 엔진은 2위인 마이크로소프트의 빙이나 3위인 야후를 압도하고 있다. 이러한 점유율을 기반으로 하는 기업 광고는 2020년 기준 구글 전체 매출의 80%를 차지하는 구글의 핵심 비즈니스가 되었다.

구글 검색 엔진은 단어를 매칭시켜 답을 찾는 전통적인 방식과 함께, '페이지랭크'라는 방식을 추가하여 동작한다. 링크가 많이 되는 페이지를 파악하여 순위를 매겨주는 획기적인 아이디어다. 구글은 인공지능 기술을 통해 검색 속도와 정확도를 획기적으로 개선한 덕분에 수십억이 넘는 웹문서를 뒤져 초당 6만 건, 연간 2조 건이 넘는 질문에 대한 적절한 답을 거의 실시간으로 찾아내고 있다.

G메일과 번역기, 구글 맵 등 구글이 제공하는 다양한 솔루션들은 구글의 또 다른 핵심 비즈니스이자, 생태계를 강화시키기 위한 강력한 유인 수단이 되고 있다. 구글은 이러한 핵심 솔루션들을 모두 인공지

능 기반으로 전환하고 있다. 구글의 CEO 순다 피차이는 최근 열린 개발자 컨퍼런스를 통해 구글의 모든 제품과 서비스를 인공지능 기반에서 다시 검토하고 있음을 밝히기도 했다.

또한 피차이는 인공지능 개발을 위한 혁신적인 소프트웨어 개발 프로세스에 대해서도 언급했다. 인공지능은 구글의 기존 비즈니스와 내부 혁신을 가속화하는 강력한 도구인 셈이다. 아마 청동기에서 철기로 넘어가는 정도의 내부 혁신을 기대하고 있지는 않을까?

구글은 인공지능의 대중화와 생태계의 확장에서도 앞서가고 있다. 이는 구글이 보유하고 있는 강력한 인공지능 소프트웨어 플랫폼과 클라우드, 인공지능 전용 프로세서인 TPU를 통해 인공지능 생태계를 장악하는 것을 의미한다. 2015년 공개된 텐서플로 기반의 인공지능 플랫폼은 딥러닝의 확산을 전 세계적으로 가능케 한 주인공으로, 가장 많이 사용되는 라이브러리와 개발 툴킷을 제공해주고 있다.

특히 2019년 첫 출시된 '오토ML'은 필요한 정보와 데이터만 준비되면 비전문가도 자동으로 모델링을 할 수 있을 만큼 인공지능에 대한 진입 장벽을 크게 낮췄다. 세계 클라우드 시장의 20% 정도를 차지하는 구글 클라우드는 인공지능의 학습과 모델 개발을 위한 최적의 공간을 마련해주고 있다.

또한 인공지능 전용 ASIC TPU는 2016년 처음 공개된 후, 해마다 성능 업그레이드를 진행하고 있다. 2018년 발표된 세 번째 버전은 100페타플롭스 이상의 성능을 보이는 것으로 알려져 있다.

기술과 비즈니스의 간극

인공지능 기술에 대한 구글의 선도적 입지에도 불구하고, 인공지능 기반의 신규 비즈니스들이 적자 확대로 더딘 성장이 이어지고 있는 현실은 시사하는 바가 크다.

의욕적으로 추진했던 인공지능 헬스케어 사업부는 2021년 해체되었고, 음성 비서 시장에서도 1위인 아마존과의 격차가 여전히 크다. 2014년에 시작된 드론 프로젝트 '윙'은 분사된 후 미국, 호주, 핀란드의 여러 중소도시들을 대상으로 시험 비행을 추진하고 있지만 아직 상용화와는 거리가 멀다는 평가를 받고 있다.

2014년 구글에 인수된 영국의 딥마인드는 2019년까지 10억 달러의 누적 적자를 기록했으며, 최근에야 겨우 흑자로 돌아섰다고 알려졌다. 더구나 2020년까지 자율주행 기술의 상용화를 목표로 했던 '웨이모'는 기술적 완성도에 대한 의구심과 함께 최근 45억 달러 상당의 영업 적자를 기록하며 표류하고 있다.

이상의 결과로 미루어볼 때 구글의 인공지능 비즈니스 전략은 기술 지향의 완벽주의에 가깝다는 것을 알 수 있다. 여러 선도적 기초 기술과 응용 기술 개발을 통해 핵심 비즈니스와 생태계를 강화하고, 내부 프로세스를 획기적으로 혁신해가고 있다. 하지만 새로운 비즈니스의 진입 방식은 기술이 완벽해질 때까지 시장에 런칭하지 않는 기술적 완벽주의를 지향하는 듯하다.

웨이모가 그 좋은 예일 것이다. 운전자가 필요 없는 완전 자율주행을 목표로 설정함으로써, 사업 자체가 표류하는 결과를 빚고 있는 것은 아닌가. 자율주행은 중간 단계로도 충분히 서비스가 가능한 분야임에도 말이다.

그런 의미에서 사업 목표 설정도 점진적으로 수정해가는 애자일 방식을 도입할 필요가 있지 않았을까?

테슬라, 사업 지향의 점진주의

사업 우선주의와 핵심 기술의 수직적 통합

테슬라 자동차의 CEO 일론 머스크는 파격적인 아이디어의 소유자로 유명하다. 인공지능에 대해 부정적인 견해를 밝히기도 했던 그는 유해한 인공지능을 억제하기 위한 수단을 연구하기 위해 오픈AI 설립에 관여하기도 했다. 반면 2021년 8월 '테슬라 AI Day'를 개최하면서 테슬라가 보유하고 있는 인공지능 기술력과 앞으로의 비전을 선포했다.

테슬라의 인공지능은 자율주행 소프트웨어와 슈퍼컴퓨터 '도조', 인공지능 전용 반도체인 'D1'을 중심으로 하는 하드웨어, 그리고 휴머노이드 로봇으로 축약된다. 물론 현재 건설하고 있는 여러 기가 팩토리와 스페이스X의 로켓 기술에도 다양한 인공지능 기술이 녹아들어 있다. 즉 테슬라의 인공지능 기술은 현재 자율주행 생태계의 집중과 확장에 초점이 맞추어져 있는 철저한 사업 우선주의라고 볼 수 있을 것이다.

테슬라의 자율주행 기술은 인공지능 기술의 정수로 압도적인 경쟁력을 자랑한다. 전 세계 도로 위에서 달리고 있는 200만여 대의 테슬라 자동차를 통해 방대한 양의 실주행 데이터를 확보할 수 있다. 이를 통해 예측이 힘든 엣지 케이스 대응에도 상대적인 우위를 점하고 있다. 오토 라벨링 기법의 도입으로 데이터의 라벨링 작업도 자동화하여 영상 데이터를 효율적으로 처리할 수 있도록 했다. 또한 데이터가 부족할 경우 사용할 수 있는 인공지능 시뮬레이터 기술도 확보하고 있다.

카메라 영상만으로 3D 영상을 구현하기 위해 자체적으로 개발한 딥러닝 기술들을 적용하고, 주행 상황의 맥락을 위해 순환 신경망 등의 딥러닝 기술도 적용했다. 무엇보다도 라이다, 레이더 같은 고가의 센서를 없애고, 저렴한 범용 센서인 8개의 카메라만으로 이루어지는 테슬라의 자율주행 기술은 타 경쟁사 대비 인공지능 기술의 큰 격차를 보여주고 있다.

기하급수적인 데이터 학습량 증가는 곧 인공지능에 사용하던 기존 GPU의 획기적인 증설을 의미한다. 테슬라는 2019년에는 2,000개 정도 소요되던 GPU가 2021년에는 1만 2,000개로 늘었다고 밝혔다. 인공지능 전용 반도체 D1은 기존의 범용 GPU를 대체하기 위해 개발되었다. 즉 기존 고가의 GPU가 가지는 범용성을 과감히 버리고 고성능, 저전력과 인공지능에 최적화된 구조를 가진 ASIC 칩을 개발한 것이다.

360테라플롭스 이상의 연산 성능을 가지고 있는 D1은 25개의 칩으로 타일 형태를 구성한 다음, 이 타일을 수십 개 혹은 수백 개 붙여 슈퍼컴퓨터급의 연산 성능으로 확장할 수 있는 구조로 이루어져 있다. 테슬라의 슈퍼컴퓨터 도조는 총 120개의 타일로 구성되어 1.1엑사플롭스의 연산 성능을 가지는 'ExaPOD'를 기반으로 만들어질 예정이다.

테슬라의 핵심 사업은 전기자동차 제조임이 분명하다. 미국, 중국, 유럽 등으로 스마트 공장인 기가 팩토리를 확장하면서 생산량을 확대하고 있고, 이러한 사업의 확장은 더 많은 데이터를 수집할 수 있는 기반이 되고 있다. 이를 효율적이고 지능적으로 처리하기 위한 인공지능 소프트웨어 플랫폼뿐만 아니라, 전용 반도체 기반의 하드웨어 플랫폼과 슈퍼컴퓨터까지 갖춤으로써 자율주행의 밸류체인 전부를 장악하게 되었다. 자동차와 자율주행 기술의 수직적 통합을 실현하고 있는 것이다.

이를 통해 얻을 수 있는 효과는 매우 크다. 우수한 가격 경쟁력과 함께 코로나 사태로 불거진 공급망 문제에서도 타사와 비교했을 때 더 자유로울 수 있다. 중요한 것은 성능 개선을 위한 하드웨어와 소프트웨어의 통합적인 최적화가 가능하다는 점이다. 이는 경쟁사와의 격차를 더욱 벌일 수 있는 중요한 차별화 포인트다.

비즈니스와 인공지능 역량의 확대

테슬라의 차별적인 자율주행 기술은 전기자동차에 엄청난 부가적 가치를 제공해줌과 동시에 독자적인 비즈니스도 가능케 한다. 전기자동차의 충전을 위한 테슬라의 슈퍼 차저는 타사의 전기자동차도 사용 가능하게 하면서 자체 충전 인프라 생태계와 비즈니스를 강화해가고 있다.

자율주행도 마찬가지다. 테슬라 차량뿐만 아니라, 타 기업의 전기자동차 대상으로도 확대될 것이 예상되는 테슬라의 FSD 비즈니스는 인공지능 비즈니스의 새 장을 열게 될 것이다.

자율주행 기술은 또한 새로운 비즈니스로 확장할 수 있는 기회도 제공하고 있다. 'AI Day'를 통해 밝혀진 테슬라 인공지능의 다음 타깃은 바로 휴머노이드 로봇이다. 자율주행 기술과 수십 개의 로봇 관절 제어를 위한 정교한 로봇 제어 기술이 필수적인 분야다.

또한 휴머노이드 로봇은 물체나 사람을 인식하고, 사람의 지시를 이해하고 답할 수 있는 기초적인 인터랙션 기술을 탑재해야 한다. 확고한 카메라 기반 자율주행 기술력을 토대로 제어, 자연어 처리 등의 새로운 인공지능 역량을 추가해야 하는 작업이며, 이는 테슬라 인공지능 역량이 확대되고 있음을 의미한다.

사람과 유사한 크기와 몸무게를 가진 '테슬라 봇옵티머스'은 시속 8km의 속도로 최대 20kg을 운반하도록 만들어질 예정이다. 인간에게 위험한 환경이나 반복적인 노동 작업에 투입될 수 있을 것이다.

일론 머스크는 2023년 말에 옵티머스 시제품을 내놓고 대량 생산을 시작할 예정임을 밝혔다. 출시될 옵티머스가 결코 '완결형'이 아닐 거라는 점은 명백하다. 시장에 선출시된 자율주행 소프트웨어가 해를 거듭하면서 더욱 똑똑하게 업그레이드되듯이, 옵티머스도 해마다 스마트한 로봇으로 변모해갈 것이다. 로봇의 성장을 바라보는 사용자들의 시선을 만족시키면서 말이다.

테슬라의 사업 전략은 확실히 시장을 우선 선점하고, 점차적으로 기술을 발전시켜가는 점진주의 방식으로 읽힌다. 휴머노이드 로봇은 자동차나 스마트폰과 같은 대규모 시장을 형성하게 될 가능성이 매우 크다. 10년 후가 되면 가정과 작업장에서 흔하게 볼 수 있는 존재가 되어 있을지도 모른다.

테슬라는 일반화가 어려운 인공지능의 기술적 한계를 극복한, 인공지능 상용화에 있어 가장 강력한 비즈니스 전략을 보유한 기업으로 보인다. 자율주행 기능을 탑재한 전기자동차와 휴머노이드 로봇의 기술적, 사업적 유사성이 발견되는 것이 그 증거다. 동일한 하나의 하드웨어 플랫폼과 소프트웨어 플랫폼만으로도 대량 생산과 단일화한 유지보수가 가능한 분야일 것이다.

테슬라는 기술을 위한 기술이 아닌, 철저한 사업 중심의 인공지능 전략을 보유하고 있다.

비즈니스 타깃을 먼저 정하고, 거기에 필요한 모든 기술적 요소들을 빠르게 확보해가는 연역적 접근 방식이 그것이다. 이런 방식은 잘못된 타깃 선정으로 인한 리스크를 감당해야 하는 대담한 능력을 요구하지만 시장 선점에는 매우 유효하다.

또한 테슬라는 기술의 원형을 미리 시장에 내놓고 완성도를 높여가는 점진적인 방식을 취하고 있다. 자율주행 자동차와 휴머노이드 로봇은 이런 접근 방식을 위한 최적의 시장이 될 것이다.

아마존,
핵심 비즈니스의 경쟁력 우위

클라우드, 핵심 비즈니스의 확장

아마존의 전통적인 핵심 사업은 배송의 '아마존 프라임'과 전자상거래의 '아마존 마켓 플레이스'로 대표되는 유통 분야다. 여기에 사업 DNA가 전혀 다른 '아마존 웹 서비스'가 핵심 사업으로 성장하면서 아마존은 유통과 IT를 아우르는 글로벌 빅테크 기업으로 발전했다.

아마존이 2006년에 내놓은 클라우드 컴퓨팅 서비스 AWS는 뚜렷한 목표를 세우고 만들어낸 결과물은 아니었다. 당시 가파르게 성장하고 있던 전자상거래 비즈니스를 지원하기 위해 내부 시스템의 효율적 운영과 통합을 고민하던 과정에서 새로운 비즈니스의 가능성을 발견하게 된 것이다.

내부적인 혁신의 산물이 새로운 비즈니스를 개척하고 아마존 비즈니스의 중심축으로 발전한 것은 매우 중요한 시사점을 던져준다. 많은 서비스 기업, IT 기업들에도 동일한 문제가 주어졌지만 내부 혁신의 기회로 전환한 기업은 극소수에 불과하다.

아마존은 혁신을 넘어 비즈니스로 확장하는 데에도 성공했다. 이는 '디지털 트랜스포메이션'의 대표 사례로도 읽힌다. AWS는 현재 컴퓨팅 인프라와 데이터베이스, 보안, 애플리케이션 등 100여 개가 넘는 양질의 서비스를 제공하고 있다. AWS는 이러한 양적, 질적인 성장을 바탕으로 현재 글로벌 클라우드 컴퓨팅 시장에서 약 35%의 견고한 시장 점유율로 경쟁사들을 따돌리고 있다. 또한 아마존 영업 이익의 절반 이상을 견인하는 핵심 비즈니스로 성장했다.

인공지능, 핵심 비즈니스의 강화

2014년 출시한 음성 비서 알렉사와 에코는 아마존 인공지능 서비스의 시작을 알리는 신호탄이다. 8년이 지난 지금, 알렉사는 시장에서 가장 강력한 생태계를 가진 음성 비서 플랫폼으로 성장했다. 서비스 개발과 하드웨어 개발을 위한 툴킷을 지원하여 음성 애플리케이션이나 에코와 같은 단말기를 만들 수 있도록 유인한 결과다. 알렉사의 생태계는 2021년 기준으로 무려 13만 개 이상의 음성 서비스 앱과 3만 종의 기기가 포함된, 전 세계 약 90만 명의 개발자가 활동하는 무대가 되었다.

알렉사는 클라우드와는 달리 철저한 사전 기획의 산물이다. 내부 역량이 전무한 상태에서 스타트업 인수로 외부 역량을 신속하게 도입해 단 3년 만에 세상에 없던 새로운 인공지능 비즈니스를 만들어내고, 압도적인 우위를 지속적으로 유지하고 있는 아마존의 역량은 참으로 놀랍다.

AWS의 강력한 클라우드 컴퓨팅 환경은 음성 비서 알렉사 생태계의 보금자리다. 알렉사의 인공지능은 클라우드를 통한 지속적인 학습으로 개선되면서 시장에서의 경쟁 우위를 지속하고 있으며, 이를 바탕으로 많은 서비스와 기기를 수용할 수 있는 무대가 되었다. 알렉사의 생태계가 성장할수록 AWS도 더욱 강화되고 성장할 수 있다. 알렉사는 클라우드로 유인하는 중요한 도구가 된 셈이다. 또한 알렉사는 최초로 음성 명령을 통해 상품을 주문하는 새로운 인터페이스를 제공함으로써 유통 비즈니스의 경쟁 우위를 더욱 공고히 하고 있다. 이처럼 **아마존의 인공지능은 '핵심 비즈니스에서의 경쟁 우위'를 위한 필수적인 도구다.** 이는 2017년 CEO이던 제프 베조스가 주주에게 보냈던 서한을 통해 명확하게 공표되었다.

아마존은 알렉사의 성공을 기반으로 AWS를 통해 인공지능의 기술적 장벽을 낮추면서 대중화로 나아가기 위한 다양한 인공지능 플랫폼을 제공하기 시작했다. 모델의 생성, 학습에서 서비스 런칭까지 가능한 '세이지메이커'를 필두로 컴퓨터 비전과 음성 인식, 음성 합성, 자연어 처리 등 모든 분야에서 인공지능 서비스가 가능하도록 다양한 플랫폼을 제공하고 있다. 아마존 인공지능 플랫폼은 사용자를 AWS로 유인하는 유용한 도구다.

물류, 유통의 경쟁 우위를 위한 인공지능 기술과 서비스 개발도 활발하다. 아마존은 일찍이 2012년 물류 인공지능 로봇 키바를 인수하며 물류 창고와 배송 서비스의 혁신을 이루었다. 주문에서 배송 트럭까지 단 10분이 소요될 뿐이다. '30분 내 배송'을 기치로 2013년 시작된 '프라임 에어' 서비스를 위해 2.4kg의 하중을 싣고 24km를 비행할 수 있는 드론 개발도 서두르고 있다.

2016년 미국 시애틀에서 시작된 아마존의 무인점포 '아마존 고'는 물건을 사서 계산대에서 기다리지 않고 '그냥 걸어 나가는Just walkout' 개념을 인공지능으로 구현하며 쇼핑 문화의 혁신을 시작했다. 2021년 현재 아마존 고는 약 30개로 늘어났고, 매장 규모에 따라 '아마존 프레시Fresh' 등 다양한 서비스로 확대되고 있다.

또한 전기 픽업트럭을 전문으로 생산하는 스타트업인 리비안Rivian에 7억 달러를 투자하고, 전기 밴 10만 대를 선주문하기도 했다. 전기자동차와 자율주행을 통해 운송을 차별화하기 위한 전략일 것이다. 이처럼 아마존의 인공지능은 클라우드와 유통, 배송 등 핵심 사업을 위한 강력한 도구다.

마이크로소프트,
인공지능의 도구화

인공지능, 내부 혁신의 도구

마이크로소프트의 인공지능 전략은 크게 세 가지 방향으로 축약할 수 있다. 우선 '빙'과 오피스, 번역, 게임 등 기존 제품과 서비스의 경쟁력을 강화하는 내부 혁신의 도구로 활용하는 것이다. 다음은 클라우드 기반의 인공지능 플랫폼 비즈니스를 강화하여 생태계 지배력을 더욱 공고히 하는 것이다. 마지막으로, 인공지능 기반의 새로운 소프트웨어 도구를 개발하고 배포하는 비즈니스의 확장이다.

5개의 팀으로 구성된 마이크로소프트 리서치에서 일하는 약 5,000명의 인력은 이런 전략적 목표를 달성하기 위한 핵심적인 자산이다.

또한 2021년 기준 1만 8,000건이 넘는 인공지능 관련 특허를 보유함으로써 IBM이나 삼성전자 등의 추격을 따돌리고 업계 1위를 고수하고 있다.

마이크로소프트의 인공지능은 빙을 비롯한 모든 제품과 서비스, 그리고 개발 과정 전체에도 스며들고 있으며, 다양한 애플리케이션 개발을 통해 사용자의 유인을 강화하고 있다. 2014년 출시한 음성 비서 코타나가 대표적이다. 코타나는 사용자의 사용 습관을 학습해서 최적화된 서비스를 제공하도록 설계된 도구로 빙의 차별화에 기여하고 있다.

또한 기계 번역은 마이크로소프트가 2003년부터 지속적으로 투자해온 분야다. 2012년에는 릭 라시드 당시 MS연구소 최고 연구책임자가 중국에서 열린 컨퍼런스에서 영어 스피치를 3분 만에 중국어 음성과 텍스트로 통역하는 기술을 선보이기도 했다. 이를 기반으로 2017년에는 최초의 음성 인식을 통한 실시간 통번역 서비스를 시작했다. 마이크로소프트의 번역기는 이제 103개의 언어를 번역할 수 있을 정도로 성장하여 구글과 유일하게 경쟁이 가능한 제품이 되었다.

마이크로소프트의 인공지능 전략의 중심에는 클라우드 컴퓨팅이 있다. 노키아 인수 등 잘못된 투자와 폐쇄성으로 인해 한때 쇠락하던 마이크로소프트가 클라우드 비즈니스를 전면에 내세우면서 다시 부활한 것은 이미 유명해진 얘기다.

2014년 CEO 자리에 오른 사티아 나델라는 윈도·오피스의 폐쇄적인 환경에서 클라우드 중심으로 비즈니스의 축을 전환시키면서 마이크로소프트를 시가총액 기준 전 세계에서 1, 2위를 다투는 혁신 기업으로 변모시켰다. 마이크로소프트의 클라우드 비즈니스는 2021년 기준 20%의 시장 점유율로 아마존에 이은 2위를 달리고 있는 핵심 사업이 되었다.

나델라 CEO는 2017년, 클라우드와 인공지능이 결합된 개념인 '인텔리전스 클라우드지능형 클라우드'를 발표했다. 자사의 클라우드 '애저'를 중심으로 모든 기업과 사용자에게 인공지능 서비스를 제공하겠다는 비전을 밝힌 것이다. 클라우드를 통해 제공되는 인공지능 플랫폼 '애저 AI'는 마이크로소프트의 또 다른 성장 엔진이다. 애저 AI를 통해 인공지능을 위한 인프라와 서비스, 툴킷 등 통합적인 개발 환경을 제공해주고 있다.

애저 AI는 사용자의 숙련도나 지식 정도에 따라 다양한 맞춤형 서비스를 제공하며 사업의 확장성을 강화해준다. 인공지능 전문가를 위해 '엔드투엔드' 모델 개발을 지원하는 '애저 머신러닝'과 음성과 비전, 자연어 등 일반적 서비스 개발을 제공하는 '애저 인지 서비스', 특정 시나리오만으로 턴키 서비스를 제공해주는 '애저 응용AI 서비스' 등이 그것이다. 또한 '애저 봇 서비스'를 통해 지능형 챗봇을 쉽게 구축할 수 있도록 했다.

인공지능을 제품으로

마이크로소프트는 업계 최초로 초거대 인공지능 모델에 대한 비즈니스도 전개하고 있다. 2021년 '애저 오픈AI 서비스'를 출시한 다음, 오픈AI가 개발한 GPT-3를 기반으로 강력한 자연어 처리 서비스를 제공하기 시작했다. GPT-3는 자연어 대화 능력이나 문장 번역, 작문과 텍스트 요약 등 자연어 처리의 모든 면에서 기존 기술 대비 획기적인 결과를 보여주고 있다. 이는 일반 인공지능을 확보하기 위한 주요 수단으로 인식되고 있다.

마이크로소프트는 오랫동안 가장 대중적인 소프트웨어 개발 환경을 제공해온 기업이다. 이 기업의 다음 목표는 과연 무엇일까? 이 회사의 여러 움직임을 살펴볼 때 아마도 코딩 자동화 도구 확보가 될 가능성이 높다. 이는 가까운 시일 내에 GPT-3를 통해 확보할 수 있는 가장 대중적인 서비스가 될 수 있다고 보이기 때문이다.

마이크로소프트는 2021년부터 자연어를 엑셀 프로그래밍 언어로 변환해주는 서비스를 시작했다. 이후 오픈AI는 GPT-3를 기반으로 자연어를 10여 개의 프로그래밍 언어로 변환해주는 '코덱스'를 공개하기도 했다. 이에 앞서 기계학습을 위한 대량의 코딩 데이터도 충분히 확보한 것으로 보인다. 2018년에 세계 최대 오픈 소스 플랫폼인 '깃허브'를 인수한 것은 이를 위한 사전 포석일 것이다.

이 분야에 대한 경쟁은 이미 시작된 듯하다. 구글의 딥마인드도 최근 자동으로 코드를 작성해주는 '알파코드'를 발표했다. 강화학습을 통해 코딩 훈련을 마친 알파코드는 전문가들이 참여하는 코딩 대회에서 상위 54%의 성적을 달성했다고 한다. 머지않아 코딩에서도 알파고와 같은 사건이 재현될 날이 올 수도 있다. 코딩 자동화 도구는 단조롭고 반복적인 코딩에 대한 부담을 줄여서 핵심에 집중하게 해주는 유용한 도구가 될 것이 분명하다.

또한 비전문가도 활용할 수 있는 길을 열면서 소프트웨어 개발의 새로운 장을 열게 될 것이다. 소프트웨어 개발 문화의 혁신을 예고하는 이 분야는 빅테크 기업들의 차기 격전장이 될 가능성이 매우 크다. 마이크로소프트는 이 경쟁에서 한 발 앞서가고 있다. **마이크로소프트는 자사의 '오피스'와 마찬가지로 코딩 자동화 도구를 경쟁력 있는 제품으로 만들어갈 것이 분명해 보인다.**

애플,
디바이스의 차별화 도구

인공지능, 디바이스의 강화

애플은 시가총액 기준 세계 최대의 기업으로, 철저한 디바이스 중심의 인공지능 전략을 가지고 있는 제조 기업이다. **애플에 있어 인공지능은 디바이스 사용자의 충성도를 더 끌어올리고 더 많은 사용자를 유입시키기 위한 유용한 도구다.** 기존 디바이스에 고도의 부가가치를 제공해 주기 위한 수단인 셈이다.

하지만 인공지능을 별도로 판매해야 하는 제품이나 서비스로 판단하고 있지는 않은 듯하다. 이런 전략은 모바일이나 가전 등 모든 전통적인 디바이스 제조업들에게도 동일하게 적용될 수 있을 것이다.

2011년부터 아이폰에 탑재하기 시작한 인공지능 음성 비서 시리는 애플 인공지능의 대표 주자다. 시리는 현재 20여 개의 언어를 구사하고 매달 100억 건 이상의 요청을 처리하는, 세계에서 가장 분주한 모바일 음성 비서로 성장했다. 시리의 인공지능은 학습과 개선을 통해 요구에 대한 응답의 정확도를 지속적으로 끌어올리고 있다. 다른 음성이 끼어들어도 화자의 질문에만 답하기도 한다.

애플은 시리 이외에도 배터리와 카메라, 갤러리 등 iOS 전반에 인공지능 기술을 녹여 넣고 있다. 배터리 충전 습관을 학습해서 배터리의 수명을 예측하거나, 갤러리의 사진을 자동으로 분류하기도 한다. 연속으로 찍힌 사진을 분석해서 최적의 사진으로 합성해내는 것도 가능하다. 카메라 모듈과 뉴럴 엔진을 연동해 사진의 실시간 처리도 가능하게 했다.

또한 번역과 음성 받아쓰기, 수면 관리, 심박 수 등의 건강 관리 앱 등 다양한 기능이 포함되고 있다. 애플은 아이폰을 비롯한 모든 애플 디바이스의 기능과 성능의 개선에 인공지능을 적용하고 있다고 볼 수 있다.

뒤처지는 존재감

시리의 성장에도 불구하고, 인공지능 분야에서 애플의 존재감은 다소 떨어지는 편이다. 시리 출시 당시 가장 앞선 음성 인식 기술을 보유하기도 했지만 현재 아마존과 구글 같은 후발 주자들에 비해 기술적, 사업적으로도 밀리는 상황에 처한 것이다. 아마존 '에코'가 개척한 가정용 음성 비서 시장의 진입 시점도 아마존 대비 4년, 구글 대비 2년이나 늦었다.

전문가들은 시리의 자연어 이해 능력이 타사와 대비했을 때 뒤처지는 것으로 평가하고 있기도 하다. 애플은 이를 만회하기 위해 다양한 인공지능 스타트업을 인수하고, 2018년에는 구글의 검색 부문 책임자였던 존 지아난드레아를 영입하여 인공지능 부문 총괄을 맡기기도 했다.

영국 시장 조사기관 글로벌 데이터에 따르면, 2016년 이후 5년 동안 애플은 모두 25개의 인공지능 스타트업을 인수한 것으로 드러났다. 그 뒤를 잇는 구글이나 마이크로소프트, 페이스북 대비 2~3배의 격차를 보이는 것은 애플의 다급함이 느껴지는 대목이다. 자연어 처리의 성능을 개선하기 위한 '보이시스Voysis', 에지 디바이스 기반 이미지, 음성 처리 기술을 가진 '실크랩스Silk Labs' 그리고 자율주행 기술을 위한 '드라이브.aiDrive.ai'가 대표적이다. 시리와 iOS, 가정용 음성 비서 '애플 포드'의 기능 확장과 성능 개선 목적이 크다고 할 수 있다. 또한 비밀리에 추진 중인 것으로 알려진 전기자동차와 자율주행 기술을 위한 포석으로 볼 수도 있다.

애플이 집중하는 또 하나의 분야는 반도체 개발이다. 애플은 2020년 'M1' 칩을 자체적으로 개발해 맥북 에어, 맥북 프로 등 맥북 시리즈에 탑재했다. 기존 인텔의 CPU에 비해 머신러닝 연산 속도가 약 9배 정도 개선되는 등 처리 속도와 소비 전력 면에서 탁월한 성능을 보였다.

또한 모바일 모뎀용 반도체와 자율주행용 반도체도 개발할 것으로 알려져 있다. 애플은 반도체 칩을 내재화함으로써 하드웨어와 소프트웨어, 인공지능 기술에 이르기까지 자사의 디바이스 제조에 필요한 모든 기술을 수직적으로 통합할 수 있게 되었다. 제조 원가의 하락과 통합 최적화에 따른 성능 차별화는 애플의 새로운 경쟁력이 될 것이다.

페이스북,
내부 혁신과 연구 중심

R&D 중심 전략

페이스북은 자타가 공인하는 세계 최대의 소셜 미디어 기업이다. 전 세계 20억이 넘는 사람들이 페이스북을 통해 서로 연결되어 있다. 페이스북은 또한 10억의 인구가 사용하는 모바일 메신저 왓츠앱, 3억의 사용자를 거느린 인스타그램 등을 인수, 통합하면서 전 세계를 연결하려는 비전을 더욱 강화시켜왔다.

페이스북은 인공지능을 차세대 성장 엔진으로 간주하고, 2013년부터 인재의 영입과 다양한 스타트업 인수 등 많은 투자를 해왔다. 페이스북은 2021년 사명을 '메타'로 바꾸면서 비즈니스의 중심축을 '메타

버스'로 옮긴다고 선언했다. 인공지능 기술과 메타버스와의 융합을 통해 차별적인 서비스를 지향할 것으로 보인다.

페이스북의 인공지능 전략은 디바이스나 소프트웨어 사업 중심의 타 빅테크 기업들과 달리, 철저한 내부 혁신과 연구 중심 전략으로 볼 수 있다. 즉 인공지능을 통해 내부 서비스를 강화하고, 기술의 사업화보다는 연구 중심으로 역량을 키워가고 있는 것이다.

또한 인공지능 프레임워크 파이토치를 제공하면서 인공지능의 대중화와 생태계 확장에도 집중하고 있다. 2016년에 공개된 파이토치는 뛰어난 사용 편의성과 풍부한 라이브러리 제공 덕분에 연구자들이 매우 선호하는 것으로 알려져 있다.

FAIR, 인공지능 R&D의 리더

페이스북 인공지능 연구의 본산은 FAIRFacebook Artificial Intelligence Research이다. 캐나다 마피아 3인방 중의 하나이자, 미국 뉴욕 대학 교수인 얀 르쿤 교수를 2013년에 영입하면서 설립된 조직이다. FAIR는 2020년 기준 캘리포니아, 뉴욕 등 미국 내 10개소와 프랑스, 영국, 캐나다, 이스라엘 등 해외의 4개소를 운영하며 지속적으로 외형을 확장 중이다.

FAIR는 번역과 요약, 텍스트 분류, 대화 등을 포함하는 자연어 처리 기술과 음성, 컴퓨터 비전, 강화학습 등 인공지능의 기반 기술을 집중적으로 연구하고 있다. 특히 컴퓨터 비전 분야는 세계 최고 수준의 역량을 보유하고 있는 것으로 알려져 있다.

FAIR는 또한 SNS를 강화하기 위한 인공지능 기술 연구에도 집중하고 있다. 사용자들을 안전하게 연결해주기 위한 무결성 기술, 랭킹 매기기와 추천 기술, 혐오 발언 감지 기술 등 다양한 딥러닝 기반 응용 기술을 개발하여 페이스북과 인스타그램, 왓츠앱에 적용하고 있다.

이미 내부 서비스의 번역과 댓글, 상태, 사진 등 여러 요소에는 FAIR의 딥러닝 기반 인공지능 기술이 다수 녹아들어 있다. 인공지능 기술이 메타버스와 융합되면 메타버스상에 존재하는 다국어 사용자들의 언어를 실시간으로 통역하고, 공동으로 게임이나 작업을 할 수 있는 공간을 만드는 등 다양한 시나리오를 구현할 수 있을 것이다.

엔비디아, 반도체에서 종합 컴퓨팅으로

GPU 중심 비즈니스

엔비디아는 1993년 대만계 젠슨 황이 설립한 세계 최대의 GPU 제조사다. GPU는 CPU와 달리 병렬적이고 반복적인 연산에 특화된 구조 덕분에 게임 분야에서 주로 활용되었다.

GPU는 2012년에 열렸던 세계 최대의 비전 인식 대회인 이미지넷을 통해 새로운 전기를 맞게 되었다. 우승팀이었던 토론토 대학 힌튼 교수팀의 딥러닝 알고리즘 알렉스넷이 최초로 GPU 위에서 구동된 것이 알려지게 되면서부터다. 단순 반복적인 연산을 많이 해야 하는 딥러닝에 GPU와 같은 병렬 구조는 매우 효과적이었다. 엔비디아는 지금의 인공지능 시대를 여는 데 결정적인 기여를 한 셈이다.

GPU가 딥러닝을 위한 필수적인 기본 인프라로 자리잡으면서 엔비디아는 단순한 반도체 업체에서 인공지능, 자율주행 등의 하드웨어는 물론 소프트웨어 및 플랫폼을 아우르는 종합 컴퓨팅 기업으로 변모하고 있다. 주력 사업인 GPU는 딥러닝에 특화된 '텐서' 코어 등을 탑재하면서 지속적으로 진화 중이다.

또한 **엔비디아는 GPU 기반의 서비스 개발을 지원하기 위해 '쿠다CUDA'와 같은 소프트웨어 플랫폼과 툴킷 등 다양한 소프트웨어 스택을 동시에 제공하고 있다.** 이들은 사용자의 진입 장벽을 지속적으로 낮추면서 GPU 생태계를 확장해갈 수 있는 유용한 수단이기도 하다. 쿠다는 C언어 등을 사용해 GPU 애플리케이션을 쉽게 만들 수 있도록 해주는 소프트웨어 플랫폼이다.

통합 솔루션으로의 확장

게임, 딥러닝과 더불어 자동차 분야는 엔비디아가 집중하는 핵심 비즈니스 중 하나다. 2015년 '드라이브 PX'를 통해 자율주행 시장에 진입한 엔비디아는 이후 '오린Orin'을 통해 자율주행과 차량 등 인포테인먼트를 아우르는 종합적 솔루션 제공업체로 성장하고 있다. 즉 GPU를 기반으로 하는 하드웨어 플랫폼에서 OS, 소프트웨어 플랫폼, 개발 도구, 애플리케이션 등에 이르는 자율주행 관련 기술 전체를 수직적으로 통합할 수 있는 체계를 갖춰가고 있다.

엔비디아의 솔루션들은 현재 독일의 보쉬, 다임러, 벤츠 및 도요타 등 전 세계 약 370여 개의 자동차 부품 및 제조업체로 확산 중이다. 자율주행 시장에서 테슬라에 대적 가능한 경쟁 상대가 될 수 있을 것으로 보인다.

초거대 인공지능에 필수적인 슈퍼컴퓨팅 분야에서 엔비디아의 활약은 가히 압도적이다. 2021년 발표된 슈퍼컴퓨터 톱 500 리스트에서 무려 70%의 기계가 엔비디아의 기술을 기반으로 하고 있다는 것이 알려졌다. 특히 10위에 랭크된 마이크로소프트 애저 클라우드의 슈퍼컴퓨터는 엔비디아와 공동 작업한 결과물이기도 했다.

또한 메타가 2022년 말 가동을 목표로 하고 있는 'RSC Research SuperCluster'는 엔비디아의 GPU A100 1만 6,000개를 탑재할 예정이다. 인공지능과 메타버스 개발을 지향하는 RSC의 성능 목표는 5엑사플롭스에 달한다. 이외에도 엔비디아의 기술은 기후, 에너지, 생물학 등 거대 과학의 시뮬레이션을 위해 가장 유용한 인프라를 제공해주고 있다.

개인용 서버에서 클라우드, 슈퍼컴퓨터 및 자동차에 이르기까지 인공지능이 구동되는 환경은 매우 다양하다. 딥러닝 시대와 함께한 엔비디아의 전략은 우선적으로 GPU를 기반으로 한 컴퓨팅 인프라 장악에 있을 것이다.

이를 위해 생태계 확장은 필수적이다. 엔비디아는 GPU 기반의 하드웨어 플랫폼뿐만 아니라, 소프트웨어 플랫폼과 각종 툴킷, 비즈니스 애플리케이션에 이르기까지 다양한 소프트웨어를 제공하면서 비즈니스를 확장하고 있다.

특히 자율주행 분야에서는 기존 글로벌 완성차 기업들에게 테슬라에 대항할 수 있는 토탈 솔루션을 제공해주고 있다는 점에서 시사하는 바가 크다. 엔비디아의 전략은 반도체 분야의 경쟁 기업들에게는 함부로 넘어설 수 없는 기술적 해자가 될 가능성이 크다고 볼 수 있다.

빅테크 기업들의 공통 전략 엿보기

인공지능 기술의 수직적 통합

지금까지 세계적으로 인공지능을 리드하고 있는 7개 글로벌 빅테크 기업들의 전략을 추적해보았다. 눈치를 챘겠지만 이 기업들은 각각 플랫폼과 자동차, 유통, 소프트웨어, 모바일 및 컴퓨터, 소셜네크워킹 및 반도체 분야를 대표하는 기업들이다.

업종을 불문하고 이들 기업들은 인공지능을 내부 혁신의 도구로 활용해 핵심 비즈니스를 강화하면서 신규 비즈니스를 확장하고 있다는 면에서 크게 다르지 않다. 단지 어떤 부분에 더욱 집중하느냐에 따라 인공지능 비즈니스의 전략과 실행에서 큰 차이를 보여주는 것으로 생각된다. 이와 유사한 업종에 있는 기업들이 참조하면 좋을 것 같다.

그럼에도 이들 기업들의 행보에서 약간의 공통점을 엿볼 수 있다. 우선 인공지능 비즈니스에 필요한 모든 기술의 수직적 통합이다. **인공지능 전용 반도체와 클라우드, HPC 등의 하드웨어 인프라와 OS, 응용 소프트웨어, 인공지능 알고리즘에 이르기까지 전체 기술을 자력으로 조달하는 통합적 환경을 갖춰가고 있는 것이다.**

그동안 아웃소싱에 의존하던 경영 이론과는 차이가 크다. 코로나, 무역 전쟁 등으로 인해 반도체 부족과 물류 대란 등 많은 문제를 경험하고 있는 시점에서 이와 같은 수직적 통합은 여러 장점을 보여준다. 즉 물자의 안정적 수급과 원가 절감을 통해 가격 경쟁력을 제고하고, 하드웨어와 소프트웨어의 통합 최적화를 통해서는 압도적 성능 차별화가 가능하다. 또한 제품, 서비스 조달에 대한 통제권을 직접 가지게 되어 기업의 전략적 측면에서도 가치가 크다.

현재 이 부분에서 가장 앞서고 있는 기업은 테슬라와 애플이다. 테슬라는 자율주행을 위한 전용 반도체, 하드웨어 플랫폼, 학습을 위한 슈퍼컴퓨터와 자율주행에 필요한 OS, 소프트웨어, 인공지능 알고리즘 등을 모두 자체적으로 확보해놓고 있다. 게다가 자율주행 서비스를 위한 자동차와 휴머노이드 로봇도 직접 생산한다.

애플도 전용 반도체 M1을 개발하면서 기존에 보유하던 하드웨어, 소프트웨어 역량과 더불어 수직적 통합의 마지막 퍼즐을 완성했다. 구글은 TPU를 개발하면서 인공지능 플랫폼 비즈니스를 위한 준비를 마쳤다. 다만, 비즈니스를 실행할 수 있는 하드웨어 역량은 여전히 아쉬운 부분일 것이다.

아마존이나 마이크로소프트, 페이스북도 이미 전용 반도체 개발 경쟁에 뛰어들었다. 기술의 수직적 통합은 글로벌 빅테크 기업에 있어 하나의 추세가 될 가능성이 커졌다.

차별적 역량 확보

또 하나는 인공지능 역량 확보에 집중하는 것이다. **빅테크 기업들은 내부에 가지고 있지 않은 역량을 확보하기 위해 과감한 인수, 합병을 추진하고 있다.** 이는 기술과 함께 인재를 확보하기 위한 측면이 강하다. 일례로 구글은 2013년 캐나다 토론토 대학의 제프리 힌튼 교수가 운영하던 'DNN 리서치'를 인수하면서 이미지 검색 기능을 강화함과 동시에 힌튼 교수를 비롯한 인재들을 확보할 수 있었다. 또한 영국의 딥마인드 인수를 통해 최상급의 인력들을 확보하면서 이후 알파고 신화를 이뤄낼 수 있었다.

현재의 음성 비서도 마찬가지다. 스타트업 시리와 에비 테크놀로지가 각각 애플과 아마존에 인수되면서 현재의 시리와 알렉사가 탄생할 수 있었다. 2021년 기준으로 이전 5년간 애플은 25개의 스타트업을 인수하면서 가장 적극적인 인수 기업이 되었다. 구글과 마이크로소프트, 페이스북이 그 뒤를 잇고 있다.

인재 영입은 역량 확보를 위한 또 하나의 축이다. 구글은 텐서플로를 개발한 제프 딘과 제프리 힌튼, 레이 커즈와일 등의 구루들과 함께 전 세계 인공지능 고급 인력의 거의 절반을 보유하고 있는 것으로 알려져 있다. 페이스북은 뉴욕 대학의 얀 르쿤 교수를 영입하여 인공지능 연구소를 설립하면서 인공지능 연구의 기초를 놓을 수 있었다. 중국의 바이두는 앤드류 응 스탠퍼드 대학 교수를 최고 기술책임자로 영입하면서 자율주행을 비롯한 바이두 인공지능의 중흥을 일으키는 계기를 만들 수 있었다.

PART 9

현재 산업 분야의 혁신은 '디지털 전환'을 통해 견인되고 있다고 해도 과언이 아니다. 사물인터넷, 빅 데이터, 클라우드 등 새로운 ICT 기술들이 전 산업계에 유입되면서 프로세스와 공정의 디지털화를 통해 생산성을 향상시키고, 서비스와 제품의 고부가 가치를 창출해내고 있다.

인공지능은 디지털 전환에서 두뇌 역할을 해주는 핵심적 요소로 자리 잡았다. 글로벌 IT 기업이나 플랫폼 기업들만의 전유물은 결코 아닌 것이다. 인공지능은 전통적 제조업과 농업, 건설업, 금융업, 물류 등 전 산업으로 스며들면서 기존의 방식을 자동화하고 지능화하고 최적화하고 개인화한다. PART 9에서는 이들 산업에서 추진하고 있는 디지털 전환 사례를 통해 인공지능의 활약상을 추적해보고자 한다.

디지털 전환과 인공지능

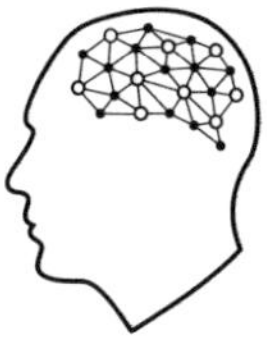

디지털 전환

다양한 정의들

2010년에 접어들면서 기업의 디지털 전환에 대한 화두가 급부상하기 시작했다. 이는 1990년대와 2000년대를 거치면서 컴퓨터와 인터넷 등에 의해 디지털 인프라와 비즈니스가 구축되면서 가능해졌다. 이어 2010년대에 이르러 모바일과 사물인터넷, 클라우드, 빅 데이터, 블록체인 및 인공지능 등 4차 산업혁명의 기반 기술들이 속속 도입됨으로써 디지털 전환을 구체화할 수 있는 환경이 제공되었기 때문이다.

디지털 전환을 일컫는 정의는 다양하다. 오랫동안 디지털 기술의 발전을 견인해왔던 IBM은 '기업이 디지털과 물리적 요소를 통합하여 비즈니스 모델을 변화시키고, 산업의 새로운 방향을 정립하는 전략'으로 정의한다. 즉 '디지털 기술 기반의 비즈니스 혁신 전략'으로 정리할 수 있다.

좀 더 포괄적인 정의도 있다. 마이크로소프트는 '지능형 시스템을 통해 기존의 비즈니스 모델을 새롭게 구상하고, 사람과 데이터, 프로세스를 결합하는 새로운 방안을 수용하는 것'으로 정의하고 있다. 미국의 컨설팅 기업 AT 커니는 '디지털 신기술로 발생하는 경영 환경의 변화에 맞춰, 프로세스를 빠르게 디지털로 전환하고, 비즈니스의 자체 경쟁력을 확보하거나 새로운 디지털 비즈니스를 만들어내는 기업 활동'으로 정의한다.

이들 모두가 내린 정의는 디지털 기반의 새로운 비즈니스뿐만 아니라 기업의 내부 혁신까지도 포함하고 있다. 즉 디지털 기술은 경영관리 프로세스와 조직, 전략 등 기업 내부의 혁신을 위한 중요한 도구이기도 하다는 것을 말해주고 있다.

강력한 비즈니스 혁신 도구

이상의 정의를 통해서 볼 때, 기업 비즈니스의 혁신은 크게 두 가지 방향으로 전개될 수 있을 것이다. 우선 '핵심 비즈니스의 혁신'이다. 이는 기업이 보유하고 있는 제품이나 서비스에 대한 디지털 혁신을 통해 사업 경쟁력을 제고하는 것을 말한다. 여기에는 내부 비즈니스 프로세스나 공정 과정에 대한 디지털화를 통해 원가 구조를 개선하고, 생산성을 높이는 모든 방법이 포함될 것이다. 핵심 비즈니스의 디지털 전환은 기존의 방식을 고수하는 기업과의 격차를 더욱 벌려놓을 것이 분명하다.

다음은 기업이 보유한 디지털 역량을 바탕으로 신규 비즈니스를 만들어내는 것이다. 디지털 역량을 보유한 대기업뿐만 아니라 대부분의 스타트업들이 새로운 비즈니스와 솔루션, 서비스를 개발하면서 이 영역에 도전하고 있다.

기업이 보유한 핵심 비즈니스의 혁신은 다양한 형태로 나타난다. 대부분의 IT 및 제조, 서비스 기업들은 새로운 디지털 기술의 도입을 통해 기존 제품이나 서비스를 지속적으로 개선하고 있다. 기능을 추가하거나 대체하고, 성능을 향상시켜 차별화된 가치를 제공해주고 있는 것이다. 기업들에게는 시장에서의 지속 가능성을 높여 주는 경쟁력의 핵심이라고 말할 수 있다.

또한 내부 프로세스 전환을 통해 생산성을 제고시키는 다양한 방식을 제공해준다. 여러 디지털 기술의 유입을 통해 제조 공장이나 건설 현장을 스마트하게 변모시키거나, 물류와 유통 과정에서 발생할 수 있는 속도 지연이나 불투명성 문제를 디지털 인프라와 기술을 통해 해결할 수도 있다.

또한 금융이나 주식, 보험, 소매업 등에서는 복잡한 프로세스를 개선하여 접근이 용이한 구조로 변환시키는 방식으로 고객 경험을 혁신할 수 있다. 부정확한 통계에 의존하던 마케팅 방식도 데이터 중심의 개인화된 전략으로 구현할 수 있을 것이다.

일례로 커피업계의 슈퍼스타 '스타벅스'의 디지털 혁신은 성공적인 사례로 회자된다. 스타벅스는 매장 방문 없이도 모바일로 주문하고 결제할 수 있는 서비스를 론칭한 다음 모바일 앱을 통해 보상 서비스와 통합 연계한 한층 강화된 서비스를 제공했다. 이러한 고객 경험에 대한 디지털 전환은 회사 매출의 거의 절반에 기여할 정도로 매우 긍정적인 결과를 보여주고 있다. 디지털 전환은 핵심 비즈니스의 혁신을 가속화하여 경쟁 우위를 확보하기 위한 최선의 전략일 수 있다.

기업이 보유한 디지털 역량을 기반으로 새로운 비즈니스를 만들어내는 혁신적인 사례도 늘고 있다. 전기자동차 제조 기업 테슬라의 자율주행 서비스는 자동차에 대한 부가가치 제공 수단일 뿐만 아니라, 휴머노이드 사업까지 포함한 새로운 비즈니스 영역으로 만들어가고 있음을 앞서 살펴보았다.

아마존은 다져진 IT 역량을 바탕으로 가정용 음성 비서 에코와 전자책 킨들을 통해 새로운 시장을 열었다. 영국의 온라인 식료품 업체 '오카도Ocado'는 식료품 물류 전반에 걸쳐 인공지능과 로봇 기반의 강력한 통합 IT 솔루션을 개발했고, 솔루션의 사업화에도 성공했다. 이외에도 산업의 각 분야에서 새로운 기술로 무장한 제품과 서비스를 통해 많은 기업들이 이 시장에 도전하고 있다.

새로운 비즈니스는 내부 프로세스를 혁신시키는 과정에서 생겨나기도 한다. 즉 내부 혁신 과정에서 발견하거나 발전시킨 기술을 일반화시킴으로써, 전혀 새로운 비즈니스를 만들어내는 것이다. 아마존은 기존 물류 비즈니스를 지원하기 위한 시스템을 유지, 보수하는 과정에서 소프트웨어 모듈을 통합하고 표준화, 일반화하여 새로운 사업을 만들어냈다. 현재 아마존의 핵심 사업으로 성장한 AWS가 그것이다. 아마존은 이를 통해 유통 기업에서 IT까지 아우르는 거대 기업으로 변모할 수 있었다.

항공기용 엔진, 전기 터빈 등 산업 기기를 주로 생산하던 GE는 유지 보수를 위해 데이터를 수집, 분석하는 과정에서 '디지털 트윈Digital Twin'이라는 개념을 만들었고, 이를 기반으로 데이터 분석 플랫폼 '프리딕스Predix'를 제공하는 디지털 기업으로 발돋움하기도 했다.

물론 대부분의 기업들에게 디지털 전환은 쉽지 않은 과제임이 명백하다. 글로벌 컨설팅 기업 맥킨지는 이미 2018년부터 디지털 전환의 낮은 성공률에 주목했다. IT, 통신 등 상대적으로 디지털화가 잘된 산업에서의 디지털 전환 성공률도 26%에 불과했다. 더욱이 제조, 자원, 제약 등 전통적인 산업에서의 성공률은 불과 4~11% 정도에 머물렀다.

이는 디지털 전환이 단순히 인프라와 기술의 문제만이 아니라는 걸 의미한다. 구성원들의 마인드셋과 조직 문화, 기업의 전략 등 기술 외적인 요소가 더욱 중요한 과정이라는 것이다. 일례로 자동차 기업 포드는 종합 모빌리티 회사를 지향하면서도 자율주행 개발을 위한 별도의 자회사를 설립했다. 하지만 전통적인 제조 기업이 갖는 사일로silo 문화에 부딪히면서 좌초하고 말았다.

하지만 디지털 전환에 대한 전망은 여전히 밝다. 글로벌 컨설팅 기업 IDC에 따르면, 디지털 전환은 2024년까지 연평균 16% 이상의 성장률을 보일 것으로 예상된다. 기업들의 투자액도 전체 ICT 투자액의 55% 정도에 해당하는 6조 3,000억 달러에 달할 것으로 내다보고 있다. 디지털 전환은 기업의 생존에 필수적인 과정으로 인식되고 있음을 반증하는 동시에 이제는 거스를 수 없는 시대적 대세가 되었음을 알 수 있는 대목이다.

인공지능은 업무 프로세스의 전환을 포함하는 내부 혁신과 새로운 비즈니스의 혁신을 가져올 수 있는 핵심 기술로서 디지털 전환을 견인하는 강력한 엔진이다. 인공지능은 자동화와 최적화, 지능화, 그리고 개인화가 가능한 기술이다. 규칙에 따라 제한된 답을 내놓는 기존 방식이나 프로세스도 자동화를 통해 개선이 가능하고, 최적화를 통해 각종 예측이나 마케팅 등 불가능했던 기능과 성능 구현이 가능하다. 또한 개인별 데이터 학습을 통해 정교한 추천이나 정보 제공도 가능해진다. 인공지능은 인터넷과 모바일, 사물인터넷 시대를 통해 구축된 빅데이터와 클라우드 인프라의 토대 위에서 기업 비즈니스의 혁신을 일구기 위한 최적의 기술인 셈이다.

제조업의 혁신과 기회

제조업과 인공지능

독일이나 일본은 제조업이 각국 GDP의 20% 이상을 떠받치고 있는 전통적인 제조업 강국이다. 우리나라의 상황은 더하다. 대한민국의 제조업은 거의 GDP의 28%를 상회하는 중추적 산업이다. 때문에 제조업의 디지털 전환은 국가 경쟁력과 직결되는 핵심 이슈라고 할 수 있다.

제조업은 인공지능이 가장 잘 활약할 수 있는 분야 중 하나로 알려져 있다. 우선 데이터가 풍부하다. 제조 공정과 현장 등에서 발생하는 방대한 양의 데이터는 빅 데이터 분석과 인공지능 기술로 문제를 풀어가기에 좋은 환경을 제공해준다. 또한 인공지능은 대부분의 제조 공정이 추구하는 자동화와 최적화 문제에서 보다 정교한 답을 줄 수 있다. 하지만 작은 실수도 용납이 안 되는 미션 크리티컬한 분야에는 아직 적용이 힘든 게 현실이다.

제조업 인공지능을 바라보는 전망은 대체로 긍정적이다. 시장 조사기관인 영국 '테크나비오TechNavio'는 제조업 인공지능 시장이 연평균 30%가 넘는 성장률을 올릴 것이며, 2023년에는 97억 달러 규모를 상회할 것으로 예측하고 있다. 또 다른 시장 조사기관 마켓앤마켓은 175억 달러 상당의 시장이 형성될 것으로 보고 있기도 하다.

전체 제조업 중에서 인공지능 도입이 가장 활발한 제조 분야는 자동차 산업이다. 약 38%의 도입률로 제조업 인공지능의 성장을 견인하고 있는 형국이다. 반도체와 의약품, 에너지 분야도 각기 10~17% 정도의 도입률을 보여주고 있다.

제조업에서의 인공지능은 다양한 분야에서 적용되고 있다. 데이터를 통해 품질과 연관성이 높은 변수를 찾아낼 수 있어 제품의 품질관리에 유리하기 때문이다.

기계에서 발생하는 소리나 진동 데이터를 분석해 기계의 고장을 미리 예측하는 '예지 보전Predictive Maintenance'에도 능하다. 현장에서 발생 가능한 다양한 '이상 상황에 대한 검지Anomaly Detection' 능력도 탁월하다. 또한 생산량, 노동자수 등을 학습해 생산 계획 수립이나 공정 스케줄 등의 최적화 작업에도 활용할 수 있다.

테크나비오의 분석에 따르면, 2018년 기준 인공지능이 가장 많이 적용된 분야는 예지 보전과 기계 검사로, 전체의 약 38%를 차지하고 있다. 다음으로 생산 계획 수립과 품질 관리가 각각 25%, 18%로 그 뒤를 잇고 있다.

스마트 공장, 디지털 트윈

'스마트 공장Smart Factory'은 ICT 기술 기반의 효율적인 제조 과정을 통해 생산성과 품질을 높이기 위한 지능형 공장이다. 기존의 자동화 공장에서 더욱 강화된 개념으로 '지능형 자동화 공장'으로 볼 수 있다. 즉 데이터를 수집, 분석해서 스스로 제어할 수 있도록 빅 데이터와 인공지능 기술을 추가해 자동화의 정밀도와 수준을 획기적으로 강화했다.

이를 통해 공정 내 최적화뿐만 아니라, 공정 간의 연결을 통해 전 공정의 자동화도 가능해진다. 이러한 공장의 지능화는 궁극적으로 생산 현장뿐만 아니라 제품의 기획과 설계, 유통과 판매에 이르기까지 제품의 생애 주기 전반에 적용될 수 있다. 스마트 공장이 추구하는 궁극의 목표는 사람의 개입이 전혀 없는 완전 무인 공장의 실현이라고 할 수 있다.

미국의 GE와 독일의 지멘스는 가상 시뮬레이션 환경인 '디지털 트윈'을 도입하여 스마트 공장 분야를 리드해 왔다. 디지털 트윈은 현실의 실물을 컴퓨터 내 가상세계에 동일하게 모사해서 실물의 동작과 변화를 가상세계와 동기화시키는 기술이다. 즉 설비나 시스템, 환경을 소프트웨어로 가상화해서 실제 설비에 부착해둔 센서로부터 획득한 데이터로 시뮬레이션하고, 그 결과를 다시 실물에 적용하는 과정을 반복하게 되는 것이다.

제조 현장은 온도나 습도 등의 사소한 요인에도 품질과 생산성이 달라질 수 있는 민감한 환경이다. 따라서 가상화된 디지털 트윈을 통해 얻을 수 있는 이점은 크다. 우선 지속적인 데이터 모니터링을 통해 설비의 예지 보전과 이상 검지가 가능해진다. 설비의 고장이나 이상 상황을 미리 예측하고 대처할 수 있게 되는 것이다. 또한 다양한 상황에 대한 시뮬레이션이 가능하기 때문에 사전에 문제를 파악하여 효율적인 제품 설계가 가능해진다.

미국의 글로벌 인프라 기업 GE는 2013년, 각종 센서가 부착된 설비로부터 전달되는 빅 데이터를 수집, 분석할 수 있는 산업인터넷 플랫폼 '프리딕스'를 출시했다. 특히 항공 분야에서 제트 엔진에 디지털 트윈을 구현한 다음 운행 중인 항공기 엔진의 실시간 모니터링과 엔진 사용 현황에 대한 확인은 물론 엔진의 수리 시기까지 예측할 수 있었다.

프리딕스는 AWS와 마이크로소프트 애저 등의 퍼블릭 클라우드에서 구동하면서 확장성을 강화하기도 했다. 하지만 타 산업이나 다른 영역으로의 플랫폼 확장에 실패하면서 프리딕스를 운영하던 디지털 사업부가 분사된 이후 유명무실해지고 말았다. 이는 일반화의 실패라 할 수 있다. 하지만 GE가 프리딕스를 통해 보여준 디지털 트윈은 설비 고장에 대한 예측과 유지 보수의 효용성 측면에서 좋은 사례가 될 수 있다.

독일 정부는 2010년에 '가상물리 시스템CPS, Cyber Physical System' 기반

의 '인더스트리 4.0'을 발표했다. 가상물리 시스템은 주로 임베디드 시스템 분야에서 발전된 개념으로 디지털 트윈과 유사한 시스템이다. 독일의 지멘스는 2016년 가상물리 시스템 기반의 개방형 플랫폼인 '마인드스피어MindSphere'를 출시하고, 인더스트리 4.0을 리드하고 있다.

마인드스피어는 사물인터넷을 통해 공장의 모든 공정 데이터를 수집하여 실시간으로 클라우드로 전송하고, 인공지능으로 데이터를 분석하여 효율적인 운영 방법을 찾는 방식이다. 작업 중에 발생한 문제들을 원격에서 곧바로 확인하고 제어할 수 있도록 했다. 마인드스피어는 현재 아마존과 마이크로소프트, 알리바바의 클라우드에서 구동되면서 시스템 접근성과 확장성을 강화하고 있다.

국내의 대표적인 철강 제조 기업 포스코 그룹도 2016년부터 자체적으로 확보한 빅 데이터 플랫폼인 '포스프레임PosFrame'을 통해 스마트 공장에 점차 다가서고 있다. 포스프레임은 제철 공정의 각종 설비에서 나오는 데이터를 수집하고 정제한 다음 빅 데이터 분석이나 인공지능으로 학습시킬 수 있는 효율적인 인프라로 작동되고 있다. 철강 제조와 같은 연속 공정에 특화되어 있는 포스프레임은 목재 기업인 동화기업이나 비철금속 기업인 LS-니코 동제련, 한국유리, 효성중공업 등 유사한 공정을 가진 다양한 제조 기업으로 확산되고 있다. 하지만 시스템적인 한계로 인해 철강과 같은 중후장대 산업 적용에만 국한되어 확장성에는 다소 애를 먹고 있는 편이다. 플랫폼의 경량화가 이루어진다면 스마트 물류 등 타 분야로의 진출도 가능해질 것으로 보인다.

제조업의 딥러닝

제조업 분야에는 머신러닝과 컴퓨터 비전, 자연어 처리에 이르는 다양한 인공지능의 기법들이 도입되고 있다. 최근 들어 딥러닝을 적용하는 기업들이 점차 증가하는 추세다.

'화낙'은 세계 1위의 산업용 로봇 제조 기업이다. 애플, 삼성의 스마트폰 제조 공장이나 테슬라의 자동차 공장에는 화낙의 많은 제조 로봇들이 활약하고 있다. 이미 공장 자동화율이 80%에 달하는 것으로 알려진 화낙은 인공지능 기술 도입에 가장 적극적인 로봇 제조 기업 중 하나이다.

화낙은 공장 자동화와 로봇 제조에 딥러닝 기술을 도입하고 있고, 2015년부터 엔비디아와의 파트너십을 통해 미래형 공장도 추진하고 있다. 또한 로봇을 고치는 로봇을 만드는 등 로봇 자체의 지능화에도 인공지능을 선도적으로 적용하고 있다.

2014년에 설립된 일본의 '프리퍼드 네트웍스PFN'는 초기부터 딥러닝 기반의 인공지능 기술을 제조업에 적용하고 있는 유니콘 스타트업 기업이다. 도요타, 파나소닉, 화낙 등 거대 제조업을 대상으로 기술력을 인정받고 있기도 하다.

특히 PFN의 딥러닝 기술은 협동로봇이나 기계의 성능 향상을 견인하며 화낙의 공장 자동화에 크게 기여하고 있다. PFN은 이외에도 개인용 로봇과 정유 회사의 석유 플랜트 자동 제어, 바이오 등 다양한 산업 분야로 사업을 확장 중이다.

또한 PFN은 인공지능 반도체와 슈퍼컴퓨터를 자체적으로 개발해 사업에 활용할 정도로 기술 집약적인 기업이기도 하다. PFN은 딥러닝 분야에서 IT 대기업들과의 경쟁을 피하기 위해 제조업을 선택했다고 한다. 이는 국내 스타트 업계에도 시사하는 바가 크다고 하겠다.

농업의 디지털 전환

스마트 농업, 어그테크의 성장

인구 증가와 기후 변화, 노동 인구의 노령화 등 식량 수급의 불안 요인은 최근까지 지속적으로 증가하고 있다. 2000년대에 들어서면서 농업은 '정밀농업Precision Farming' 등을 통해 사람의 경험에 의존하는 방식을 탈피하면서 곡물의 생산을 최적화하기 위해 부단히 노력해왔다.

정밀농업은 농산물 생산에 영향을 미치는 다양한 농업 데이터를 과학적으로 분석해 관리하는 기법이다. 이를 통해 물이나 비료, 농약의 선택적 사용이 가능해져 낭비를 획기적으로 줄일 수 있었고, 작물에 최적의 환경을 제공해줌으로써 농작물의 수량과 품질을 향상시킬 수 있었다. 하지만 2015년 맥킨지의 보고에 따르면, 농업은 여전히 주요 산업 중 디지털 전환이 가장 낮은 분야 중 하나로 간주되고 있다.

정밀농업에서 중요한 것은 다양한 농업 데이터와 곡물의 품질, 수확량의 관계성을 파악하고 작물의 생육 환경을 최적화하는 것이다. 이는 사람이 만든 규칙보다 인공지능이 훨씬 탁월한 능력을 보여줄 수 있는 환경이다.

2010년도에 들어서면서, 농업은 이른바 '어그테크AgTech'의 도입을 통해 정밀농업에서 '스마트 농업'으로 한 단계 더 나아가고 있다. 어그테크는 인공지능과 IoT, 빅 데이터, 클라우드, 모바일 같은 ICT 기술과 로봇, 드론 등의 첨단 기술을 도입해 농지 단위 면적당 생산성을 높이기 위한 기술과 서비스의 총합을 의미한다.

스마트 농업을 위한 지능적 설비와 기기를 공급하는 후방 산업뿐만 아니라, 곡물의 유통과 소비를 아우르는 전방 사업까지 전 밸류체인에 걸쳐 인공지능을 비롯한 첨단 기술이 도입되고 있다.

스마트 농업은 토양에 부착한 각종 센서를 통해 토양과 환경 정보를 축적하고, 드론을 통해 작물과 토양의 영상 데이터를 확보한다. 또한 농기계에 부착된 센서를 통해서는 종자와 비료, 농약 등의 투입량과 위치 정보를 파악할 수 있다. 빅 데이터와 인공지능 기반의 분석 플랫폼은 확보된 각종 데이터와 기상 예측 정보를 통합, 분석해서 최적의 작물 생육 환경을 찾는다. 지능형 로봇과 자율주행 트랙터, 드론 등을 활용하여 물과 비료, 농약을 뿌리거나 잡초를 제거하는 등 사람의 노동을 대신할 수도 있다.

몬산토, 카길 등의 다국적 기업이나 특정 토착 기업들에 주로 의존하던 농업은 스마트 농업을 통해 진입 장벽이 낮아지면서 인공지능, 드론 등 첨단 기술로 무장한 많은 스타트업들이 진출하고 있다.

2011년 설립된 미국의 '프리시전호크Precision Hawk'는 농업용 드론의 대표 주자다. 이 회사의 드론은 카메라와 적외선 센서, 라이다 등 다양한 센서를 탑재하여 농토와 농작물에 대한 데이터를 수집하고, 인공지능 기반의 분석 시스템을 통해 토양 상태를 분석하고 있다. 또한 드론이 수집한 영상을 3D 이미지로 전환해주는 기술도 제공하고 있다. 프리시전호크의 기술은 현재 미국 정부와 공동으로 에너지, 건축 및 토목 현장으로 확장되고 있다.

2015년 설립된 이스라엘의 '크롭엑스CropX'는 농지의 깊이에 따라 수분 함량, 온도, 전기 전도도 등을 측정하기 위한 센서 기술과 데이터 분석 플랫폼 기술을 제공해준다. 이 회사는 탄소, 미생물군 측정이나 비료 주기 측정용 센서 등의 개발로 사업을 점차 확장하고 있다.

인공지능을 통해 위성 이미지를 분석하고, 다양한 농업 정보를 만들어내는 스타트업들도 생겨나고 있다. 2013년 설립된 미국의 '플래닛랩스Planet Labs'는 초소형 큐브 위성인 '도브Dove'를 200여 개 보유한 지구 관측 분야의 선두 주자다. 지구 변화를 매일 촬영해서 실시간으로 보내주는 플래닛랩스의 기술은 농업 분야에 가장 많이 적용되고 있다. 머신 비전 기반으로 위성 이미지를 분석해 농장의 작물 분포, 기상 변화로 인한 손실 등 스마트 농업을 위한 효율적 분석 도구를 제공해주고 있다.

2014년 설립된 미국의 '데카르트랩스Descartes Labs'는 딥러닝 기반의 패턴 인식과 예측 기술로 각광받고 있는 기업이다. 위성 이미지 분석을 통해, 미국 농림부보다 정확하게 옥수수 수확량을 예측할 정도의 기량을 인정받고 있다.

인간의 노동력을 대신해줄 농업 로봇의 확산도 눈에 띈다. 180년이 넘는 역사를 보유한 미국의 '존 디어John Deere'는 30%가 넘는 점유율로 세계 1위를 차지하고 있는 중장비 농기계 전문 기업이다. 이 회사는 2022년 1월 CES에서 스마트폰, 태블릿만으로 운행 가능한 완전 자율 주행 트랙터를 내놓았다. 경작할 농지에 대한 선정과 작업 깊이, 주행 속도 등 작업에 필요한 모든 사항을 앱으로 지정한 다음 작업 진행 상황을 모니터링할 수 있다. 존 디어는 테슬라의 FSD처럼 트랙터 자율 주행 구독 서비스도 고려하고 있다고 한다. 존 디어는 농기계 전문 기업에서 농업 기술 기반 소프트웨어를 제공하는 디지털 기업으로의 전환을 의욕적으로 추진하고 있다.

2011년 두 명의 스탠포드 경영 대학원 학생에 의해 설립된 '블루리버 테크놀로지Blueriver Technology'는 상추 솎아내기와 잡초 제거를 해주는 로봇인 '레튜스봇Lettuce Bot'을 출시했다. 레튜스봇은 트랙터 후방에 일렬로 배치된 전용 카메라로 분당 5,000장의 속도로 사진을 찍고, 머신비전 기술을 기반으로 0.01초 내에 상추와 잡초를 구분해낼 수 있다고 한다. 이를 통해 제초제 사용량의 90%를 줄일 수 있었다. 이 회사는 2017년 3억 5,000만 달러에 존 디어에 인수되었다.

일본에서는 오이를 분류하기 위해 텐서플로의 딥러닝을 활용한 사례도 생겼다. 3개월간 7,000개의 이미지를 학습하여 오이를 9가지 등급으로 분류하는 데 성공했다고 한다.

스마트팜, 식물 공장

온실이나 과수, 축사, 식물 공장 등 소규모의 정밀 농업에 적용되고 있는 '스마트팜'도 스마트 농업에서 큰 부분을 차지한다. 스마트팜은 각종 센서를 통해 온도와 습도, 조사량, 이산화탄소 등을 측정, 분석한다. 또한 생육 환경에 최적의 상태를 유지할 수 있도록 자동 제어함으로써 작물의 생산성을 높일 수 있다.

이중 식물 공장은 모든 환경 요인을 완전히 조절할 수 있는 실내에서 작물을 재배하는 방식이다. 아파트처럼 블록을 수직으로 쌓을 수 있어 바닥 면적당 생산량을 획기적으로 향상시킬 수 있는 방식으로 주목받고 있다. 태양광 대신 LED와 영양분이 공급되는 토양을 사용하기 때문에 남극이나 사막, 심지어 우주에서도 식물 재배가 가능한 시스템이다. 고가의 설비, 상당한 에너지 소비량과 탄소 배출량 등의 문제가 해결된다면 매우 확장 가능성이 큰 분야가 될 것이다.

2014년 설립된 국내 스타트업 '엔씽n,Thing'은 모듈형 자동화 농장으로 주목받고 있다. 엔씽은 40피트의 컨테이너 모듈을 수평, 수직으로 연결하여 확장할 수 있도록 하여 유연한 구조의 식물 공장을 구축할 수 있는 '큐브'를 출시했다. 이 방식은 컨테이너별로 다른 환경과 세밀한 파라미터 조정이 가능하기 때문에 다양한 품질과 특성을 가진 작물을 재배할 수 있다. 또한 흙, 농약 대신 물과 배양액만을 사용하는 친환경적인 농법을 할 수 있다는 것도 큰 장점이다. 이 회사는 큐브형 식물 공장에 필요한 기술들을 상당 부분 내재화하여, 기술적 경쟁력을 강화하고 있다. 특히 데이터에 기반한 식물 생육 최적화 환경을 찾아내고, 컨테이너를 자동으로 운영할 수 있는 OS를 자체적으로 확보하면서 사업 경쟁력을 끌어올리고 있다.

스마트 건설업

건설업의 혁신과 인공지능

건설업은 세계적으로 개인과 기업을 통틀어 연 10조 달러 이상이 투자되고 있고, 연간 4% 이상의 성장률을 꾸준히 보이며 지속적으로 성장하고 있는 분야다. 하지만 맥킨지에 따르면, 건설업은 농업 분야와 함께 디지털 전환이 가장 낙후된 분야 중 하나로 간주되고 있다. 건축 자재, 공법 등의 다양성과 프로젝트 전 단계에 걸쳐 있는 이해관계자의 복잡성 등의 문제로 표준화된 체계를 갖추기 힘든 구조적 한계 때문일 것이다.

반면에 그만큼 인공지능 기술을 비롯한 다양한 디지털 기술의 유입

가능성이 큰 분야라고 볼 수도 있다. 디지털 전환을 통해 현장 작업자와 설계자, 의사 결정권자가 동일한 디지털 데이터로 신속하게 소통하는 것은 경쟁력 향상을 위한 필수적인 과정이 될 것이다.

현재 생산성을 높이기 위한 건설업의 혁신은 'BIM Building Information Modeling'을 중심으로 전개되고 있다. BIM은 설계, 자재, 물량 등 다양하고 복잡한 건축 정보를 통합적으로 관리하기 위한 3차원 모델링 기법을 말한다. 여기에 인공지능, 사물인터넷, 빅 데이터, 클라우드, 로봇과 드론, 증강현실과 가상현실 등 새로운 ICT 기술들이 전격적으로 도입되고 있는 형국이다.

이러한 혁신을 통해 기획, 설계에서부터 시공과 조달, 분양과 운영에 이르는 건설 프로젝트의 수명 주기 전반에 대한 프로세스와 인프라의 디지털 전환이 가능해질 것이다. 또한 안전 관리와 환경 등 위험 요소 관리를 위한 디지털 전환도 적극 도입 중이다.

인공지능은 건설업의 다양한 분야에서 활약할 수 있다. 기획 단계에서는 프로젝트의 규모나 계약 유형, 프로젝트 관리자의 역량 등을 학습함으로써 프로젝트의 비용 초과 여부에 대한 예측이 가능하다. 설계 단계에서는 BIM에서 생성한 모델들 간의 충돌을 식별하고, 반복적인 학습을 통해 최적화된 3D 모델을 생성할 수 있다. 시공 단계에서는 반복적인 작업에 자율주행 설비를 투입하여 생산성을 높일 수 있다.

특히 작업 현장에서 발생하는 다양하고 풍부한 데이터는 인공지능이 활약할 수 있는 좋은 기반이 된다. CCTV 영상 판독을 통해 작업자의 보호 장비 착용 여부를 판단하고, 로봇을 통해 핵심 작업 현장에 대한 모니터링도 가능하다. 또한 작업 현장의 다양한 데이터를 BIM과 통합하여 새로운 통찰력을 전하는 것도 가능하다.

콘테크 스타트업의 성장

새로운 ICT 기술로 무장한 많은 스타트업들이 '콘테크ConTech' 시장에 진출하고 있다. 콘테크는 건설과 기술의 합성어다. 시장 진출이 가장 활발한 미국의 경우, 2011년에 단 두 개에 불과했던 콘테크 스타트업의 수가 2018년에는 2,000개를 넘어섰다고 한다. 콘테크 기업들은 건설 프로젝트의 수명 주기 전반에서 다양한 활약을 펼치고 있다. 이러한 콘테크 기업들의 중심에 인공지능 기술이 자리잡고 있는 것이다.

'스페이스메이커Spacemaker'는 인공지능과 클라우드 기반의 건설 시뮬레이션 플랫폼을 제공하고 있는 노르웨이의 스타트업이다. 건설 현장과 각종 도심 환경, 자연 환경 등 수천 가지 요소의 빅 데이터를 분석하고 시뮬레이션해서 최적의 설계 대안을 도출해준다. 이를 통해 초기 설계 단계에서부터 신속한 결정이 가능해진다.

미국의 스타트업 '라벳Rabbet'은 인공지능 기반의 건설 금융 솔루션을 지원하고 있다. 문서나 송장, 계약서 등 건설 과정에서 발생한 문서들을 디지털화해서 건설 회사와 은행 간의 금융 업무를 지원해준다. 또한 서류상의 문제 가능성을 사전에 예측하여 보여줄 수도 있다. 이들 기업은 기획, 설계 단계의 인공지능을 보여주는 사례다.

시공 단계를 지원하기 위한 스타트업도 많다. 영국의 스타트업 '센셋SenSat'은 인공지능을 기반으로 건설, 토목 현장의 시각화와 현장 데이터 분석 서비스를 제공한다. 디지털 트윈 기술로 건설, 토목 현장을 모사하여 원격 실시간 현장 확인은 물론 의견 개진까지도 가능하다. 또한 축적된 현장 데이터를 바탕으로 건설 공기나 비용 등에 대한 예측 분석이 가능하기 때문에 실무진과 경영진의 신속한 의사 결정을 지원할 수 있다.

2016년 설립된 '아비르Avvir'는 레이저 스캔과 머신러닝 기반의 BIM 개발 스타트업이다. 이 기술을 통해 시공 오류를 파악할 수 있고, 건설 모델 변경 시 자동으로 BIM 업데이트도 가능하다.

미국의 '빌트 로보틱스Built Robotics'는 건설 장비의 자율주행 시장을 개척하고 있는 스타트업이다. 카메라와 각종 센서, 라이다, GPS 및 자율주행 소프트웨어로 구성된 자율주행 변환 장비를 건설 회사에 제공하고 있다. 이를 통해 미세한 위치까지 파악이 가능하고, 위험 지역에서는 동작을 멈췄다가 다시 작동되기도 한다. 이 회사는 특이하게도 기존 차량에 자율주행을 부착하는 방식을 통해 사업을 확장해 나가고 있다.

건설 현장의 위험과 환경 오염을 예측하는 솔루션도 다양해지고 있다. 영국 '퀄리스플로Qualis Flow'의 인공지능 기반 소프트웨어 플랫폼은 공사 현장을 실시간으로 모니터링하면서 위험 요소와 환경 오염을 걸러낼 수 있다. 또한 중국의 스타트업 '비액트viAct'의 솔루션은 현장의 작업자에게 부착한 카메라, 센서 등의 웨어러블 기기를 통해 건설 현장의 안전을 모니터링하고 분석해서 사고 발생 시 실시간 경고를 해준다.

2020년부터 미국 보스턴 다이나믹스의 4족 보행로봇 '스팟'이 국내 건설 현장에 도입되기 시작했다. 14kg의 짐을 진 채 초속 1.5미터의 속도로 경사나 계단을 오르내리고 자갈길 보행도 가능하다. 센서, 라이다, 360도 카메라 등 다양한 기기를 탑재하고 유해가스나 열화상, 건물의 크랙을 감지한다. 또한 건설 현장의 데이터 수집용으로 스팟을 활용하는 등 점차 활용 범위가 늘어나고 있다.

금융과 투자의 인공지능

금융과 투자의 디지털 전환

금융 분야는 전반적인 디지털 인프라와 '핀테크FinTech'의 발전에 힘입어 일찍부터 디지털 전환이 활발하게 이루어진 분야다. 덕분에 단순한 업무나 비효율적인 시스템은 거의 자동화되어 비용 절감에서도 가시적인 효과를 거둘 수 있었다. 이는 풍부한 금융, 고객 데이터를 축적할 수 있는 소중한 바탕이 되기도 했다.

금융 분야는 수많은 고객 데이터와 다양한 금융 통계 기법이 이미 사용 중이다. 최근 데이터를 기반으로 하는 빅 데이터와 인공지능 기술의 도입으로 금융 산업의 디지털 전환은 더욱 가속화되고 있다. 특히 투자 분야에서 인공지능의 활약은 기업의 수익 창출에도 기여하는 바가 크다. 인공지능의 패턴 인식 능력은 엄청난 양의 경제 관련 데이터와 변수를 학습하고 분석하여 통찰을 이끌어내는 데 적합한 것으로 판명되고 있다.

투자 금융 분야의 세계 최대 기업인 골드만삭스가 '켄쇼 테크놀로지 Kensho Technology'의 인공지능 투자 분석 소프트웨어를 도입하면서 600여 명의 전문 투자 분석가들을 해고한 것은 금융업계의 유명한 일화로 남아 있다. 이는 2000년대 말 세계적인 금융위기를 겪으면서 혁신을 갈구하던 미국 금융계에 커다란 변곡점이 된 상징적인 사건이었다.

방대한 데이터 수집과 분석, 시장 예측 등 15명의 전문가가 한 달 걸려 겨우 해결할 수 있을 정도의 업무를 이 소프트웨어는 단 5분 만에 처리할 수 있었다고 한다. 월스트리트와 세계 금융계의 인공지능 혁신은 이 사건을 통해 시작되었다고 볼 수 있다.

인공지능, 투자를 이끌다

켄쇼는 미국 하버드 대학생이었던 대니얼 내들러가 2013년에 설립한 세계 최초의 인공지능 기반 금융 스타트업이다.

켄쇼의 솔루션은 투자 관련 키워드만 입력하면 다양한 금융 자료의 검색 및 시장 동향에 대한 분석과 투자 의견이 포함된 짧은 요약 보고서를, 단 수분 내에 생성해주는 것으로 유명하다. 이 솔루션은 자연어 처리와 머신러닝 기술을 통해 10만여 건의 경제 관련 데이터 변수를 학습했다고 한다.

이 모델을 기반으로 거시적 경제지표와 기업의 회계 정보, 뉴스 등 관련된 모든 데이터를 실시간으로 검색하고 연관성을 분석하여 투자 의견을 제시해주는 것이다. 켄쇼는 2018년 세계적 신용평가사 '스탠다드푸어스S&P'에 인수되었다. 인수 금액은 인공지능 기업으로서는 당시 최대의 금액인 5억 5,000만 달러였다.

가장 성공적인 자산운용사로 알려진 '르네상스 테크놀로지Renaissance Technologies'는 미국 하버드 대학 수학과 교수였던 제임스 사이먼스가 1982년에 설립했다. 금융 지식이나 금융 전문가의 주관을 완전히 배제하고 수학과 통계 등 과학적 모델링 기반의 시스템 트레이딩, 즉 '퀀트펀드Quantitative fund'만으로 20여 년 동안 연 30%라는 기적적인 수익률을 올렸다. 인공지능 기술은 이 회사의 트레이딩 알고리즘을 더욱 강화시키는 핵심 엔진이다.

세계적 헤지펀드 그룹인 '맨그룹Man Group'은 데이터를 활용하지 않은 운용사는 도태될 것이라는 믿음을 가지고 있기도 하다. 자체적으로 개발한 빅 데이터와 인공지능 기반의 투자 알고리즘을 기반으로, 2014년 이후 펀드 규모가 약 5배로 성장하는 등 경쟁사 대비 우수한 성과를 내고 있는 것으로 알려져 있다.

운용 자산이 약 7조 달러가 넘는 것으로 알려진 '블랙록BlackRock'은 세계 최대의 자산운용사임과 동시에, 인공지능을 기반으로 디지털 전환을 선도하고 있는 대표적인 기업이기도 하다. 이 회사는 투자와 위험

자산을 관리하기 위한 다양한 인공지능 플랫폼을 자체적으로 개발해 사업에 활용하고 있다.

또한 미 연준과 주정부, JP 모건과 같은 기관 투자자나 자산운용사, 은행 등 다수의 금융 고객들에게 플랫폼을 제공하여 2019년 기준 약 10억 달러의 수익을 달성하고 있기도 하다.

플랫폼의 핵심인 '알라딘Aladdin'은 채권 트레이딩과 리스크 및 포트폴리오 등을 종합적으로 관리해주는 투자 관리 종합 플랫폼이다. 알라딘의 지속적인 개선과 유지 보수를 위한 인력 투입 규모도 상당하다. 약 1,500여 명에 달하는 플랫폼 개발 인력과 600여 명의 데이터 전문가가 투입되고 있다고 한다.

현재 미국 주식 거래에서 알고리즘에 의한 매매가 차지하는 비율은 약 60~80%로 추정되고 있다. 또한 전체 헤지펀드 기업의 약 15%가 이 방식을 채택하고 있으며, 이 비율은 지속적으로 증가하는 추세다. 따라서 인공지능 기술을 통한 혁신은 자산운용 업계의 생존에 결정적인 요소가 되고 있다.

혹자는 펀드 매니저가 자본 시장의 꽃이었던 시대는 가고, 인공지능 개발자가 주인공인 시대가 오고 있다고도 한다. 골드만삭스의 경우처럼 세계적인 자산운용사, 헤지펀드 기업들에 IT, 인공지능 전문 인력들이 점차 증가하고 있는 것이 현실이다. 또한 IT 회사의 기술 임원을 글로벌 헤지펀드 기업의 CEO로 영입하는 일도 생기고 있다.

하지만 블랙박스와 같은 이러한 방식에 대한 우려가 증가하고 있는 것도 사실이다. 데이터가 편향적이거나 부정확할 경우 인공지능은 금융 시장의 변동성과 불안정성을 확대할 가능성이 크기 때문이다. 또한 결정 근거에 대해서 설명하지 못하는 인공지능의 기술적 한계로 인해 시장의 잠재적 불안감이 커질 수도 있다.

다양한 인공지능이 주식 시장에서 동시에 서로 경쟁하면서 발생될 수 있는 리스크 또한 증대될 것이다. 2010년에 다우지수가 9% 급락하거나, 2016년에 영국 파운드화가 개장 2분 만에 6% 급락했던 사건 뒤에는 인공지능 알고리즘이 있었다고 알려지고 있다.

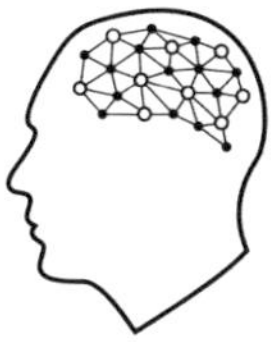

스마트 물류의 기회들

글로벌 공급망은 상이한 시스템을 가진 많은 이해관계자들이 휴먼 팩터를 통해 상호작용해야 하는 복잡한 체계다. 2015년 맥킨지가 발표한 사업별 디지털 인덱스에서 물류 분야가 전체 22개 산업 중 13위 정도에 머문 것도 디지털 전환이 상대적으로 더디게 나타나는 이유일 것이다.

물류 분야는 빅 데이터와 인공지능 등 데이터 기반 기술의 도입을 통해 디지털 전환을 가속화하고 있다. 시장 조사업체 마켓리서치퓨처는 2026년에는 물류 분야의 인공지능 시장이 현재보다 약 2.5배 정도 성장한 450억 달러 규모가 될 것으로 예상하고 있다.

스마트 물류는 물품 수요에 대한 예측에서 물류 창고의 자동화와 일

일 배송, 30분 배송 등으로 대변되는 배송 서비스를 아우르는 전 밸류 체인의 스마트화 경쟁이다. 단순 반복적이고, 인간의 개입과 상황 판단에 의존해온 물류작업 혁신의 중심에 인공지능과 로봇, 자율주행, 드론이 있다.

수요를 예측하다

물품 수요에 대한 부정확한 예측은 공급 부족에 따른 손실 혹은 재고를 증가시켜 경영 리스크를 확대하고, 기업의 수익성을 악화시키게 된다. 많은 기업들은 오랫동안 전통적인 통계 방식에 의존해왔으나, 최근 인공지능의 도입으로 이 분야에 획기적인 전기가 마련되고 있다.

아마존은 일찍이 '예측 배송'을 통해 이 분야를 선도하고 있다. 사용자의 과거 구매 이력과 취소, 반품 이력 등 개인적인 데이터와 환경적인 변동 요인 등 다양한 변수들을 고려한다. 인공지능을 통해 다음 날 주문 품목과 수량 등을 미리 예측하고, 주문을 받기 전에 고객과 가장 가까운 물류 센터로 배송한다. 수요 예측의 정교함은 사용자의 구매 패턴을 발견하는 것으로 분석에 사용되는 데이터의 종류와 질에 따라 달라진다.

국내 1위 물류 기업 '쿠팡'도 아마존과 유사하게 수요 예측 결과에 따라 미리 전국의 쿠팡 물류 센터로 상품을 배송해놓는다. 더불어 쿠팡의 인공지능은 입고 상품과 출고 상품의 위치와 배송 차량의 동선까지도 결정해준다.

영국의 온라인 식료품 업체 오카도는 과거 판매이력 데이터와 계절, 날씨 등의 환경 변수를 고려해 판매 오차를 최소화할 수 있는 인공지능을 보유하고 있다. 오카도의 식료품 폐기율은 0.4%로 대형 마트나 편의점에 비해 10~30배 이상 낮게 유지되고 있다. 또한 인공지능을 통해 물품의 위치도 선정하기 때문에 수천 개의 물류로봇을 운영하는 물류 창고의 효율성도 극대화할 수 있다.

미국의 전자상거래 기업 '이베이eBay'는 인공지능 기반 수요 예측을 위해 이스라엘의 스타트업 '세일즈프레딕트SalesPredict'를 인수하기도 했다. 미국의 온, 오프라인의 거대 기업들도 수요 예측 역량 확보에 주력하고 있다.

물류 창고의 인공지능

물류 창고 내 화물 운반의 자동화 혁신은 2012년 아마존이 운송로봇 스타트업 키바 시스템즈를 인수하면서 본격화되었다. 축구장의 수십 배가 넘는 규모의 아마존 물류 창고에는 수천만 종의 물품이 쌓여 있다. 키바는 중앙컴퓨터에 탑재된 인공지능의 지시에 따라 최대 1.4톤의 무게를 싣고, 시속 4.8km의 속도로 충돌 없이 정확하게 물건을 운반할 수 있다.

아마존은 키바를 통해 쇼핑몰에서 주문이 이루어진 후 10분 이내에 창고에서 배송 준비를 끝낼 수 있을 정도로 물류 혁신을 이뤄낼 수 있었다. 키바는 주문에서 배송까지 모든 프로세스를 자동화하려는 아마존의 목표 달성에 핵심적인 역할을 담당하고 있는 로봇이다. 현재 전 세계 90여 개의 아마존 물류 창고에서 20만여 대의 키바가 활약 중이다.

독일의 세계적인 종합 물류 서비스 기업 DHL은 2018년 인공지능과 로봇, 드론, 사물인터넷 기반의 물류 창고 운영 자동화 방안을 내놨다. 로봇과 이미지 인식 기술을 이용해 입고 상품에 대한 물류 분류를 자동화하고, 드론과 사물인터넷 기술을 이용해 재고 물품에 대한 모니터링을 실시한다.

또한 화물 운반에 인공지능 로봇을 적극 활용하고, 작업자의 업무 효율화를 위해서도 인공지능을 활용하고 있다. 물류 창고의 입고에서 출고에 이르는 전 과정에서 사람의 개입을 필요로 하지 않는 완전 자동화를 고려하고 있는 것이다.

'스마트 물류 창고'는 '스마트 공장'이나 모듈식 '식물 공장'과 마찬가지로 일원화되고 표준화된 시스템으로 만들어갈 수 있는 가능성이 매우 큰 분야가 될 것이다.

DHL은 2019년에 싱가포르에 사물인터넷과 인공지능 기술을 기반으로 하는 '디지털 트윈' 물류 창고도 구현했다. 즉 물류 설비를 정확히 모사한 가상 설비 혹은 시스템을 컴퓨터상에 구축하고, 설비에 부착된 센서를 통해 실시간으로 수집되는 데이터를 연결한 것이다. 가상 시스템은 설비에 대한 실시간 데이터 모니터링을 통해 분석과 예측을 수행하고, 최적의 의사 결정을 지원할 수 있게 되었다.

또한 DHL은 작은 화물을 분류하는 로봇을 선보이기도 했다. 이 기계는 센서를 통해 컨베이어 벨트를 통해 들어오는 물품의 바코드를 자동으로 인식한 후, 시간당 1,000개의 속도로 로봇 팔이 물품을 집어서 해당 슬롯에 넣어주는 방식이다. 과거에 사람이 직접 운송 정보를 확인하고 분류하던 매우 소모적이고 고된 작업 방식을 획기적으로 개선한 디지털 전환 사례다.

영국의 온라인 식료품 업체 오카도는 인공지능과 로봇을 기반으로 디지털 혁신을 가속화하는 대표적인 기업으로 꼽힌다. 이 기업은 식료품에 대한 수요 예측과 자동화된 물류 센터, 배송 등 물류의 전 부분에 걸쳐 인공지능과 로봇 기반의 강력한 통합 솔루션을 보유하고 있는 것으로 유명하다.

이 솔루션은 이미 2020년에 회사 매출의 25%를 담당할 정도로 성장했으며 회사의 수익성까지 개선하고 있다. 또한 미국의 초대형 슈퍼마켓 체인 '크로거Kroger'를 비롯하여 캐나다, 일본 등 8개국의 9개 대형 유통 업체에 솔루션을 제공하고 있다. 이 회사는 대부분의 기술을 자력으로 확보했을 정도로 뛰어난 실력을 인정받고 있는 대표적인 물류 IT 기업이기도 하다.

오카도의 물류 센터는 벌집처럼 최대 21층까지 쌓아 올린 격자형 구조의 식료품 박스와 물품을 꺼내 오는 수천 대의 피킹 로봇으로 이루어진 특이한 구조다. 5밀리미터의 간격으로 배치된 바퀴 달린 캐비닛 모양의 피킹 로봇들은 격자 레일 위를 초속 4m 속도로 움직이면서 지정된 물품을 꺼내 온다. 제어 시스템의 정교한 제어 덕분에 로봇들이 서로 충돌할 염려는 없다.

피킹 로봇은 사람보다 약 2.5배 더 빠른 속도로 분당 700개의 물건을 집을 수 있을 정도의 정교한 로봇 제어 기술을 보여준다. 오카도의 물류 센터는 피킹 로봇을 통해 사람과 컨베이어 벨트에 의존하는 기존의 출하 방식을 전면적으로 혁신하고 있다.

물류 창고 내 화물 운반의 방식도 변화하고 있다. 키바처럼 미리 정해진 길로만 다니도록 설계된 '무인 운반차AGV, Automatic Guided Vehicle'의 개념에서 생성된 지도를 기반으로 자율주행이 가능한 '자율주행 로봇AMR, Autonomous Mobile Robots' 개념으로 진화하고 있다. AMR은 카메라와 라이다 등의 센서, 소프트웨어 등 자율주행에 필요한 요소를 탑재하여 방해물을 우회하면서 정해진 위치까지 가장 효율적인 경로를 선택할 수 있다.

AMR을 기반으로 한 로봇 임대 사업인 'RaaSRobot as a Service' 형태로 사업을 확장하는 사례도 많아지고 있다. 미국의 스타트업 '페치 로보틱스Fetch Robotics'는 진열대에서 상품을 픽업하여 컨베이어 벨트나 사용자가 원하는 장소까지 전달해주는 로봇을 RaaS로 제공해준다.

키바 출신들이 설립한 '식스리버6 River'는 진열대를 찾아다니면서 재고 상태를 파악할 수 있는 창고 관리 로봇 서비스를 제공하고 있다. 이 회사는 2019년 이커머스 플랫폼 기업 '쇼피파이Shopify'에 인수되었다.

자율주행 배송

배송 분야에서 로봇과 드론, 자율주행 등 인공지능의 활약은 더욱 두드러진다. 아마존은 2020년 전기 자율주행 로봇 '스카우트'를 개발해 미국 캘리포니아 주를 시작으로 서비스를 개시했다. 6개의 바퀴가 달린 소형 냉장고 크기의 이 로봇은 보행자의 속도로 장애물을 회피하면서 물품 배송이 가능하다.

세계 최대의 특송 회사 '페덱스FedEx'는 2019년 전기 자율주행 로봇 '세임데이봇SameDay Bot'을 출시하고, 미국의 여러 주와 일본 등에서 시범 서비스를 진행 중이다. 구매 당일 5km 이내의 집이나 사무실 앞까지 배송 완료하는 것을 목적으로 만들어졌다. 이 로봇은 4개의 바퀴와 2개의 보조바퀴를 부착해 평지와 급경사뿐만 아니라 턱을 넘거나 계단을 오를 수도 있다. 현재 월마트, 피자헛 등에서 도입을 검토 중이다.

세계 최대 트럭 제조업체인 '다임러Daimler AG'는 2025년 상용화를 목표로 자율주행 트럭을 개발 중이다. 시속 80km의 속도로 고속도로 자율주행이 가능하고, 여러 대의 자율주행 트럭이 함께 운행하는 군집주행도 가능하도록 설계되었다.

영국의 오카도는 2017년부터 '카고포드CargoPod'라는 이름의 무인 밴을 이용하여 집 앞 배송 테스트를 실시하고 있다. 영국의 '옥스보티카Oxbotica'가 개발한 이 전기 밴은 카메라와 센서를 통해 위치를 확인한 다음 교통량, 날씨에 따른 경로 최적화가 가능하다. 한 번 충전에 약 40km의 속도로 30km 주행이 가능하다고 한다.

또한 독일의 자동차 기업 '콘티넨털'은 CES 2019에서 자율주행 자동차와 로봇을 결합한 개념을 선보였다. 도로변까지 자율주행 자동차를 타고 간 개 모양의 로봇들이 최대 15kg의 택배를 싣고 시속 8km의 속도로 문 앞까지 배달해주는 '라스트 마일Last Mile'을 실현하기 위한 것이다.

물류의 주요 운송 수단인 선박에도 자율주행 기술 적용이 점차 확대되고 있다. 현대중공업은 2020년 한국과학기술연구원과 공동 연구를 통해 최초로 25만t급 대형 벌크선에 자율운항 기술을 탑재하는 데 성공했다. 선박에 탑재된 카메라 영상을 인공지능으로 분석해 위험을 감지하고 운행을 결정하는 방식이다. 시야가 확보되지 않는 상황에서도 적외선 카메라를 통해 장애물을 감지할 수 있도록 했다.

또한 노르웨이의 비료 제조사 '야라Yara'는 2021년 말부터 세계 최초의 자율주행 전기화물선 '야라 버클랜드Yara Birkeland'의 시험 운행에 들어갔다. 120개의 컨테이너를 싣고 시속 6노트의 속도로 항해할 수 있는 이 화물선은 시험을 마치게 되는 2022년부터 상업 운행이 가능할 것으로 보고 있다.

이상으로 제조업과 농업, 건설업, 금융 투자, 물류업 등 여러 산업 분야에서 벌어지고 있는 디지털 전환과 그에 따른 다양한 인공지능 비즈니스의 행태를 추적해보았다. 이 산업 분야들은 디지털 전환 성숙도에 있어 각기 상, 중, 하의 레벨을 대표하는 산업들이다. 특히 제조업과 농업, 건설업은 그 중요도에도 불구하고 상대적으로 진전이 더딘 분야들이다. 이는 역으로 인공지능 비즈니스의 기회가 더 커질 수 있다는 것을 의미한다.

더구나 디지털 전환은 이제 시작에 불과한 형편이다. 의욕적인 출발에도 불구하고 70% 정도는 실패하고 있을 정도이니 말이다. 인공지능 비즈니스는 향후 디지털 전환이 본격화되면서 더 많은 기회를 만들어 갈 것으로 예상된다.

PART 10

PART 9를 통해 디지털 전환이, 기업과 산업의 경쟁력을 위한 필요조건임이 분명하다는 사실을 살펴보았다. 반면 IT 기업들조차도 성공률이 고작 20% 남짓에 불과하다는 현실도 확인할 수 있었다. 4차 산업혁명이라 일컬어지는 다양한 IT 기술들이 발전하고 있음에도 기업들이 고전하는 이유는 무엇일까?

이는 디지털 전환을 단순한 기술적인 문제로만 이해했기 때문일 가능성이 크다. 즉 기업 문화와 구성원들의 마인드셋, 기업 전략 등 기술 외적인 다양한 요소들이 결합된 총체적 혁신임을 간과했기 때문이다.

인공지능은 과연 어떨까? 인공지능은 현재 딥러닝 기술과 인프라, 플랫폼 등 밸류체인 성장을 기반으로 모든 IT 비즈니스의 중심으로 자리잡아 가고 있음이 분명하다. 또한 디지털 전환의 핵심적 자산으로서, 전 산업과 비즈니스의 혁신을 견인하는 범용적 기술이 되어 가고 있다는 것도 살펴보았다.

인공지능은 확실히 기업과 산업 혁신의 대표적인 아이콘이 되었다. 수십 년에 걸쳐 대학과 기업의 연구실에 은거하던 인공지능은 이제 산업의 최전선에서 활약하는 대표적인 혁신 기술로 성장했다.

하지만 기업과 산업의 비즈니스 현장에서 적지 않은 온도 차가 느껴지는 것도 사실이다. 마지막으로, PART 10에서는 낙관과 비관이 공존하는 인공지능이 처한 현실과 그 갭을 줄이기 위한 방법을 추적해보고자 한다.

인공지능,
기회의 발견

낙관과 비관 사이

낙관과 비관의 공존

미국 스탠퍼드 대학의 앤드류 응 교수를 비롯한 여러 전문가들은 인공지능을 100년 전 전기의 발명에 필적할 만한 기술이라고 말한다. 산업 전반에 대전환을 가져왔고, 산업 발전에 없어서는 안 될 필수 에너지가 된 전기의 발명처럼 인공지능도 모든 산업의 혁신에 필수적인 기반 기술이 될 것이라는 기대가 담겨 있는 말이다.

《제2의 기계 시대》의 저자 앤드류 맥아피는 인공지능을 증기기관이나 내연기관, 전기와 같은 '범용 기술'로 분류하고 있다. 범용 기술은 생산성 향상 등을 통해 글로벌 경제에 근본적인 영향을 미칠 수 있는 기술을 말한다. 이들이 공통적으로 전하려는 의미는 명확하다. 인공지능이 세상을 바꿀 엄청난 잠재력을 보유한 기술이라는 것이다.

인공지능 시장에 대한 글로벌 컨설팅 기업들의 예측은 장밋빛이다. IDC는 인공지능 시장이 2024년에는 5,000억 달러 규모를 넘어설 것으로 예측하고 있다. 맥킨지는 인공지능을 통해 매년 1.2% 정도의 글로벌 GDP 상승 효과가 나타날 것으로 내다보면서 2030년까지 13조 달러의 가치를 만들어낼 것으로 추정하고 있다.

다소 믿기지는 않지만, 맥킨지에 따르면 인공지능의 발전 속도는 산업혁명보다 10배 빠르고 300배나 큰 규모라고 한다. PwC는 2030년경 인공지능이 글로벌 경제에 미치는 경제적 가치가 약 15조 달러 이상이 될 것으로 보고 있다.

이러한 낙관적인 전망에도 불구하고 기업과 산업 현장에서 체감하는 온도는 사실 많이 다르다. 인공지능을 도입한 기업들은 투자 대비 기대했던 가시적인 성과를 얻지 못하는 경우가 허다하다. 이런 이유로 인해 여전히 관망 중인 기업들이 대다수인 것도 현실이다. 이들에게 인공지능에 의한 생산성 증가나 비즈니스 성공 스토리는 아직도 가능성의 영역에 머물러 있을 뿐이다.

맥킨지는 인공지능에 의한 생산성 향상은 거시적 경제 지표 어디에서도 아직 확인하기 힘들다는 것을 인정한다. 예측을 잘못한 것인지 단순히 시간이 더 걸리는 것인지 아직은 불분명하다. 성급한 일부 전문가들은 과대 선전으로 얼룩졌던 '인공지능의 겨울'이 다시 올지도 모른다는 우려를 하기도 한다. 유감스럽지만 디지털 전환과 유사한 딜레

마의 시작인지도 모르겠다.

인공지능 비즈니스도 그리 녹록한 상황은 아니다. 구글이 인수한 딥마인드의 누적 적자는 2019년 기준 10억 달러에 달한다. 구글의 자율주행 자회사 웨이모는 2020년에만 44억 달러의 적자를 기록하면서 표류하고 있다. 구글이 의욕적으로 추진했던 인공지능 의료 사업부도 누적 적자를 감당하지 못해 2021년 해체되고 말았다.

최초의 인공지능 의사 IBM 왓슨도 기술적 완성도 부족과 영업 적자 문제로 현재 매각될 형편에 놓여 있다. 디지털 트윈을 통해 종합 소프트웨어 기업으로의 전환을 꿈꾸던 GE도 경영 적자를 이유로 디지털 사업부를 매각해야만 했다. 페이스북은 앞선 기술력에도 불구하고, 아직 뚜렷한 비즈니스 방향을 찾지 못하고 있다. 글로벌 IT 대기업들은 아직까지 그저 관망하고 있을 뿐이다.

인공지능의 실질적인 리더인 글로벌 IT 대기업들조차 비즈니스적으로 표류를 거듭하고 있는 이유는 무엇일까? 기술적 성과와 비즈니스 현실 사이에 나타나는 갭은 무엇을 의미하는 것일까? 인공지능은 여전히 비즈니스의 성장 패턴을 알려주는 S 곡선의 하단부에 머물러 있는 것은 아닐까?

이 모든 문제는 비즈니스 전략의 실패에서 비롯된 것일 수 있다. 시장과 기술의 괴리 문제도 있을 것이다. 무엇보다 아직 모든 것이 불확실하다는 것은 더 큰 문제다. 글로벌 대기업들의 사업 철수 혹은 실패 사례들은 인공지능 비즈니스에 신중하게 접근할 필요가 있다는 점을 시사하고 있다.

인공지능 비즈니스는 단순히 기술적 역량이나 가능성만으로 진입하기에는 아직 불확실하고 불명확한 변수들이 존재하고 있는 듯하다.

인공지능, 키티호크의 시간

생산성은 경제 성장을 견인하는 중요한 문제다. 다소 낙관적인 사람들은 '솔로우의 역설'을 통해 인공지능의 생산성 문제를 설명하고자 한다. 이는 IT 기술 투자와 생산성 향상이 분리되는 현상을 말한다. 컴퓨터와 IT 기기가 대대적으로 보급되던 1970~80년대에 통계상으로 생산성 향상이 전혀 나타나지 않았던 역설적인 상황을 접하면서 미국의 경제학자 로버트 솔로우가 만들어낸 용어다. 이 상황은 15~20년이 지난 후 컴퓨터에 대한 충분한 수요가 생기면서 해결되었다. 인공지능에 의한 생산성 향상 효과도 수요가 급증하는 어느 시점에 이르러서야 나타나게 될 거라는 견해다. 맥킨지는 인공지능을 통해 새로운 산업혁명으로 가게 될 거라 예측하면서 장기적인 관점에서 인공지능이 생산성을 극대화할 수 있을 것으로 보고 있다.

지금은 인공지능에서의 '키티호크의 시간'일 것이라는 낙관적인 견해도 있다. 키티호크의 시간은 1903년 미국 노스캐롤라이나 주 키티호크에서 라이트 형제가 첫 비행에 성공하면서 항공 기술 시대를 열었던 시기를 말한다. 항공 산업은 그로부터 65년이 지난 후, 달에 우주선을 착륙시킬 수 있었다. 인공지능도 이와 유사한 길을 밟게 되지 않을까 기대하는 것이다.

인공지능도 지난 60여 년 동안 굴곡의 시간을 거치다가 딥러닝을 통해 이제야 날아오른 것에 불과하다. 수십 년 후 인공지능은 항공 산업에서의 성장 같은 미래를 가져오게 되지 않을까?

그런 의미에서 알파고 이후 불과 5~6년이 지난 현재, ROI를 언급하며 비즈니스의 성패를 언급하는 것은 다소 성급한 일이 될지도 모르겠다. 이 견해에 따르면 인공지능은 아직 본격적인 비즈니스를 논할 단계가 아니다. 지금은 기술과 인프라, 전문 인력 확보에 주력하면서 투자에 집중하는 시기라는 의견이다.

인공지능에 대한 두 가지 관점을 통해 정답을 찾는다면, 아마 낙관과 비관 중간의 어느 지점일 가능성이 크다. 인공지능이 '전가의 보도'라도 되는 듯 과대선전이나 섣부른 전망 혹은 과도한 기대는 자제해야 할 것이다. 앞선 사례에서 보듯이, 대규모 자금이 투입되는 비즈니스에는 더욱 신중한 접근이 필요하다.

반면에 또 다른 '인공지능의 겨울'에 대한 우려나 '찻잔 속의 태풍'에 불과하리라는 폄하도 결코 동의할 수 없는 견해이다. 인공지능은 비즈니스의 성패를 떠나서, 전기처럼 이미 많은 산업 분야에 스며들어 기존 기술로는 불가능한 일들을 이루어내면서 새로운 가치를 만들어내고 있기 때문이다.

낙관과 비관 사이의 상반된 견해 차를 좁히기 위해서는 인공지능 비즈니스가 가지는 사업적 특성을 이해할 필요가 있다.

인공지능 비즈니스의 특성

인공지능이 달성한 대단한 기술적 성취에도 불구하고, 글로벌 거대 기업들이 비즈니스에서 실패를 거듭하거나 진입을 다소 망설이는 이유는 무엇일까?

기존의 다른 기술들과는 달리 최고의 인공지능 기술이 최상의 비즈니스를 만들어주지 않는다는 것은 명백해 보인다. 물론 기업의 사업전략이나 시장의 성숙도 등의 문제도 크게 작용할 것이다. 하지만 무엇보다 인공지능 비즈니스는 기술적, 사업적으로 기존 사업들과는 다른 특성을 띠기 때문은 아닐까?

이런 특성을 고려하지 않는 모든 전략은 애초부터 설정을 잘못한 것은 아니었을까?

본 절에서는 인공지능 비즈니스의 두드러진 네 가지 특성에 대해 추적해보고자 한다.

일반화의 한계

우선 PART 7에서 살펴본 인공지능의 기술적 특성은 비즈니스의 특성과도 일맥상통할 가능성이 크다. 인공지능 기술이 가지고 있는 일반화의 한계인 것이다.

현재의 인공지능은 다양한 분야에서 범용적 지능을 발휘하도록 설계된 일반 인공지능 기술이 아니라 특정 분야의 특정 작업에만 특화되도록 훈련된 특수 지능이다.

바둑에서 신의 경지에 도달한 알파고도 복잡다단한 세상을 이해하는 일반인들의 보편적 지능과는 감히 비교할 수 없을 정도다. 유방암 분석에서 인간 의사를 능가하는 영상 분석 인공지능도 다른 종양 분석으로의 일반화는 거의 불가능하다. 천여 종이 넘는 각종 의료 영상 분석을 위해서는 각각에 특화된 인공지능 에이전트의 활약이 필요한 셈이다.

이러한 기술적 일반화의 한계는 규모의 경제를 구현해야 하는 비즈니스의 한계일 수도 있다. 어쩌면 구글, IBM 등 기술적으로 매우 탁월한 거대 기업들도 이런 사업적 한계에 봉착해 있는 듯하다.

패스트팔로워의 한계

둘째로 인공지능 비즈니스는 기업의 R&D 중에서도 강력한 리서치 역량을 필요로 하는 지식 집약적 분야다. 인공지능의 경쟁은 곧 성능의 경쟁이다. 정교한 인공지능 모델을 발견하고 구현해내는 리서치의 힘은 곧 비즈니스의 성과와 직결된다. 신속한 개발 중심의 사업 전개나 문화에 익숙해진 기존 기업들에게 인공지능이 커다란 도전이 되는 이유일 것이다.

각 산업에서 대부분의 기업들은 '패스트팔로워Fast Follower' 전략에 익숙하다. 뒤처진 기술을 조속히 습득하고, 차별화된 기술을 더해 경쟁력을 높이는 방식이다. **인공지능은 이런 전통적인 접근 방식으로는 넘기 힘든 진입 장벽이 존재하는 셈이다.**

마이클 포터의 가치 사슬에서 설명하듯, 기업의 R&D는 전통적으로 '지원적' 활동으로 분류되어 왔다. 하지만 인공지능의 R&D, 특히 리서치 역량은 기업의 가치 창출에 직접적으로 관여하는 '본원적' 활동이 된다.

글로벌 거대 기업들이 대학 연구소나 스타트업 인수 등에 수억 혹은 수십억 달러를 투자하는 것은 이제 흔한 일이 되었다. 미처 보유하지 못한 특정 분야의 전문 인력들과 리서치 역량을 신속하게 확보하기 위한 이유가 클 것이다.

ROI 예측의 한계

셋째로 인공지능 비즈니스는 ROI에 대한 뚜렷한 예측이 힘든 특성이 있다. 투자 및 유지 보수 비용이 상대적으로 높은 반면 확실한 결과를 예측하기가 어렵다. 이런 이유로 많은 기업들이 인공지능에 대한 투자를 꺼리고 있는 것이 현실이다.

인공지능은 데이터 수집을 위한 대용량 서버 혹은 클라우드 환경, 알고리즘의 학습을 위한 GPU 기반의 고성능 컴퓨팅 인프라 등에 대한 투자와 유지 보수가 기본적으로 필요하다.

제프리 힌튼 교수는 "딥러닝은 더 크고 빠르게 만들면 더 좋아진다." 라고 말한다. 성능 확보를 위해서 기업은 인프라 투자를 더욱 늘려가야만 하는 것이다.

이뿐만이 아니다. 인건비 투자 또한 만만치 않다. 리서치와 운용을 담당할 고급 인력의 인건비는 통상 타 분야 대비 2~3배가 더 비싼 것이 현실이다. 인공지능의 성능은 투자비에 비례할 가능성이 커지는 셈이다.

반면 통계적 연산에 의존하는 인공지능은 초기에 기대했던 수준 달성에 대한 불확실성이 상대적으로 크다. 개발된 모델의 적합성, 수집된 데이터의 양과 질적 수준, 리서치 인력의 전문성 등 다양한 변수에 따라 모델의 성능에 많은 차이가 발생하게 되는 것이다.

인공지능을 도입해도 생산성 향상에 얼마나 도움이 될지 현재로서는 예측하기가 어렵다. 결과적으로 **인공지능 비즈니스는 막대한 투자**

대비 결과에 대한 불확실성이 상대적으로 매우 큰, 낮은 ROI 비즈니스의 전형인 셈이다.

네트워크 효과

마지막으로 인공지능은 강력한 '네트워크 효과'를 가진 비즈니스다. 네트워크 효과는 사용자들이 몰릴수록 더 많은 사용자를 유인하게 되는 현상을 말한다. 일례로 강력한 플랫폼을 보유한 기업이 시간이 지나면서 많은 사용자를 확보하고, 사용자의 증가는 다시 플랫폼을 강화시키는 선순환 고리를 통해 더 많은 사용자를 확보하게 되는 경우를 말한다. 네트워크 효과를 통해 플랫폼 기업은 시장에서 더욱 독점적인 지위를 확보할 수 있다.

인공지능 제품, 서비스도 플랫폼과 매우 유사한 선순환의 고리를 통해 성장한다. 즉 사용자 데이터가 많아질수록 인공지능은 학습을 통해 성능을 강화시킬 수 있고, 이를 통해 더 많은 사용자와 데이터를 확보할 수 있기 때문이다. **인공지능 비즈니스는 시장을 선점한 기업에 더욱 유리해지는 특징이 있다.**

지금까지 살펴본 인공지능 비즈니스의 네 가지 특성을 통해 감지할 수 있는 사실은 명백하다. 인공지능 비즈니스에는 상대적으로 높은 진입 장벽이 존재한다는 사실이다. 우선 고액의 투자비와 기술의 불확실성을 견뎌내야 하고, 강력한 리서치를 위한 인력과 조직을 갖춰야 한다. 일차적으로 자본과 기술의 장벽을 넘어서야 하는 것이다.

더구나 일반화의 한계 내에서도, 규모의 경제가 가능한 비즈니스 모델을 모색해야 하는 전략적 장벽은 더욱 높다. 구글과 IBM 같은 글로벌 거대 기업들과 여전히 관망하고 있는 IT 대기업들도 아직 이 허들을 넘어서지 못했을 가능성이 크다.

인공지능 비즈니스 모델, 무엇을 할 것인가

비즈니스 모델은 제공할 제품이나 서비스를 정의하고, 이를 통한 수익 창출 방법을 구체화한 것이다. 즉 '무엇'을 '어떻게' 할 것인가에 대한 구체적인 정의라고 볼 수 있다. 자본과 기술의 장벽을 넘은 기업들이 필연적으로 부딪히게 되는 마지막 관문인 셈이다.

인공지능 비즈니스가 가능한 분야는 크게 세 가지로 구분할 수 있다. '기능 확장형' 모델과 '기능 대체형' 모델, '신제품, 신사업' 모델이 그것이다. 이 중에서 기능 확장형과 기능 대체형은 인공지능 기술을 통한 기존 제품과 서비스의 혁신에 해당한다고 볼 수 있다.

기능 확장형 모델

기능 확장형 모델은 기존 제품이나 서비스에 인공지능 기반의 새로운 기능을 부가적으로 제공하는 방식이다. 기존의 시스템을 변경시키지 않는 물리적 결합으로 새로운 기능의 추가, 변경, 삭제를 유연하게 실행할 수 있다는 장점이 있다. 이 방식은 이미 시장에 진출해 있는 제품이나 서비스에 유효한 방식이다.

인공지능은 기능적 '차별화'라는 부가가치를 강화시켜 기업의 경쟁우위를 확보하는 데 기여하게 된다. 인공지능은 지배적 사업자에게는 기술적 해자로 작동하면서, 시장 지배력을 더욱 공고히 하는 데 기여하게 될 것이다. 반면에 추격자에게는 솔루션의 기능 확장을 통해 시장의 장벽을 극복하는 도구가 될 수도 있다.

음성 비서 서비스는 기능 확장의 대표적인 사례다. 애플의 시리, 삼성의 빅스비 등은 스마트폰이나 가전에 부가적으로 제공되고 있는 음성 비서 플랫폼이다. 음성 인식이나 회의록 서비스 등 인공지능 기반의 앱이나 서비스로 지속, 확장되면서 제품과 서비스의 차별화에 기여하고 있다. 아마존의 알렉사와 구글 어시스턴트, 마이크로소프트의 코타나도 마찬가지다. 기존 플랫폼에 음성 인터페이스를 추가적으로 제공하면서 플랫폼에 새로운 가치를 제공해주고 있다.

제조업, 에너지, 건설업 등 타 산업에 도입되고 있는 다양한 솔루션에도 인공지능을 통한 부가적 기능이 제공될 수 있다. 설비의 이상 검지 기능이나 영상 인식, 안면 인식, 대화 서비스 등이 기존 솔루션에 통합된다면 그 부가가치는 상당해질 것이다. 또한 기존의 로봇이나 드론도 인공지능을 통해 지능적 요소들이 추가되면 더 스마트한 기기로 변화할 수 있을 것이다.

기능 대체형 모델

기능 대체형 모델은 인공지능 기술을 기반으로 기존 제품, 서비스 전체 혹은 일부 기능을 대체하는 것을 말한다. 이 모델은 성능 차별화를 통해 경쟁 우위를 도모하는 방식으로, 강력한 내부 혁신 도구이기도 하다. 경우에 따라 청동기에서 철기로 넘어가는 정도의 혁신을 달성할 수도 있다.

구글은 검색 엔진에서 G메일과 번역기, 구글 맵 등 구글이 제공하는 핵심 솔루션들을 모두 인공지능 기반으로 전환하고 있다. 인공지능 중심으로 모든 제품, 서비스를 재편하려는 전략의 일환이다. 마이크로소프트도 마찬가지다. 검색 엔진 빙과 번역기를 비롯한 모든 제품과 서비스, 그리고 개발 과정 전체에도 인공지능 기술이 스며들고 있다.

유튜브와 넷플릭스의 지능적인 영상 추천 서비스도 기능 대체형 모델의 대표적인 사례다. 조회 수, 시청 시간 등을 기반으로 하는 단순 추천 방식에 머물렀던 유튜브는 2016년부터 머신러닝을 도입하면서 현재와 같은 정밀한 메커니즘으로 대체할 수 있었다. '좋아요'나 댓글, 공유 등의 사용자 참여 데이터와 사용자가 시청하는 주제 등을 학습하여 개인화 추천 서비스를 완성한 것이다.

2007년부터 스트리밍 서비스를 개시한 넷플릭스도 머신러닝을 도입하면서 기존의 추천 방식을 대체했다. 다양한 사용자 정보와 영상의 태그 정보를 학습하여 더 정밀한 추천 서비스가 가능해진 것이다. 인공지능은 이외에도 공장 자동화와 로봇 제어 등 다양한 분야에서 기존 기능을 대체하면서 성능 차별화에 기여하고 있다.

신제품, 신사업 모델

신제품, 신사업 모델은 새로운 비즈니스의 창출이다. 인공지능 기술로만 가능한 비즈니스 영역으로, 인공지능 비즈니스의 근간을 이루는 모델이다. **기능 확장형이나 기능 대체형 모델이 기존 비즈니스에 간접적으로 기여할 뿐이라면,** 신사업 모델은 매출과 수익을 직접 창출해낸다. 글로벌 거대 기업에서 스타트업에 이르기까지 고도의 인공지능 기술로 무장한 많은 기업들이 이 분야에서 활약하고 있다.

자율주행과 로봇, 드론, 의료 및 의약 분야, AI 스피커 등 많은 새로운 사업들과 제품, 서비스가 탄생하고 있다. PART 5와 PART 9에서 설명한 대부분의 비즈니스가 이 영역에 해당된다. 인공지능의 미래는 신제품, 신사업 시장의 확장 가능성에 달려 있다고 해도 과언이 아닐 것이다.

물론 불명확한 시장에 대한 우려도 크다. 앞서 살펴보았듯이, 낙관과 비관이 심각하게 교차되고 있는 지점이기도 하다. 거대 기업들이 진입해도 될 정도의 대규모 시장 유무도 현재로서는 불투명하다. 구글, IBM을 비롯한 글로벌 IT 대기업들도 시행착오를 거듭하고 있는 형국이기 때문이다.

《AI 슈퍼파워》를 저술한 리카이푸는 거대 기업과 스타트업의 인공지능 비즈니스 방식을 전력망과 배터리 방식에 비유하기도 한다. 인공지능의 전력망은 이미 플랫폼 거대 기업들이 장악하고 있는 생태계를 의미한다. 그런 면에서 볼 때 인공지능 비즈니스의 의미 있는 변화는 많은 스타트업들의 활약에 달려 있다고도 볼 수 있다.

이 책을 통해 추적해본 결과, 5~10년 이내에 거대 시장을 형성할 가능성이 큰 분야는 4개 정도로 축약된다. 선두 주자는 자율주행이다. 이 시장은 이미 글로벌 IT, 자동차 대기업들의 각축장이기도 하다. 다음은 휴머노이드 로봇이다. 테슬라가 2024년 양산을 선언하면서 대기업들의 진입 시점이 당겨질 가능성이 크다. 플랫폼 분야의 '오토ML'은 인공지능의 진입 장벽을 크게 낮추면서 생태계의 대대적인 혁신을 가져올만한 파급력을 보유하고 있다. 마지막으로 자동 코드 변환 기술이다. 이 기술은 소프트웨어 개발에 대한 진입 장벽 자체를 허물 수 있는 잠재력을 가졌다. 이상 네 분야들에 대해서는 뒤에서 좀 더 자세히 살펴보도록 하겠다.

인공지능 비즈니스 모델, 어떻게 할 것인가

마이클 포터의 경쟁 전략

미국 하버드 대학 비즈니스 스쿨의 석좌 교수인 마이클 포터는 현대 경영 전략의 구루로 불린다. 그가 1980년과 1985년에 각각 내놓은 《경쟁 전략Competitive Strategy》과 《경쟁 우위 전략Competitive Advantage》은 시장에서 경쟁 우위를 차지하기 위한 경영 전략의 고전으로 읽히고 있다. 현대 비즈니스의 분석에서 기본적으로 접하는 '가치 사슬Value Chain'의 개념도 이 책을 통해 제시된 것이다.

포터 교수가 정의하는 경쟁 전략은 '기업의 경쟁 우위를 구축하고, 구체적인 경쟁 방식을 선택하는 의사 결정'이다. 그가 제시하고 있는 시장의 5가지 경쟁 요인 분석과 이를 극복하기 위한 3가지의 본원적 경쟁 전략은 인공지능 비즈니스를 어떻게 할 것인지에 대한 질문에도 매우 유효하다.

포터 교수에 따르면, 기업의 수익을 위협할 수 있는 경쟁 요인은 해당 사업에 참여하는 5개의 주체들에 의한 위협에서 기인한다.

첫째, 기존 기업과의 경쟁이다. 이는 구매에서 개발, 판매에 이르기까지 기업이 보유한 전체 밸류체인의 총체적 경쟁으로 수익 구조를 악화시키는 요인이 된다. 둘째, 새로운 진입 기업의 위협이다. 해당 사업의 진입 장벽이 낮을 경우 많은 경쟁자가 새로 진입하게 되고, 경쟁 강도는 더 심해지게 된다. 셋째, 대체재의 위협이다. 대체 가능한 제품이나 서비스의 등장은 시장의 혼란을 야기하고 기존 수익 구조를 위협하게 된다. 업종별 경계가 무너지면서 지금까지 전혀 관계가 없었던 기업과 경쟁관계에 놓일 가능성이 커진다. 넷째, 공급자의 교섭력이다. 독과점 등에 따른 공급자의 우월한 교섭력은 원가 구조를 악화시키게 된다. 다섯째, 구매자의 교섭력이다. 과잉 공급 등은 구매자의 교섭력을 강화시켜 판매 원가의 하락을 유도한다.

이상 5가지 경쟁 요인에 대한 분석은 시장에서 얼마나 수익을 낼 수 있는지 판단하거나, 신규 시장 진출을 결정할 때도 매우 유용한 근거를 제공해줄 수 있다. 또한 투자의 우선순위를 결정하기 위한 경영 전략의 좋은 근거가 될 수도 있다.

원가 우위, 차별화, 시장 집중화

포터 교수는 위의 경쟁 요인을 극복하고, 시장에서의 경쟁 우위를 점하기 위한 3가지의 '본원적 경쟁 전략Generic competitive strategy'을 제시했다. '원가 우위'와 '차별화', '시장 집중화' 등의 전략이 그것이다.

우선 원가 우위Cost Leadership 전략은 제품, 서비스의 판매 가격을 낮춰 시장 점유율을 높이는 것이다. 판매 가격에는 원자재 도입에서 생산, 마케팅, 운송에 이르기까지 소요되는 모든 비용과 기업 마진이 포함된다. 따라서 판매 가격을 낮추기 위해서는 밸류체인 내의 모든 프로세스에 대한 최적화 노력이 필요하다.

원자재 구매 원가를 줄이기 위한 교섭력 강화, 생산단가를 낮추기 위한 프로세스 개선과 자동화, 마케팅과 운송의 효율화 등은 필수적인 요소다. 일례로 아마존, 월마트 같은 글로벌 유통업체들은 인공지능과 로봇, 자율주행 등을 도입하여 구매에서 생산, 판매에 이르기까지 프로세스를 전면적으로 개선 중이다.

차별화Differentiation는 자사의 제품, 서비스의 가치를 경쟁사와 다르게 인식시키는 전략이다. 위의 5가지 경쟁 요인을 극복할 수 있는 가장 강력한 전략으로 꼽힌다. 차별화 전략은 기술과 서비스, 마케팅 등을 통해 다양하게 구현할 수 있다. 차별화에 성공한 제품과 서비스는 가격에 관계없이 고객들을 유인할 수 있다. 즉 경쟁 기업과 가격 경쟁이 불필요한 프리미엄 전략이다. 스콧 캘러웨이는 《플랫폼 제국의 미래》에서 1조 달러 기업의 필수 조건 9가지 중 맨 앞자리에 차별화를 두기도 했다.

애플의 아이폰은 스마트폰 시장을 장악하지는 않았어도, 기술과 서비스의 차별화를 통해 전체 시장의 수익 대부분을 가져가고 있다. 클라우드 시장을 개척한 아마존은 차별적 기능과 성능으로 후발 주자들을 따돌리고 있다. 또한 전기자동차 시장을 개척한 테슬라는 하드웨어, 소프트웨어, 자율주행 분야에서 차별화된 기술력으로 경쟁자들과의 격차를 벌리고 있다. 현재 시장에서 압도적 우위를 차지하는 기업들은 차별화 전략을 통해 진입 장벽을 높이고 해자를 깊게 하고 있다.

시장 집중화Focus는 전체 시장이 아닌 특정 시장을 집중 공략하는 전략이다. 즉 특정 산업이나 분야, 혹은 나이나 성별, 지역 등 특정 소비자 대상의 시장에 집중해서 경쟁 우위를 확보한다.

PART 9를 통해 살펴본 것처럼, 많은 스타트업들은 이미 제조업과 농업, 건설업 등 다양한 산업의 특정 분야에서 분석 플랫폼이나 로봇, 드론 등의 형태로 집중화된 시장을 공략하고 있다. 테슬라 같은 대기업도 자동차의 자율주행이라는 집중화된 단일 시장만을 목표로 인공지능 비즈니스를 전개하고 있다.

전체 시장을 대상으로 경쟁하는 것은 투입 자원과 위기 관리 측면에서 매우 불리할 수 있다. 따라서 보유한 자원이 한정적인 기업일수록 특정 시장에서만 자원을 집중하는 전략이 필요하다. 이 경우 원가 우위 전략이나 차별화 전략을 통해 시장에서의 경쟁 우위를 달성할 가능성이 훨씬 커지기 때문이다.

이 전략은 스타트업뿐만 아니라 대기업의 초기 시장 진입에도 매우 유효한 전략으로 보인다. 즉 집중화된 시장에 진입한 후, 점차 전체 시장으로 확장시켜가는 점증적 전략이 가능하기 때문이다.

인공지능 비즈니스에 대해 포터 교수의 본원적 경쟁 전략을 재구성하면 이렇다. **인공지능은 강력한 차별화 도구가 되어야 한다. 기존 제품이나 서비스에서 달성하지 못했던 기능이나 성능의 구현을 가능하게 하는 차별적 가치를 극대화할 수 있어야 한다.**

또한 인공지능은 집중화된 시장을 공략할 수 있어야 한다. 개인화가 가능한 반면 일반화하기 힘든 사업적 특성 덕분에, 인공지능은 이 전략에 가장 특화된 도구일 수 있다. 결국 인공지능 비즈니스는 집중화된 시장에서 발군의 차별적 역량을 보일 수 있는 비즈니스가 되어야 한다.

다만 인공지능은 고비용, 고투자 구조를 갖는 비즈니스의 특성상, 원가 우위를 통한 경쟁 전략으로는 적절하지 않을 수 있다. 물론 인공지능을 도입하는 기업은 전 밸류체인의 혁신에 기여함으로써 장기적으로 원가 우위 실현이 가능해질 것이다.

기업들의 선택지

IT, 자동차, 로봇 기업

전기자동차 시대에 접어들면서, IT와 자동차 분야의 경계가 모호해지기 시작한 것은 분명하다. 그 경계를 허물고 있는 선도 기업은 세계 최대의 전기자동차 기업 테슬라다. 테슬라는 전기자동차 제조 외에도 자율주행, 로봇, 반도체, 슈퍼컴퓨터, 에너지, 공장 자동화 등 전기자동차와 종합적 IT를 아우르는 거대 사업군을 거느리고 있다.

테슬라의 CEO 일론 머스크는 통신과 우주선, 뇌과학, 터널 굴착 등의 비즈니스도 동시에 추진하고 있다. 그냥 해보는 정도가 아니라 모두 각 분야에서 기존 강자들을 압도하는 수준이다. 아직 공개되지는 않았지만, 스마트폰과 컴퓨터의 슈퍼스타 애플도 수년 내에 전기자동차 제조 기업으로 이름을 올릴 가능성이 커지고 있다. 자율주행도 포함해서 말이다.

인공지능 시장은 분야에 따라 속도와 보폭이 크게 다르게 나타난다. IT와 자동차의 경계가 모호해진 이 시장은 가장 잰걸음을 하고 있는 분야임에 틀림없다. 인공지능 비즈니스에서 규모의 경제를 이룰 수 있는 가장 큰 두 개의 시장이 형성되고 있기 때문이다. 바로 자율주행과 휴머노이드 로봇이다.

테슬라를 비롯한 완성차 업체들과 구글, 인텔, 바이두 등 IT 거대 기업들의 각축장인 자율주행은 이미 가시권에 들어와 있다. 자율주행은 인공지능 단일 시장으로는 가장 큰 규모가 될 가능성이 높다. 테슬라가 2024년 휴머노이드 로봇의 상용화를 선언하면서 로봇도 수년 내 자율주행과 유사한 궤적을 그릴 가능성이 커지고 있다. IT와 자동차, 로봇 기업들의 선택지가 점차 분명해지고 있는 것이다.

이 분야 기업들의 모델은 애플보다는 테슬라가 될 가능성이 크다. 애플은 시리를 통해 가장 먼저 음성 비서 상용화에 성공했음에도 전체적인 인공지능 역량이 타 거대 기업들에 비교했을 때 다소 뒤처져 보이는 것이 현실이다. 아마도 인공지능을 단순히 기존 스마트폰 비즈니스에 대한 차별적 가치 전달의 입장으로만 접근했기 때문일 것이다.

사실 스마트폰이나 가전, 자동차 등 기존 제품으로만 한정한다면, 인공지능이 적용될 수 있는 부분은 상당히 제한적이다. 즉 기존 핵심 사업의 경쟁력을 강화하는 것만으로는 인공지능 경쟁에서 뒤처지게 될 가능성이 높다.

이에 반해 테슬라의 접근 방식은 시사해주는 바가 크다. 테슬라는 규모의 경제가 가능한 인공지능 사업 분야를 정하고, 그에 필요한 모든 기술적 요소를 신속하게 자력으로 갖춰 나가고 있다. 기술의 수직적 통합을 이뤄내고 있는 것이다. 또한 완결형 솔루션을 출시하는 것이 아니라, 점진적으로 시장을 통해 완성해가는 방식을 취하고 있다. 인공지능의 기술적 특성을 충분히 활용하는 것이다. 자율주행 FSD도 레벨 3에서 레벨 4로, 다시 레벨 5로 진화하는 식이다.

이처럼 시장을 일단 선점하고, 단계적으로 기술을 완성시켜 나가는 전략은 인공지능 비즈니스에 상당히 효과적으로 보인다. 이와는 대조적으로, 초기부터 레벨 5를 지향했던 구글 웨이모의 시험 운행 차량들은 아직도 미국의 여러 도시에서 외로운 운행을 계속하고 있다.

테슬라의 휴머노이드 로봇 옵티머스도 자율주행의 연장선상에 있다. 아마 물량으로만 따진다면, 전기자동차보다 더 큰 규모의 경제를 이룰 수 있는 시장이 형성될 수도 있다. 음성 비서나 스마트폰 혹은 가전처럼 집과 사무실, 병원, 야외 작업장에 배치되어 사람들과 함께하는 로봇들을 상상해보라. 영화 〈아이 로봇〉의 현실화인 셈이다. 아마 10년 이내에 판매대에서 스마트폰처럼 로봇을 선택하게 될 날이 오게 될 지도 모르겠다.

물론 로봇의 수준은 아직까지 미지수다. 로봇 제어와 주행 수준에 비해 소통 능력이 부족하다. 하지만 일론 머스크의 전략은 자율주행과 크게 다르지 않을 것이다. 일단 시장을 선점하고, 시장을 통해 지속적으로 기술적 완성도를 높여가는 것이다.

현대자동차가 2019년 미국의 로봇 기업 보스턴 다이나믹스를 인수한 것은 시사하는 바가 크다. 현재 인공지능 로봇 제어 분야에서 가장 앞선 기업 중 하나인 보스턴 다이나믹스를 통해 휴머노이드 로봇 시장으로 진출하는 매우 유리한 고지를 점한 것으로 보인다.

최근 삼성전자도 휴머노이드 로봇을 차기 신사업으로 확정했다는 소식이 들려온다. LG전자도 로봇에 대한 투자를 늘리고 있다. 이 시장은 IT제조 기업들과 자동차 제조업들 간의 경쟁이 매우 치열해질 거라는 사실이 분명해지고 있다.

휴머노이드 로봇은 인공지능과 로봇 기술의 총화다. 테슬라처럼 필요한 기술적 요소들을 신속하게 확보해 나가는 전략과 역량이 무엇보다도 요구되는 분야이다. 이 과정에서 축적한 기술은 다른 비즈니스로의 확장에도 중요한 자산이 될 수 있다.

시장 진입이라는 관점에서 보면 스마트폰이나 자동차처럼 초기부터 전체 시장을 목표로 할 필요는 없다. 테슬라의 옵티머스는 노동력을 대신할 목적이라고만 밝히고 있다.

휴머노이드가 필요한 현장은 다양하다. 병원이나 건설 현장, 재난 현장 등 특정 시장 용도의 로봇으로 자신감을 키운 다음, 점진적으로 가정을 포함한 전체 시장을 겨냥하는 것도 가능하다. 비즈니스의 리스크를 줄이면서 신속하게 사업을 전개할 수 있는 대안이 될 수도 있다. 바로 포터 교수의 '시장 집중화' 전략이 필요한 대목이다.

진입 시점에서 로봇의 지능화 목표는 매우 중요하다. 도달할 수 있는 기술 수준과 시장 상황까지 고려해서 '차별화'할 수 있는 선명한 목표 설정이 필요하다. 이는 시장을 통해 성장할 휴머노이드 로봇의 '초기치初期値'이기도 하다.

플랫폼, 소프트웨어 기업

이 분야의 기업들은 인공지능의 혁신과 발전, 확장을 주도해온 주체들임이 분명하다. 인공지능은 클라우드 컴퓨팅 환경과 인공지능 플랫폼, 라이브러리를 비롯한 다양한 개발 환경을 통해 현재와 같은 질적, 양적 성장이 가능했다. 지금도 인공지능의 기초 기술과 응용 기술 개발에 있어 가장 치열한 경쟁이 벌어지고 있는 현장이기도 하다.

이 분야의 대표적인 모델은 어떤 기업이 될 수 있을까? 플랫폼과 소프트웨어 기업의 방향타가 될 수 있는 기업, 아마 인공지능 중심 기업으로 가장 성공적으로 전환하고 있는 구글과 마이크로소프트일 것이다.

두 기업은 인공지능 비즈니스 측면에서 유사한 면이 많다. 인공지능 기반의 내부 혁신을 통해 기존의 핵심 비즈니스를 강화했다. 솔루션과 제품, 서비스, 프로세스 모두를 포함하는 대대적 혁신이었다. 플랫폼의 지속적 혁신을 통해서 인공지능 생태계의 확장을 거듭하고 있다. 또한 인공지능 기반의 새로운 제품과 비즈니스를 통해 새로운 시장을 지속적으로 노크하고 있다.

두 기업이 다른 것은 비즈니스에 대한 전략적 관점일 것이다. 구글의 경우 의료 사업과 자율주행 등 여러 분야에서 표류하고 있지만, 마이크로소프트는 소프트웨어라는 사업적 본질에 더 충실한 편이다.

플랫폼과 소프트웨어 분야에서도 5~10년 이내에 규모의 경제가 가능한 2개의 거대 시장이 형성될 가능성이 커졌다. 바로 '오토ML'과 '코딩 자동화 도구'다. 인공지능과 소프트웨어 개발에 대한 진입 장벽을 크게 낮춰줄 수 있는 인공지능 기반 자동화 도구들이다.

이 도구들이 갖는 의미는 크다. 인공지능, 소프트웨어와 같이 고도의 R&D 능력이 요구되는 성문의 빗장이 일반 대중에게도 활짝 열린다는 걸 의미하기 때문이다. 구글과 마이크로소프트는 현재 이 거대 비즈니스의 맨 앞자리를 차지하고 있는 기업들이다. 이 분야의 다른 기업들에게도 이제 선택지가 분명해지고 있는 셈이다.

2019년 구글에 의해 처음 공개된 오토ML은 인공지능 모델 생성의 부분 혹은 전 과정을 자동화해주기 위한 도구다. 이 기술의 최종 목표는 명확하다. 인공지능 전문가 없이도 인공지능 제품과 서비스 제작이 가능한 시대를 만드는 것이다. 농업 종사자나 공장의 현장 전문가, 신문기자나 변호사도 인공지능 기술을 워드나 엑셀처럼 활용할 수 있는 시대가 오는 것이다.

현재의 도달 수준은 목표와는 다소 거리가 있어 보인다. 하지만 순다 피차이 구글 CEO는 5년 내 상용화가 가능할 것으로 예측하고 있다. 10년 후에는 과연 어떤 수준에 도달해 있을까? 오토ML은 인공지능 비즈니스의 게임 체인저가 될 수 있을지도 모른다. 마이크로소프트도 최근 유사한 기능을 공개하는 등 점차 경쟁도 가열되고 있다.

코딩 자동화 도구도 이미 가시권에 들어오기 시작했다. 마이크로소프트는 최근 자연어를 엑셀 프로그래밍 언어로 자동 변환해주는 서비스를 시작했다. 마이크로소프트로부터 거액의 투자를 받고 있는 오픈AI는 자연어를 10여 개의 코딩 언어로 자동변환해주는 GPT-3 기반의 '코덱스'를 공개했다.

또한 구글 딥마인드도 강화학습으로 훈련시킨 '알파코드'를 개발해 프로그래밍 전문가들과의 경쟁을 공식화했다. 머지않은 시기에 이 분야에서 알파고 쇼크가 재현될 가능성이 커졌다. 이 도구들은 프로그래머들의 단순 반복적인 코딩을 대신해주는 친숙한 지원 도구가 될 전망이다. 하지만 궁극적인 목표는 완전한 코딩 자동화가 아닐까? 이는 코딩 비전문가에게도 빗장을 열어젖히면서 소프트웨어 개발의 게임 체인저가 될 가능성이 높다.

구글과 마이크로소프트가 바라보는 또 하나의 목표는 일반 인공지능이다. 구글이 인수한 딥마인드는 초기부터 일반 인공지능 개발을 목표로 설립된 기업이다. 딥마인드에게 강화학습 기반의 알파고는 목표에 도달하기 위한 과정일 뿐이다.

오픈AI는 GPT 시리즈를 통해 초거대 인공지능의 문을 열었다. 2030년 경, 인간 뇌의 뉴런을 연결하는 약 100조 개의 시냅스를 모방한 시스템을 개발하는 것이 목표다. 양적 확대를 통해 성능의 극단을 확인하려는 접근 방식이다. 그러나 이와 같은 방식을 통해 목표에 도달할 수 있을 거라는 사실은 분명하지 않다. 하지만 그 과정에서 우리가 현재 마주하고 있는 협의 인공지능의 성능이 획기적으로 개선되어

갈 것이라는 사실은 명백하다. 일반 인공지능을 확보하려는 노력은 시장을 더욱 '차별화'시킬 수 있는 인공지능의 진정한 승부처가 될 가능성이 높다.

제조, 건설 등 비IT 기업

이 분야에서 인공지능의 도입 목적을 비용 절감에 의한 원가 우위 관점이나 생산성 향상에 두는 것은 당분간 적절치 않을 가능성이 높다. 인공지능 도입과 운영, 유지 보수에서 발생하는 상당한 투자 비용 때문에 단기적으로는 효과가 나타나지 않을 수 있기 때문이다. 또한 맥킨지가 지적했듯이 글로벌 경제지표에 잡힐 만큼 생산성에 긍정적인 신호도 아직 보이지 않는 현실이다. 오히려 인공지능의 도입으로 기업의 ROI에 문제가 생길 가능성이 다분하다.

생산성 향상에 대한 과도한 기대와 실망이 반복되면서, 인공지능 비즈니스에 대한 '비관'이나 '냉소'로 바뀌게 되는 것은 아닐까? 그보다는 포터 교수의 경쟁 전략 중에서 기존 제품이나 공정 프로세스의 '차별화'에 목표를 두는 것이 바람직할 것이다.

기존의 기술로는 해결하지 못했던 성능 문제 혹은 숙달된 장인의 경험이나 '감'에 의존할 수밖에 없었던 모호한 문제들이 여전히 많을 것이다. 인공지능은 이러한 해묵은 문제들을 해결할 뿐만 아니라 프로세스를 개선해 제품과 서비스의 차별화를 이끌어낼 수 있는 기술이다.

반면에 불필요한 영역까지 과도하게 인공지능을 도입하는 것은 결코 바람직하지 않을 것이다. 전통적인 자동화 기술이나 일반 통계적인 접근만으로도 해결할 수 있는 경우가 많기 때문이다. 인공지능은 결코 '전가의 보도'가 아니라는 사실을 기억할 필요가 있다.

비IT 산업 분야에서 무엇보다 가장 필요한 것은 인공지능의 효율적인 도입을 위한 내부 역량의 확보다. 플랫폼 기업이나 IT 기업들처럼 인공지능 모델링 수준의 지식이나 스킬이 요구되지는 않을 것이다. 그보다는 인공지능을 이해하고 도메인 지식과의 결합을 통해 시너지를 내는 것이 훨씬 중요하다.

즉 인공지능으로 해결해야 하는 문제들을 정의하고, 시스템의 요구조건을 정확히 기술할 수 있어야 한다. **현장의 도메인 전문가가 보유하고 있는 인공지능에 대한 이해력은 기업의 디지털 전환 속도와 직결되는 중요한 요소다. 인공지능 도입의 성패는 도메인 전문가와 인공지능 전문가의 효율적인 협업에 달려 있다 해도 과언이 아니다.**

내부 역량 확보에 있어 인공지능 전담 부서의 육성은 필수적이다. 중국 바이두의 인공지능 책임자로 일했던 앤드류 응 스탠퍼드 대학 교수도 디지털 전환의 핵심 추진 부서로 인공지능 전담팀의 운영을 언급한 바 있다. 그런 의미에서, 기업 자체적인 IT 부서나 IT 전문 자회사를 보유한 기업은 내부 역량 확보에 매우 유리한 입장에 서 있게 될 것이다.

프로젝트의 실질적 수행을 위해 데이터와 인프라, 인공지능 플랫폼 활용 역량을 갖춘 IT 전문 인력 확보가 필수적이다. 더불어 이들은 기업 내 인공지능의 확산과 다양한 이해관계자들과의 소통에서 핵심적인 역할을 담당하게 될 것이다. 또한 이들은 필요한 외부 역량을 도입하는 과정에서도 생산성을 배가시킬 수 있다.

기업의 전략적 관점에서, 인공지능의 도입은 기업의 단기적, 중장기적 디지털 전환 계획과 결합되는 것이 매우 중요하다. 이를 통해 기업의 투자 및 프로젝트 우선순위에 대한 전체적인 조정이 가능해질 수 있다. 비IT 기업이 처음부터 과도한 규모의 프로젝트를 추진하는 것은 피하는 것이 좋다. 적은 규모의 프로젝트부터 부분적, 점진적으로 추진하면서 발생할 수 있는 위험 요소를 최소화하는 것이 필요하다.

무엇보다 중요한 것은 수행 프로젝트를 통해 인공지능의 효과를 확인해가는 것이다. 이를 통해 인공지능에 대한 확신이 강화되고, 프로젝트의 확장도 가능해질 것이다. 내부 혁신의 과정에서는 결코 조급하거나 서두를 필요가 없다.

기업의 내부 혁신 과정에서 축적된 인공지능에 대한 역량을 바탕으로 IT 솔루션 비즈니스를 성공시키고 있는 비IT 기업들의 사례도 늘고 있다. 이는 비IT 분야 기업들의 선택지 중 최상의 사례들이 될 것이다. 영국의 온라인 식료품 업체 오카도는 인공지능과 로봇 기술을 기반으로 수요 예측과 물류 센터의 자동화, 배송 등 물류 전 부분에 대한 통합 솔루션의 자력화를 달성했다. 이 솔루션은 오카도 전체 매출의 25%를 담당하는 핵심 비즈니스로 성장했다.

미국의 자산운용사 블랙록이 자체 개발한 인공지능 기반의 자산운용 플랫폼은 해마다 10억 달러 이상의 수익을 만들어내는 새로운 비즈니스의 근간이 되었다. 미국의 농기계 전문 기업 존 디어는 자체 개발한 트랙터 자율주행 기술 구독 서비스를 통해 솔루션 사업 확장에 나서고 있다. 인공지능의 기술적 장벽이 낮아질수록 이런 사례들은 더욱 증가할 것이 명백하다.

스타트업의 선택지

앞에서 인공지능 비즈니스는 강력한 리서치 역량 기반의 비즈니스라는 것을 설명했다. 인공지능 비즈니스에서는 스타트업이라도 대기업의 역량을 추월할 수 있는 R&D형 기업이 될 수 있다는 특징이 있다. 인공지능 비즈니스의 성공이 전적으로 소수의 핵심 전문가들의 역량에 달려 있기 때문이다. 머신 비전이나 음성, 자연어 처리 등에서 독보적 기반 기술을 확보한 기업들은 특정 시장에서는 대기업과의 경쟁이 가능해진다.

또한 인공지능은 '시장 집중화'에 매우 유리한 비즈니스 분야라는 사실도 이미 확인했다. 보유한 자원이 한정적인 스타트업이라 할지라도, '시장 집중화' 전략을 통해 '차별화'된 기술력을 바탕으로 대기업을 얼마든지 능가할 수 있다.

사실 거대 기업들은 스타트업 인수, 합병을 통해 자사의 핵심 비즈니스를 확장시켜왔다. 딥마인드는 강화학습을 통해 아타리 게임에서 보여준 놀라운 성능을 바탕으로 구글에 인수될 수 있었다. 딥마인드는 피인수 이후 알파고 프로젝트를 통해 딥러닝의 시대적 아이콘이 되었다. 애플의 시리 뒤에는 약 25년 동안 음성 인식 분야에 헌신해온 SRI와 시리가 있었다. 아마존의 음성 비서도 오랜 기간 한 우물을 파온 '트루날리지' 덕분에 가능해진 것이다.

현재 우리가 경험하는 놀라운 인공지능의 세계는 사실 각 분야에서 오랜 연구를 통해 독보적인 기술력을 확보하고자 노력했던 스타트업들 덕분에 가능해진 것이라 해도 과언이 아니다.

인수, 합병만이 전부는 아니다. 냉정한 비즈니스에서 대기업을 압도하는 스타트업들도 생겨나고 있다. 1999년 설립된 음성 인식 전문 기업 '아이플라이텍iFlyTec, 커다쉰페이'은 중국에서 가장 성공적인 인공지능 스타트업으로 알려져 있다. 중국 최초의 음성 인식 엔진을 개발한 기업으로, 20여 년 만에 현재 중국 시장의 70%를 차지하는 독보적인 중견 기업으로 성장했다. 2017년에는 알리바바, 바이두, 텐센트 등의 중국 거대 기업들과 함께 중국 정부가 선정한 인공지능 선도 기업 명단에 이름을 올리기도 했다. 현재 중국의 휴대폰, 가전, 완성차 등 약 2만여 개의 기업들이 이 회사의 솔루션을 사용한다. 아이플라이텍은 영업이익률이 무려 50% 이상에 달하는 탄탄한 수익 구조를 가진, 5조 원이 넘는 중국 음성 인식 시장의 지배적 사업자다.

이 회사가 단기간에 성장하게 된 차별적인 요인은 독보적 기술력이었다. 설립 초기부터 음성 인식, 음성 합성, 자연어 처리, 기계 번역 등 인공지능 기반 기술을 집중적으로 개발하면서, 여러 국제 대회 입상을 통해 국제적으로 기술력을 인정받는 전략을 썼다. 이 회사는 '블리자드 챌린지'의 영어 음성 합성 분야에서 2006년부터 11년 연속 1위를 차지하는 기염을 토했다. 마이크로소프트, IBM 등 거대 기업들을 물리치면서 이루어낸 성과였다.

2017년 미국 스탠퍼드 대학 주최의 언어인지 테스트 '스쿼드SQuAD'와 2021년 국제 음성 식별 대회인 'CHiME-6'에서도 거대 기업들을 물리치고 1위를 차지했다. 이 회사의 음성 인식률은 98% 정도라고 알려져 있다. 아이플라이텍의 전략은 국내의 스타트업들에게도 시사하는 바가 매우 크다.

인공지능은 기본적으로 소프트웨어다. 인공지능 기술은 디바이스와의 결합을 통해 그 가치를 더 크게 발할 수 있다. 이 책의 PART 5와 PART 9를 통해 소개되었듯이, 로봇과 드론 분야에는 독보적 기술력으로 무장한 많은 스타트업들이 진을 치고 있다. 공장과 농장, 건설 현장 등 활약하는 무대도 지속적으로 확대되고 있다.

사람이나 반려동물의 생체 기록을 위한 핏빗 등의 웨어러블 기기 시장도 확대되는 추세다. 또한 다양한 산업 분야에서 추진되고 있는 디지털 전환은 스타트업 기업들에게는 열려 있는 커다란 기회의 장으로 볼 수 있다.

PART 10을 통해 인공지능 비즈니스의 현실과 이를 극복하기 위한 방법들에 대해 추적해보았다. 지금까지 달성한 엄청난 기술적 성과에도 불구하고, 인공지능 비즈니스의 실제 현장은 낙관과 비관이 교차하는 치열한 현장이었다. 인공지능 비즈니스의 특성을 바르게 이해하는 것이야말로 오해의 갭을 줄일 수 있는 지점이지 않을까 생각한다.

인공지능에 대한 낙관적인 시각을 강화할 수 있는 것은 결국 비즈니스 성공 사례들이 많아지는 것이다. 이를 위해서 무엇을 어떻게 해야 할 것인지 비즈니스 모델 정립을 위한 전략이 필요하다. 마이클 포터 교수의 경쟁 전략은 성공적인 인공지능 비즈니스를 위한 좋은 지침이 될 수 있을 것이다.

거대 규모의 인공지능 시장이 서서히 형성되고 있는 현장도 살펴보았다. 플랫폼, 소프트웨어, IT, 자동차 기업들에서 스타트업에 이르기까지 기업들의 선택지가 점차 분명해지고 있는 듯하다.

결론적으로, 인공지능에 대한 지나친 낙관이나 과도한 비관은 모두 틀린 것이 아닐까? 인공지능은 당장에 모든 문제를 해결하고, 일시에 많은 혜택을 가져다주는 '전가의 보도'가 아니라는 사실은 명백하다. 생산성 향상의 문제만 해도 시간을 더 두고 지켜봐야 하는 것이니 말이다. 반면 기술적, 사업적 한계로 인해 과거와 같은 '인공지능의 겨울'을 맞을 가능성 또한 거의 제로에 가깝다. 인공지능 기술은 이미 진화의 단계로 접어들었고, 그 진화 속도는 실로 눈부시다.

따라서 인공지능의 모든 미래는 현장에서 사활을 건 경쟁을 벌이면서 기술적, 사업적 한계에 도전하고 있는 많은 기업들에게 달려 있을 것이다. 그들의 건투를 비는 바다.

1. 저서

《AI 마인드》, 마틴 포드(김대영 등 옮김), 터닝포인트, 2019.
《2029 기계가 멈추는 날》, 게리 마커스, 어니스트 데이비스(이영래 옮김), 비즈니스북스, 2019.
《3년 후 AI 초격차 시대가 온다》, 정두희, 청림출판, 2019.
《AI 2045, 인공지능 미래보고서》, 일본경제신문사(서라미 옮김), 반니, 2019.
《AI 비즈니스 모델》, 정두희, 청림출판, 2020.
《AI 슈퍼파워》, 리카이푸(박세정, 조성숙 옮김), 이콘출판, 2019.
《AI 최강의 수업》, 김진형, 매일경제신문사, 2020.
《AI가 알려주는 비즈니스 전략》, 크리스 더피(장진영 옮김), 유엑스리뷰, 2020.
《AI시대 내 일의 내일》, 노성열, 동아시아, 2020.
《AI의 도전》, 현태원, 나남출판, 2021.
《기계는 어떻게 생각하는가》, 뉴 사이언티스트 외(김정민 옮김), 한빛미디어, 2018.
《누가 인공지능을 두려워하나》, 토마스 람게(이수영, 한종혜 편역), 다섯수레, 2020.
《딥러닝 레볼루션》, 테런스 J. 세즈노스키(안진환 옮김), 한국경제신문, 2018.
《로봇의 부상》, 마틴 포드(이창희 옮김), 세종서적, 2018.
《마이클 포터의 경쟁전략》, 마이클 포터(조동성 옮김), 21세기북스, 2008.
《세계 초일류기업의 AI 전략》, EY 어드바이저리(임영신 옮김), 매일경제신문, 2016.
《수상한 인공지능》, 스테퍼니 맥퍼(이가영 옮김), 도서출판 다른, 2018.
《음성인식 AI의 미래》, 제임스 블라호스(박진서 옮김), 김영사, 2020.
《의료 인공지능》, 최윤섭, 클라우드나인, 2018.
《이것이 인공지능이다》, 김명락, 슬로디미디어, 2020.
《인공지능 교과서》, 이모토 다카시(김기택 옮김), 성안당, 2021.
《인공지능 비즈니스 트렌드》, 테크니들, 와이즈맵, 2019.
《인공지능 시대의 비즈니스 전략》, 정도희, 더퀘스트, 2018.
《인공지능과 인간의 대화》, 김지현, 미래의창, 2020.
《인공지능의 현재와 미래》, '나는 미래다' 방송 제작팀(권용중 옮김), 보아스, 2018.
《인공지능 혁명 2030》, 박영숙·벤고르첼, 더블북, 2016.
《인코그니토》, 데이비드 이글먼(김소희 옮김), 쌤앤파커스, 2011.
《테슬라 쇼크》, 최원석, 더퀘스트, 2021.

《트리플 레볼루션의 시대가 온다 – 머신, 플랫폼, 크라우드》, 앤드류 맥아피 & 에릭 브린욜프슨(이한음 옮김), 청림출판, 2017.
《플랫폼 제국의 미래》, 스콧 갤러웨이(이경식 옮김), 비즈니스북스, 2017.

2. 해외 리포트

Stanford University, "The AI index Report – the Artificial Intelligence Index", 2022.03, https://aiindex.stanford.edu/report/
Stanford University, "The AI index Report – The Artificial Intelligence Index", 2021.03, https://aiindex.stanford.edu/ai-index-report-2021/
IDC, "IDC FutureScape: Worldwide Digital Transformation 2022 Predictions", 2021.03.
McKinsey&Company, "Digital America: A Tale of the Haves and Have-mores", 2015.12.
Aaron Lee et al., "Artificial Intelligence in Games", Stony Brook University, 2020.
정두희, "AI 생성 알고리즘의 명과 암", MIT Technology Review, 2021.02.11.
Will Knight, "The Dark Secret at the Heart of AI", MIT Technology Review, 2017.04.11.
ACM, "FATHERS OF THE DEEP LEARNING REVOLUTION RECEIVE ACM A.M. TURING AWARD", 2019.03.
Charles Choi, "AI Creates Fake Obama", IEEE Spectrum, 2017.07.
Iulia Turc, "Trends in Model Pre-training for Natural Language Understanding", TDS, 2020.08.19.
Will Douglas Heaven, "DeepMind says its new language model can beat others 25 times its size", MIT Technology Review, 2021.12.16.
Tim Hornyak, "가벼워진 '알파고'… 구글 전용칩 1개로 작동", ZD Net, 2017.05.24.
H.K. Brar, "Suitcase Words': What Machine Learning(AI) really is & what it does", Medium, 2018.07.26.
DHL 2018 Annual Report, DHL, 2018.
DHL Trend Research, "rtificial Intelligence in Logistics", DHL, 2018.
앤드루 맥아피, 에릭 브린욜프슨, "인공지능 사용 설명서", Harvard Business Review, 2017. 11-12.

Erik Brynjolfsson, Andrew McAfee, "The Business of Artificial Intelligence", Harvard Business Review, 2017.07.

Press Conference, "World Robotics 2021", IFR, 2021.10.28.

IFR, "Demystifying Collaborative Industrial Robots", 2020.12.

IFR, "Artificial Intelligence in Robotics", 2018.05.

IFR, "Next Generation Skills", 2020.11.

Sumana Rao, "The Benefits of AI In Construction", Trimble, 2022.03.01.

Jeffrey Ding, "Deciphering China's AI Dream", University of Oxford, 2018.03.

Stuart Russell, "Take a stand on AI weapons", Nature, 2015.05.28.

Mary L. Gray, Siddharth Suri, "The Humans Working Behind the AI Curtain", Harvard Business Review, 2017.01.09.

John P. Cotter, "Why Transformation Efforts Fail", Harvard Business Review, 2007.01.

Dorian Pyle, Cristina San Jose, "An executive's guide to machine learning", McKinsey&Company, 2015.06.

Jacques Bughin et al., "Notes from the AI Frontier: Modeling the Impact of AI on the World Economy", Mckinsey Global Institute, 2018.09.

Michael Chui et al, "Notes from the AI Frontier: Insights from Hundreds of Use Cases", Mckinsey Global Institute, 2018.04.

Jacques Bughim, Eric Hazan, "Five Management Strategies for Getting the Most from AI", MIT Sloan Management Review, 2017.

H. James Wilson et al., "The Jobs That Artificial Intelligence Will Create", MIT Sloan Management Review, Summer 2017.

Foursquare, "In Ten Years: The Future of AI and ML", Medium, 2018.07.19.

Popular Mechanics, "What AI Can Really Do Right Now", 2017.

Vlad Mnih et al., "Playing Atari with Deep Reinforcement Learning", NIPS, 2013.01.

David Silver et al, "Mastering the game of Go without Human Knowledge", Nature, 2018.10.18.

David Silver et al, "A general reinforcement learning algorithm that masters chess, shogi, and Go through self-play", Science, 2018.12.07.

Oriol Vinyals et al, "Grandmaster level in StarCraft II using multi-agent reinforcement learning", Nature, 2019.10.30.

Matej Moravcik et al, "DeepStack: Expert-level artificial intelligence in heads-up

no–limit poker", Science, 2017.03.02.
Noam Brown, Tuomas Sandholm, 'Superhuman AI for heads–up no–limit poker: Libratus beats top professionals', Science, 2017.12.17.
Noam Brown, Tuomas Sandholm, "Superhuman AI for multiplayer poker", Science, 2019.07.11.
Qiyue Yin et al., 'AI in Games: Techniques, Challenges and Opportunities', arXiv:2111.07631v1, 2021.11.15.
Deloitte Insights, "AI를 이용한 똑똑한 신약 개발", Deloitte, 2019.

3. 웹사이트

- https://www.deepmind.com/publications/playing–atari–with–deep–reinforcement–learning
- https://www.deepmind.com/publications/mastering–the–game–of–go–without–human–knowledge
- https://www.deepmind.com/open–source/alphazero–resources
- https://www.deepmind.com/publications/alphastar–grandmaster–level–in–starcraft–ii–using–multi–agent–reinforcement–learning
- https://www.science.org/doi/10.1126/science.aam6960
- https://www.science.org/doi/10.1126/science.aay2400
- https://ml–ko.kr/dl–with–python/6.1–using–word–embeddings.html
- https://jonathan–hui.medium.com/speech–recognition–gmm–hmm–8bb5eff8b196
- https://cmusphinx.github.io/wiki/tutorialconcepts/
- https://jonathan–hui.medium.com/speech–recognition–phonetics–d761ea1710c0
- https://www.gisdeveloper.co.kr/?p=8655
- https://sdc–james.gitbook.io/onebook/2.–1/1./1.1.5
- https://www.letr.ai/explore/story–20211217–2
- https://reports.nscai.gov/final–report/table–of–contents/
- https://ifr.org/industrial–robots
- https://ifr.org/service–robots

- https://services.google.com
- https://www.korea.kr/special/policyCurationView.do?newsId=148866604
- https://www.infoq.com/news/2021/08/openai-codex/ 3/
- https://gpt3demo.com/apps/openai-codex
- https://youtu.be/4YLK_F-3uTA
- https://youtu.be/6KRjuuEVEZs
- https://youtu.be/n94QIYb7cJM
- https://youtu.be/BwWg__HVfsM
- https://youtu.be/0xFGU3vs1iQ
- https://cloud.withgoogle.com/build/data-analytics/explore-history-machine-learning
- https://towardsdatascience.com/how-does-machine-learning-work-6dd97f2be46c
- https://www.tensorflow.org/
- https://pytorch.org/
- https://keras.io/
- http://caffe.berkeleyvision.org/
- https://github.com/awslabs/mxnet-model-server/
- https://docs.microsoft.com/en-us/cognitive -toolkit/
- https://pypi.org/project/Theano/#history

4. 국내 리포트

- 추형석(2020.02.26.), 알파스타(AlphaStar)의 AI 알고리즘, SPRI
- 허정, 최혜리(2021 여름호), AI (인공지능) 산업 통계 개발, 통계교육원
- 이소영(2019), 4차 산업혁명의 디지털 전략, 한국앤컴퍼니
- 강송희(2021.05), 제조 분야 인공지능 활용 동향과 도입 고려 사항, SPRI
- INNOPOLIS 보고서(2020.01), 제조업용 인공지능 시장
- 김광석, 김수경, 차윤지(2017), 유통 4.0 시대, 리테일 패러다임의 전환, 삼정 KPMG 경제연구원
- 조현지, 김지영(2020.02), 산업용 드론 시장 분석 및 전망, KIPE
- 트렌드 리포트(2019.12), 딥페이크 기술의 빛과 그림자, KCA

- 박태훈(2019.12.20), 음성 합성이란 무엇인가?, TECHWORLD
- 전창의(2020.04), 음성 AI 시장의 동향과 비즈니스 기회, 삼정 KPMG 경제연구원
- 정지원(2019.04.02), 인공지능 산업 거점으로 각광받고 있는 캐나다 시장, KHIDI
- AI Network(2021.02.19), GPT 모델의 발전 과정 그리고 한계
- 함광석(2019), 클라우드 기반의 Microsoft AI 서비스 소개, Microsoft
- 정여진 등(2017.06), 딥러닝 프레임워크의 비교: 티아노, 텐서플로, CNTK를 중심으로, JIIS
- 이미영 등(2020), 인공지능 프로세서 기술 동향, ETRI
- 전황수 등(2022.02), 엔비디아 반도체 기술 동향 및 시사점, ETRI
- 양병찬(2020.12.02.), 구글 딥마인드의 알파폴드, 생물학의 최대 난제 해결, BRIC
- 한석희(2017.08), 포커 게임에서의 인공지능의 현실과 문제점, JKGS
- 최재운(2019.11), 알파고 이후 3년, 딥마인드의 최근 동향과 미래 전망, SPRI
- 윤창희(2021.05.26.), 인공지능 플랫폼 글로벌 선도 기업 분석, NIA
- 한상기(2021.04), 미국 인공지능 국가안보위원회(NSCAI) 보고서 주요 내용과 의미, KISA
- CSF 중국전문가포럼(2021.10.29.), 중국의 인공지능 음성인식 기술 대표 테크, KIEP
- 윤영수(2020), 유통/물류 분야에서의 AI Business 적용 사례, 조선대학교
- 물류기술 개발지원 센터(2020.12.15.), 글로벌 물류기술 동향, KOTI
- 김상곤 등(2020.11), 산업정책 동향보고서-글로벌 드론 산업 동향 분석 및 육성 방안, 경북 테크노파크
- 이지현(2021.07.05.), 미국 상업용 드론 시장 동향, KOTRA
- 이슬기, 허선경(2021.04), 미래 전략 산업 브리프, KIET
- 김종욱(2015.12), 슬프게 걸어가는 휴머노이드 로봇, The Magazine of the IEIE,
- 강송희(2019.09.24), 어그테크 국내외 시장 및 정책 동향, SPRI,
- Smart Construction Report Vol.3(2020.09), 스마트건설 주요 이슈, 스마트건설사업단
- Smart Construction Report Vol.8(2021.06), 스마트건설 이슈 및 동향, 스마트건설사업단
- 박도휘, 전혜린(2021.07), 미래의 건설 산업, 디지털로 준비하라, 삼정 KPMG 경제연구원
- 강형구, 배경훈. 구본하(2019.10), 인공지능과 금융 투자 전략, 한국경제포럼
- 우상근, 김예지(2021.01), 주목받는 인공지능(AI) 9대 핵심 기술 분석 및 주요 시사점, NIA
- 박수진, 이승철(2020.07.17.), 기계를 인간답게 하는 딥러닝 기술, MERRIC
- 백아리 콜라비팀(2021.06.29), 디지털 트랜스포메이션 성공 사례로 복습하는 방정식, 플래텀
- 추형석(2016.06.22), 인공지능 플랫폼 산업 동향, SPRI
- 박연주, 류영호(2021.08.23), 글로벌 기업 분석, Tesla AI Day: 커지는 기술 격차, 미래에셋
- 서진호(2021.12), 아마존의 재발명, 아마존 웹 서비스, NIA
- 한석희(2020.09.14), 스마트 공장 추진 'GE디지털' 실패에서 배워라', 중기이코노미

- 윤태호(2020.05), 공학시뮬레이션 기반 디지털 트윈, KISTI
- 데이터 산업진흥원(2019.09), 2019 데이터 산업 백서
- 한국능률협회컨설팅(2020.05), 제조 엔지니어링 설계 기술 및 산업 동향보고서, IACT
- 김시우(2017.06.09.), 스마트 팩토리, 4 차 산업혁명의 생생한 현장, 한국투자증권
- 김용운(2021.01), 디지털 트윈의 개념과 기술 및 산업 분야별 활용 사례, ETRI
- 정명진, 박대웅 등(2020.12), 글로벌 인공지능 병리 영상의료기기 산업제도 동향, KKIDI
- 이병태(2017.09.04.), 기계지능의 핵심은 '예측기술'이다, 한경닷컴
- 우상근(2021.02.23), 초대규모 AI 모델(GPT-3)의 부상과 대응 방안, NIA
- 김영은(2020.10.14), AI 스타트업 생태계 혁신을 위한 정책 방향, NIA
- 국경완(2019.03.20.), 인공지능 기술 및 산업 분야별 적용 사례, IITP
- 이승민(2018.10), 딥러닝 이후, AI 알고리즘 트렌드, ETRI
- 동향보고서(2018.03), 빅 데이터와 인공지능의 제조업 적용 경험을 통한 스마트 팩토리에 대한 소고, KOITA

5. 기사

- Korea IT Times(2022.01.10), 제조 분야의 인공지능 성공 사례와 교훈
- ZDNet(2021.03.27), 애플, AI 기업 최대 사냥꾼
- 한겨레신문(2022.04.22), 신약 개발 AI, 단 6시간에 독약 4만종
- KBENCH(2017.08.17), 2025년에는 163제타바이트의 데이터를 활용할 것
- 중앙일보(2020.01.29), 14억 얼굴 3초에 파악
- AI타임스(2019.12.01), 중국의 AI 안면 인식 시스템
- 전자신문(2020.10.06.), [테크리포트]유튜브·넷플릭스 추천 알고리즘 원리
- 중앙일보(2018.07.03.) 가짜 오바마 영상이 정치판 흔들 수 있다?
- 테크튜브(2021.08.21.), 무서운 속도로 진화하는 AI 슈퍼컴퓨터
- AI 타임스(2021.03.11.), 세계 1위 슈퍼컴퓨터 '후가쿠' 가동
- 한겨레신문(2021.12.17.), 올해의 과학 성과에 단백질 구조 예측 인공지능
- TechTalks(2019.12.23.), 시스템2 딥러닝: 인공 일반 지능을 향한 다음 단계
- 매일경제(2019.07.12.), 여럿이 하는 포커 게임서도 인간 꺾은 AI
- 연합뉴스(2017.03.03.), 슈퍼컴 아닌 노트북 AI도 인간 포커 고수 꺾었다
- BBC Korea(2019.08.17.), 인간을 속이는 법까지 배운 인공지능을 어떻게 활용할까
- 테크잇(2020.10.27.), 왜 포커 챔피언 꺾은 AI 파괴력을 주목해야 하는가

- 동아사이언스(2016.01.27.) '인공지능의 선구자' 마빈 민스키, 그는 누구인가
- 디지털데일리(2022.01.23.), IBM, 의료AI '왓슨' 헐값 매각… 여전히 풀리지 않는 의문
- 연합인포맥스(2021.02.22.), IBM의 왓슨 사업부 매각, 보건의료 분야 AI적용 난제 보여줘
- 조선일보(2021.08.24.), 구글, 공들였던 헬스케어 사업부 전격 해체
- ZDNet(2021.04.28.), 잘 나가는 구글, 유일한 고민 '신사업'은 언제 뜰까
- 한경닷컴(2021.04.01.), AI 도입은 기술적 성과보다 비즈니스 수익 모델이 먼저
- ZDNet(2020.12.01.), 딥마인드, AI로 단백질 비밀도 풀었다
- 조선비즈(2020.12.23.), '알파고 쇼크' 주역 구글 딥마인드, 지난해 7,000억 원 손실
- 테크잇(2019.08.18.), 눈덩이 처럼 불어나는 딥마인드의 적자에 비친 AI의 미래
- 전자신문(2022.03.31.), '車 음성인식' 양강, 세렌스-아이플라이텍 中서 한판 승부
- 한경비즈니스(2020.06.03.), AI·로봇으로 유통업을 혁신한 오카도
- 물류신문(220.03.16), 미래의 스마트 물류 창고를 만드는 기술 사례
- 조선일보(2022.01.13.), 바둑판 물류 센터의 비밀
- Korea IT Times(2022.11.05.), AI, 새로운 투자 문화를 만들다
- WIRED(2019.12.12.), 세계 초일류 기업의 2020 AI 전략은
- 중앙일보(2019.10.08), 맥킨지 "디지털 혁신 도전 기업 70%가 실패한다"
- 조선비즈(2022.01.25.), 페이스북 모기업 메타, 세계에서 가장 빠른 AI 슈퍼컴퓨터 개발
- ZDNet(2022.02.03.), 딥마인드, 사람처럼 코딩하는 AI '알파코드' 공개
- AI 오디세이(2021.03.19.), 제너럴 일렉트릭, 'The GE Transformation' 전략
- 매경프리미엄(2020.09.07.), 스마트 공장은 우리 제조업을 구해낼 수 있을까
- 이코노믹리뷰(2018.07.31), GE, '이멜트의 역작' 디지털 사업부 매각한다
- Medical World News(2019.11.12.), 구글이 말하는 인공지능 기술의 의료 적용이 어려운 15가지 이유
- 조선일보(2022.01.24.), '의학의 미래' IBM 왓슨헬스 수익 창출 실패, 결국 매각
- 식품외식경제(2020.07.10.), 식품·외식업계 로봇 기술 활용 급증
- 동아사이언스(2018.02.10.), 평창 하늘에 뜬 드론 1,218대의 비밀… 인텔은 왜?
- 아주경제(2022.01.20.), [AI 포커스] 채팅을 하니 코딩이 된다… 오픈AI '코덱스'
- 아주경제(2021.11.03.), MS, 클라우드로 'GPT-3' 정식 출시… 초거대 AI 실용화 가속
- 매일경제(2021.07.08.), 대기업들이 뛰어드는 '초거대 AI'는 무엇
- 글로벌이코노믹(2021.08.01.), 인공지능이 지능적이지 않다, 'AI 겨울' 실망으로 이어질 수도
- ROA Report(2021.10.06.), 구글 AI 부문 딥마인드, 사상 첫 흑자
- 동아사이언스(2022.02.03.), 구글 AI 사람과 비슷한 코딩 수준 달성

ㅂ

ㅅ

ㅇ

ㅈ

ㅎ

인명

“

인공지능은
이미 진화의 단계로 접어들었고,
그 진화의 속도는
실로 눈부시다!

”